全面深化法治浙江建设读本

本书编写组 编著

图书在版编目(CIP)数据

全面深化法治浙江建设读本 /《全面深化法治浙江建设读本》编写组编著. —杭州：浙江工商大学出版社，2016.9

ISBN 978-7-5178-1702-4

Ⅰ. ①全… Ⅱ. ①全… Ⅲ. ①社会主义法制－建设－浙江省 Ⅳ. ①D927.55

中国版本图书馆 CIP 数据核字(2016)第 149007 号

全面深化法治浙江建设读本

本书编写组 编著

责任编辑 吴岳婷 刘 韵
封面设计 流 云
责任校对 何小玲
责任印制 包建辉
出版发行 浙江工商大学出版社
(杭州市教工路 198 号 邮政编码 310012)
(E-mail:zjgsupress@163.com)
(网址:http://www.zjgsupress.com)
电话:0571-88904980,88831806(传真)
排　　版 杭州朝曦图文设计有限公司
印　　刷 杭州恒力通印务有限公司
开　　本 787mm×1092mm 1/16
印　　张 22.5
字　　数 313 千
版 印 次 2016 年 9 月第 1 版 2016 年 9 月第 1 次印刷
书　　号 ISBN 978-7-5178-1702-4
定　　价 45.00 元

目录
CONTENTS

导　言　在法治中国的春天里唱响浙江最强音

党的十八大以来，以习近平同志为总书记的党中央围绕推进中国特色社会主义的伟大事业和党的建设科学化的伟大工程，统筹国内国外两个大局，提出了一系列新思想、新观点、新论断、新要求，形成了全面建成小康社会、全面深化改革、全面依法治国、全面从严治党的“四个全面”战略布局，带领全党全国各族人民，励精图治，攻坚克难，在改革发展稳定、内政外交国防、治党治国治军各个方面取得了新成就，形成了新风气，开创了新局面。

党的十八大提出“法治是治国理政的基本方式，必须全面推进依法治国”；党的十八届三中全会通过了《中共中央关于全面深化改革若干重大问题的决定》，提出要“加强社会主义民主政治制度建设”，“推进法治中国建设”；党的十八届四中全会通过了《中共中央关于全面推进依法治国若干重大问题的决定》，提出要“坚持走中国特色社会主义法治道路，建设中国特色社会主义法治体系”。多年来，中央深化改革领导小组在中共中央和习近平总书记的领导下不断研究和推出落实全面依法治国的各种改革举措，各职能部门和改革牵头单位认真负责地推动各项工作快速贯彻落地，人们普遍感到：中国法治建设进入了一个新的时代，法治中国的春天来临了！

一

党的十八大以来，浙江省委按照习近平总书记提出的“干在实处永无止境，走在前列要谋新篇”的要求，以高度的政治责任感和使命感，深入学习贯彻习近平总书记系列重要讲话精神，全面贯彻党的十八大和十八届三中、四中、五中全会精神，深入实施“八八战略”，全面深化法治浙江建设，为干好“一三五”，实现“四翻番”，建设“两富”“两美”浙江提供了有力的保障，为深入推进“四个全面”战略布局在浙江的生动实践打下了坚实的基础。主要表现在以下几个方面。

（一）深入学习贯彻习近平总书记系列重要讲话精神

形势愈复杂、任务愈艰巨，就愈是要求我们重视学习，加强党员干部的理论武装和党性教育。省委高度重视学习工作，坚持全面学、深入学、持久学，强调要把学习、领会习近平总书记系列重要讲话精神与浙江实际紧密结合起来，做到武装头脑、指导实践、推动工作、改进作风。党的十八大以来，省委通过举办理论中心组、专题报告会、专题研修班、理论研讨会等多种形式，深入学习贯彻习近平总书记系列重要讲话精神，尤其是调研浙江期间的重要讲话，在全省党员干部当中掀起了深入学习习近平总书记系列重要讲话精神的新高潮。仅省管干部层面，省委就分别在2013年下半年和2014年上半年，举办了全省县级以上领导干部深入学习习近平总书记系列重要讲话精神和学习贯彻“四个全面”战略布局两期专题研讨班。

省委高度重视学习贯彻习近平总书记关于全面依法治国的重要论述和中共中央关于全面推进依法治国的重要举措，紧紧抓住领导干部这一关键少数，强调学以致用，着力提高我省党员干部的法治思维和依法办事能力。省委书记夏宝龙同志多次强调，我们要深入学习贯彻习近平总书记系列重要讲话精神，坚定不移地深入实施“八八战略”和建设平安浙江、法治浙江等重大决策部署，坚定不移地推进全面深化改革，推动浙江经济持续健康发展，维持社会和谐稳定，以“干在实处”的成效落实“走在前列”的要求。党的十八大以来，省委高度重视我省干部法治学习教育，2015年上半年省委、省政府举办“法治政府建设”专题研讨班，对全省90个县（市、区）政府分管领导进行了集中培训；省政府常务会议坚持会前学法，在政府常务会议开始前，都要请法律专家讲解一部与议题相关的法律法规。党的十八届四中全会以后，省委宣传部、省委党校编辑出版了《依法治国热问》《全面推进依法治国干部读本》等读物，争取第一时间将习近平总书记关于全面依法治国的重要论述和中共中央关于全面依法治国的决策部署进教材、进讲台、进头脑。

（二）研究部署全面深化法治浙江建设系列重要举措

党的十八大以来，省委认真贯彻落实中共中央关于全面依法治国的决策部署，并结合浙江实际，研究部署全面深化法治浙江建设的重要举措。2013年11月，省委十三届四次全会审议通过《中共浙江省委关于认真学习贯彻党的十八届三中全会精神全面深化改革再创体制机制新优势的决定》，提出要“着眼于促进社会公平正义，完善建设法治浙江和平安浙江体制机制，加快推进社会主义民主政治制度化、规范化、程序化，提高全社会法治化水平”。2014年5月，省委十三届五次全会深入学习贯彻党的十八大、十八届三中全会和习近平总书记关于建设“美丽中国”和“人民对美好生活的向往，就是我们的奋斗目标”等系列重要讲话精神，围绕干好“一三五”、实现“四翻番”的目标，认真总结我省生态文明建设的实践，研究部署建设美丽浙江、创造美好生活的工作，审议通过《中共浙江省委关于建设美丽浙江创造美好生活的决定》。2014年12月，省委十三届六次全会做出了《中共浙江省委关于全面深化法治浙江建设的决定》，提出要认真贯彻落实党的十八大和十八届三中、四中全会精神，高举中国特色社会主义伟大旗帜，以马克思列宁主义、毛泽东思想、邓小平理论、“三个代表”重要思想、科学发展观为指导，深入贯彻习近平总书记系列重要讲话精神，坚持党的领导、人民当家做主、依法治国有机统一，坚定不移走中国特色社会主义法治道路，坚持依法治国、依法执政、依法行政共同推进，坚持法治国家、法治政府、法治社会一体建设，实现科学立法、严格执法、公正司法、全民守法，促进治理体系和治理能力现代化，为深入实施“八八战略”，干好“一三五”，实现“四翻番”，建设物质富裕、精神富有的现代化浙江和建设美丽浙江、创造美好生活提供有力法治保障。2015 年 6 月，省委十三届七次全会深入学习习近平总书记在浙江考察时的重要讲话精神，对贯彻落实习近平总书记重要讲话精神进行研究部署，审议通过《中共浙江省委关于全面加强基层党组织和基层政权建设的决定》，提出要引领推动“四个全面”战略布局在基层落实，充分发挥基层党组织在全面深化法治浙江建设中的重要作用，教育引导基层党员干部带头尊法、学法、守法、用法，推动基层工作依法开展、基层事务依法办理、基层问题依法解决：这些决策和部署为全面深化法治浙江建设指明了方向，提供了依据。

（三）狠抓法治浙江工作领域的各项目标任务落实

“一分部署，九分落实”，省委高度重视中央和我省关于全面依法治国各项举措部署的落实工作，强调要以“踏石留印、抓铁有痕”的精神推进法治浙江建设。省委书记夏宝龙还专门学习并结合习近平总书记系列重要讲话精神，将做好各项工作的方法指南，系统地总结提炼为“工作十法”，即“十个指头弹钢琴”的统筹兼顾法，“伤其十指不如断其一指”的重点突破法，“从最坏处准备，向最好处努力”的底线思维法，“具体问题具体分析”的因地制宜法，“解剖麻雀、以点带面”的典型引路法，“一锤一锤钉钉子”的一抓到底法，“蹄疾步稳、急而不躁”的循序渐进法，“跟着群众跳火坑”的群众工作法，“抓具体、具体抓”的亲力亲为法，“干着指挥、带头冲锋”的以上率下法。这为全省落实全面深化法治浙江建设各项目标任务提出了方法指引。

围绕贯彻落实党的十八届四中全会精神和省委十三届六次全会的部署，2015 年，省委制定出台了《省委十三届六次全会〈决定〉重要工作任务分工方案》和《省委十三届六次全会重要工作任务实施规划(2015—2020年)》,梳理了188项重要工作任务,进一步明确了责任单位、改革目标路径、工作抓手、成果形式和时间进度。党的十八大以来,省委法治浙江建设领导小组召开了数次工作会议和省委全面深化法治浙江建设工作交流会议,在会上研究审议年度工作要点,听取年度工作总结,进行法治工作交流和考核评比表彰,党委牵头抓总的特色更加鲜明,人大、政府、政协分口负责,各部门分工实施,全社会共同参与的法治建设工作格局更加充实,进一步发挥考核这一指挥部的积极作用,推动我省法治工作更上了一个新的台阶。

二

党的十八大以来,在省委的正确领导下,在全省上下的共同努力下,全面深化法治浙江建设取得了令人满意的成绩,法治工作各个部门精心谋划、精细作业,法治建设各个领域创新不断、亮点频出,法治改革各项试点有条不紊、循序推进,推动我省认真落实全面依法治国继续走在了全国前列。主要表现在:

(一)省委坚持依法执政,领导立法、保证执法、支持司法、带头守法的能力进一步提高

党的十八大以来,省委坚持党委总揽全局、协调各方,支持人大、政府、政协、审判机关、检察机关依法依章程履行职能、开展工作,深入实施省委关于进一步加强人大工作和建设、充分发挥人大作用的意见,制定出台加强县乡人大工作和建设的若干意见,坚持党委研究重大立法事项、重要法规规章草案制度,省委常委会对《浙江省审计条例》《浙江省农村集体资产管理条例》《浙江省劳动争议调解仲裁条例》《浙江省人民代表大会选举产生或表决通过的国家工作人员宪法宣誓办法》和《浙江省人民代表大会常务委员会任命的国家工作人员宪法宣誓办法》等重要法规进行了专

门研究；支持政府加快转变职能，全面推进依法行政，努力打造“审批事项最少、办事效率最高、投资环境最优”的省份。深入推进协商民主广泛多层制度化发展，研究制定关于加强社会主义协商民主建设的实施意见。支持审判机关、检察机关履行宪法法律赋予的职责，规范司法行为，促进公正司法，积极稳妥推进我省司法体制改革试点工作，制定司法体制改革试点方案，促进四方面重点改革工作有序开展。召开省委统战工作会议，出台《省委统一战线工作实施细则（试行）》。召开省委党的群团工作会议，出台《关于加强和改进党的群团工作的实施意见》。深入推进我省地方党内法规制度体系建设，加强备案审查工作。2013 年 7 月，省委制定下发了《中国共产党浙江省委员会党内法规制定细则》和《中国共产党浙江省委员会党内法规和规范性文件备案细则》，2014 年分两次对新中国成立以来到 2012 年 6 月期间制定的党内法规和规范性文件进行了清理。在党内法规制度建设和备案审查上，仅 2015 年就制定了《浙江省推进领导干部能上能下实施细则（试行）》等 11 件党内法规。目前，共向中央报备党内法规和规范性文件 47 件，共审查规范性文件近 400 件，其中纠正 15 件，提醒 19 件。

（二）各政权机关依法施政，科学立法、严格执法、公正司法和全民守法的水平进一步提高

党的十八大以来，省委领导下的各政权机关依法履行法定职能，深入推进各项改革举措。省人大常委会更加注重贯彻中央决策部署，落实新修改的《中华人民共和国立法法》和中央 18 号文件，落实赋予 9 个设区的市立法权行使工作并加强联系指导，全力配合省委出台 21 号文件，乘势推动县乡人大工作和建设深入发展。更加注重发挥人大的立法主导作用，坚持党对立法工作的领导，发挥常委会组成人员的主体作用，重视政府及有关方面的作用，强化人大对立法工作的组织协调，增加专门委员会直接起草法规草案的比重。更加注重以问题为导向，推进科学立法、民主立法，保证制定的法规有效、管用，把推动转型升级、维护公共安全、保障

改善民生、促进社会和谐作为立法重点，制定修订了专利、旅游、审计、绿色建筑、农村集体资产管理、水上交通安全、劳动人事争议调解仲裁等地方性法规，更加注重发挥代表主体作用，扎实推进“两联系、一发挥”建设。省政府以深化“四张清单一张网”(“四张清单”即政府权力清单、企业投资负面清单、政府责任清单、省级部门专项资金管理清单，“一张网”则是指浙江政务服务网)改革为抓手，加快转变政府职能，不断深化法治政府建设，全面推进依法行政。2014 年 6 月 25 日浙江政务服务网正式开通，浙江在全国率先完整晒出省政府部门“权力清单”“责任清单”和省市县三级政府部门“权力清单”。相继制定出台《浙江省人民政府关于深化行政执法体制改革全面推进综合执法的意见》《浙江省人民政府关于深入推进依法行政加快建设法治政府的实施意见》《浙江省行政处罚裁量基准办法》《浙江省重大行政决策程序规定》等重要文件，法治政府建设向行政执法纵深和改革决策前沿不断深入；省政协认真贯彻落实中央和省委关于加强协商民主建设的文件精神，深入开展专题协商、对口协商、界别协商、提案办理协商“四大协商”，不断提高人民政协协商民主制度化、规范化、程序化水平，更好地协调关系、汇聚力量、建言献策、服务大局，研究制定《提案办理协商办法》等制度；省政法委扎实推进执法司法规范化建设，制定出台了“防止冤假错案33 项制度”等制度，研究推进“网格化管理、组团式服务”与“平安建设信息系统”两网融合工作；省法院充分发挥审判职能作用，积极推进以审判为中心的诉讼制度改革，结合我省实际推进司法体制改革试点，大力推进浙江法院“互联网＋审判”改革，进一步完善开放、动态、透明、便民的阳光司法机制，2013 年发布全国首个“阳光司法”指数测评报告；省检察院强化法律监督，规范检察行为，积极稳妥推进检察改革，确保公正司法，提高司法公信力，坚持运用法治思维和法治方式，服务保障经济社会发展；全省各级党委、政府支持群众用法、乐见群众用法，司法行政机关创新普法思路，推进社会普法教育机制和阵地建设，着力构建社会大普法工作格局，推动“谁执法谁普法”“谁主管谁普法”的普法责任制落实，发挥群团组织资源，分层分类建立社会化法治宣传教育队伍，促进全民法治素质不断提升。

（三）各级领导干部依法履职，法治思维和依法办事能力进一步提高

党的十八大以来，省委创造性地提出要把“三改一拆”“五水共治”“四换三名”“四边三化”“一打三整治”等重点工作作为法治浙江建设的大平台、试验田、试金石和活教材，要求把重点工作纳入深化法治浙江建设的总体框架中去谋划、摆布和推进，通过研究和解决其中的立法、执法、司法、普法等各个方面的问题，为法治浙江建设提供理论和实践探索，不断提高各级党员干部运用法治思维和法治方式深化改革、推动发展、化解矛盾、维护稳定的能力。在抓住关键少数的同时，创新基层社会治理体系，积极开展“创新基层社会治理推进年”等活动，深化以法治、德治、自治“三治融合”为主要内容的基层社会治理体系创新。完善基层群众自治机制，坚持依法制规、依规治村、以德促治，推动全面制定修订和实施村规民约、社区公约，发挥好社会规范的积极作用。省委还大力推进法治社会建设，夯实法治浙江的基础基层。积极引导群众依法维护合法权益，完善多元纠纷解决机制。重视“覆盖城乡、惠及全民”的公共法律服务体系建设，健全公共法律服务系统化制度体系，制定实施公共法律服务体系县乡村三级实体平台建设的指导意见，加强基层法律服务所规范化建设的若干规定等，构建实体平台和网络平台对接互通、有机融合的公共法律服务机制，推动法治资源和法律服务重心下移。

三

当前，我省法治建设正处在一个承前启后的关键时期。自 2006 年到 2016 年，法治浙江建设经历了它的第一个十年，浙江的诸多先行先试设想、创举和经验已为全国所公认；党的十八大以来，省委沿着习近平总书记开创的法治浙江道路砥砺前行，奋勇开拓，全面深化法治浙江建设取得了新的成果和业绩，在法治中国的春天里唱响了浙江最强音。2016 年是“十三五”的开局之年，省委领导制定了我省“十三五”规划，明确了新的发

展理念和发展思路，提出了新的催人奋进的目标，尤其在民主法治建设领域，省委提出关键是要“运用法治思维和法治方式推动发展”，“加强和创新社会管理”。具体而言就是要：坚持依宪执政、依法执政，加强社会主义民主政治建设，推动领导干部做遵法、学法、守法、用法的模范，增强党员干部法治意识和依法办事能力。推进科学立法、民主立法，加强党对立法工作的领导，加强人大对地方立法工作的组织协调，健全由有立法权的人大主导立法工作的体制机制，围绕中心工作及时出台相关法规，提高立法质量。加强法治政府建设，依法全面正确履行政府职能，加强和改进规章制度建设，健全依法决策机制，改革和完善行政执法体制，全面推进综合行政执法，强化行政权力监督和制约，全面推进政务公开，依法化解社会矛盾纠纷。积极稳妥地推进司法体制改革，优化司法职权配置，健全司法权力运行机制，切实推进公正司法。全面推进公共法律服务体系建设，大力发展法律服务业，加强法治宣传教育，在全社会形成良好的法治氛围和法治习惯。

面对新的形势、新的任务，全面深化法治浙江建设必须勇往直前，开拓进取，在百舸争流中更上一层楼。近年，中国法治建设围绕建设中国特色社会主义法治体系这一总目标、总抓手进入了法治改革、发展、创新的快车道，其基本趋势可以概括为以下三个层面。

一是更加注重法律制度的体系整合。通过发挥立法引领作用、人大主导作用和代表主体作用，以更严格的质量要求、更鲜明的问题导向，推进重点领域立法，加强法规评估、备案和审查，目的是在“有法可依问题”基本解决以后，向立好法、用好法阶段前进。在此，以完善法律规范的立改释废机制，加强立法机关与法律实施机关、法学研究机构的反哺互动，实现现行法律制度体系的有效内部整合与外部衔接，使之在内容上更全面地覆盖基本社会关系，在效力上更周延地确保法律实施的一致融贯，在价值上更鲜明地反映中国特色的核心价值主张，是一个必须回答好的基本发展挑战。

二是更加注重法治发展的结构均衡。党的十八届四中全会提出要

“建设完备的法律规范体系、高效的法治实施体系、严密的法治监督体系、有力的法治保障体系，形成完善的党内法规体系，坚持依法治国、依法执政、依法行政共同推进，坚持法治国家、法治政府、法治社会一体建设，实现科学立法、严格执法、公正司法、全民守法，促进国家治理体系和治理能力现代化”，这是落实中国共产党关于在治国理政上坚持依法执政和依法治国“两个基本方式”承诺主张的重大举措，关键是把握好法治发展过程的结构均衡问题，尤其是必须在规范依据上解决好党规体系和国法体系的内容重叠、效力交叉问题，在主攻方向上解决好行政改革的“简政放权”和司法改革的“深入推进”之间的资源配置问题，真正把司法体制改革落实为全面依法治国的“重头戏”，构架起“把权力关进制度笼子”的双保险机制，在主体环节上，既要抓住领导干部这一关键少数，提高其法治思维和依法办事能力，又要着力提升全民的法治素养，引导其合理维护自身权益、自觉履行法定义务，刺破经济社会发展新常态下的政治盲区，夯实社会主义法治国家大厦的基础。

三是更加注重改革成果的制度转化。党的十八大以来，我们的改革方式由摸着石头过河向更加注重顶层设计和整体谋划转变，强调要发挥法治的引领、规范和保障作用，坚持所有重大改革于法有据，要在法治的轨道上推进改革。在此，必须创新思路，着力破解改革和法治的“破立关系”，一方面要强调改革决策与立法配套同步推进，使重大改革事前有据、事中管控，另一方面则应当更进一步将工作着力点放在改革成果的制度转化上，及时有效地把改革的正面成效上升为制度，同时剔除改革推进过程中出现的负面因子，真正使改革创新成为推动中国特色社会主义制度更加成熟、更加定型的持久动力，用不断发展和完善的最新制度成果引领和推动持续向前的改革实践。

我们相信，全面深化法治浙江建设的未来，应当在回应和解答好上述问题的过程中继续推进；我们期待，在全面依法治国的时代潮流中，浙江能够在省委的带领下认真落实全面依法治国，继续在法治建设上走在前列！

第一章　法治浙江建设的发展历程与基本经验

依法治国是党领导人民治理国家的基本方略，法治是治国理政的基本方式。法治兴则国家兴，法治强则国家强。浙江是我国改革开放和市场经济的先发之地，在区域发展中走在全国前列，也较早遇到率先发展带来的新情况、新问题。面对这些问题和挑战，浙江省委立足本省实际，探索运用法治思维和法治方式深化改革、推动发展、化解矛盾、维护稳定，较早谋划并积极推进法治浙江建设，走出了一条经济发达地区法治先行先试的新路子，为坚持中国特色社会主义政治发展和法治建设道路，推进法治中国建设，积累了鲜活生动的实践经验。

一、法治浙江建设的发展历程

（一）法治浙江建设的酝酿与形成

1996 年，浙江省委根据发展实际，提出了依法治省的目标要求，省人大常委会做出了依法治省的决议。1997 年 9 月，党的十五大明确提出了“依法治国，建设社会主义法治国家”的治国方略，标志着我国民主法制建设进入了新的历史阶段，也对浙江法治建设提出了新的要求。2000 年，省委做出了《关于进一步推进依法治省的决定》。党的十六大以来，省委进一步抓好贯彻落实，把法治建设贯穿于改革和发展的各项工作之中。

“十一五”时期前后，浙江发展站在了新的历史起点上，进入了全面建设小康社会的攻坚阶段，加快社会主义现代化建设的关键时期。社会主义先进生产力的发展和市场经济体制的不断完善，对生产关系和上层建筑的调整提出了新的要求；社会主义民主政治的不断发展和人民政治参与积极性的不断提高，对进一步落实依法治国基本方略提出了新的要求；改革的深化和各种利益关系的不断调整，对从法律和制度上统筹兼顾各方面利益提出了新的要求；社会结构和社会组织形式发生的深刻变化，对正确处理人民内部矛盾、依法加强社会建设和管理提出了新的要求；人们思想活动的独立性、选择性、多变性、差异性的增强，对强化马克思主义在意识形态领域的指导地位，树立社会主义法治理念和社会主义荣辱观提出了新的要求。所有这一切，都对党的执政能力，特别是科学执政、民主执政、依法执政提出了新的要求。

面对新形势、新要求，早在 2005 年，浙江省委就把建设法治浙江作为年度重点调研课题，由时任省委书记习近平同志亲自主持，并专门成立了由省委分管领导牵头的建设法治浙江工作筹备小组，进行了深入系统的调查研究工作。省人大、省政协和各民主党派、无党派人士以及理论工作者也积极建言献策。2006 年 2 月 5 日，省委召开理论中心组学习会，专题学习和研究有关法治建设的理论问题和实践问题，进一步谋划和理清法治浙江建设的思路。在这次学习会上，习近平同志明确指出，根据党中央的总体部署，浙江现在提出的法治浙江建设，与之前的“八八战略”、平安浙江、文化大省等战略部署，共同构成了浙江全面建设小康社会、提前基本实现现代化的总体布局。

2006 年 4 月，浙江省委十一届十次全会审议通过了《关于建设“法治浙江”的决定》，标志着浙江在“十一五”开局之年，率先吹响了建设法治浙江的号角。建设法治浙江是浙江省委根据中央的决策部署，对依法治省的进一步深化和发展，是对浙江现代化建设总体布局的进一步完善。文件明确了推进“法治浙江”建设的总体要求：高举邓小平理论和“三个代表”重要思想伟大旗帜，全面落实科学发展观，致力于构建社会主义和谐社会，牢固树立社会主义法治理念，坚持社会主义法治的正确方向，以依法治国为核心内容，以执法为民为本质要求，以公平正义为价值追求，以服务大局为重要使命，以党的领导为根本保证，在浙江全面建设小康社会和社会主义现代化建设进程中，通过扎实有效的工作，不断提高经济、政治、文化和社会各个领域的法治化水平，加快建设社会主义民主更加完善，社会主义法制更加完备，依法治国基本方略得到全面落实，人民的政治、经济和文化权益得到切实尊重和保障的法治社会，使我省法治建设工作整体上走在全国前列。同时，文件明确把坚持和改善党的领导，坚持和完善人民代表大会制度，坚持和完善共产党领导的多党合作和政治协商制度，加强地方性法规规章建设，加强法治政府建设，加强司法体制和工作机制建设，加强法制宣传教育，确保人民的政治、经济和文化权益得到切实尊重和保障等八个方面作为建设法治浙江的主要任务。省委十一届十次全会科学地回答了为什么要建设法治浙江、建设什么样的法治浙江、怎样建设法治浙江等重大问题。

为贯彻省委十一届十次全会精神，扎实推进法治浙江建设，2006 年 5 月，省人大常委会通过了《浙江省人民代表大会常务委员会关于建设“法治浙江”的决议》；6 月，省政府出台了《浙江省人民政府关于推进法治政府建设的意见》（浙政发〔2006〕34 号）。省政协自 2005 年以来持续开展为推进建设法治浙江建言献策的活动。与此同时，省委成立了建设法治浙江工作领导小组并设立其办公室。2006 年 12 月 18 日，召开了省委建设法治浙江工作领导小组第一次会议。时任浙江省委书记习近平同志在会上指出，法治是构建社会主义和谐社会的重要内容、重要保证和重要途径。要从构建社会主义和谐社会的高度深化对建设法治浙江的认识，全面理解和把握构建社会主义和谐社会的指导思想、目标任务、工作原则和重大部署，把构建和谐社会的理念和措施贯彻到经济、政治、文化和社会建设的各项工作中去，贯彻到建设法治浙江的各项工作中去，使法治浙江建设为构建和谐社会提供服务、提供支撑、提供保障。在省委的领导下，全省各地、各部门按照省委十一届十次全会的要求，迅速行动起来、积极落实，全面部署、细化措施，建章立制、加强指导，精心组织、落实责任，讲法治、重法治、求法治的良好氛围正在逐步形成。

(二)法治浙江建设的丰富和发展

2007年3月,中共中央决定,赵洪祝同志任浙江省委委员、常委、书记,法治浙江建设进入新的发展时期。6月12日至16日,中共浙江省委第十二次代表大会在杭州召开,省委书记赵洪祝同志代表中共浙江省委做题为《坚持科学发展促进社会和谐全面建设惠及全省人民的小康社会》的工作报告。大会指出,今后5年全省工作的总体要求是:高举邓小平理论和“三个代表”重要思想伟大旗帜,全面贯彻落实科学发展观,深入实施“八八战略”,加快建设“平安浙江”、文化大省、“法治浙江”,坚持以又好又快发展、全面改善民生为主线,以改革开放、自主创新为动力,以加强党的执政能力建设和先进性建设为保证,坚定不移地走创业富民、创新强省之路,扎实推进我省社会主义经济、政治、文化和社会建设,不断开创党的建设新局面,全面建设惠及全省人民的小康社会,为加快构建和谐浙江、率先基本实现社会主义现代化打下坚实基础。2007年11月5日至6日,中共浙江省委十二届二次全体(扩大)会议深入学习贯彻党的十七大精神,听取和讨论了赵洪祝代表省委常委会所做的工作报告,审议通过了《中共浙江省委关于认真贯彻党的十七大精神扎实推进创业富民创新强省的决定》。12月25日下午,省委建设法治浙江工作领导小组举行会议,会议系统总结了过去一年建设法治浙江的工作情况,研究部署下一步推进法治浙江建设工作。在这次会议上,时任浙江省委书记赵洪祝要求坚持以党的十七大精神为指导,从坚持依法治国,发展社会主义民主政治的高度,深化对建设法治浙江的认识;要求建设法治浙江必须始终突出推动党的领导和各项工作法治化这一工作主题;要求建设法治浙江必须全面服务于“创业富民、创新强省”这一总战略;要求切实加强各级党委对法治工作的领导,形成建设法治浙江的强大合力。在省委的号召和带动下,全省上上下下进一步增强了建设法治浙江工作的责任感和使命感,形成了一些有效的具体工作载体,提高了各个领域的法治化水平,推动了科学发展,促进了社会和谐。

2008 年以来，法治浙江建设紧紧围绕全面贯彻落实党的十七大和省第十二次党代会精神，着力完善发展理念和体制机制，不断创新工作平台和载体，推动我省法治事业不断丰富和发展。2008 年 4 月，省委召开十二届三次全体(扩大)会议，审议通过了《中共浙江省委关于全面改善民生促进社会和谐的决定》，强调要深入贯彻党的十七大精神和省第十二次党代会精神，全面落实科学发展观，着眼于扎实推进"创业富民、创新强省"总战略，研究部署全面改善民生工作。9 月，省委十二届四次全会召开，审议通过了《中共浙江省委关于深入学习实践科学发展观　加快转变经济发展方式推进经济转型升级的决定》。2009 年 5 月，省委十二届五次全体(扩大)会议在杭州举行，会议审议通过了《中共浙江省委关于深化改革开放推动科学发展的决定》。这一时期，省委关于法治浙江建设的理念和思路进一步明确，就是要通过法治建设"促增长、促民生、促和谐"，围绕着转型升级，以法治的思路和办法来化解难题、提供服务、助推发展。在此基础上，2008 年 1 月 16 日，在浙江省十一届人大一次会议上，时任省长的吕祖善郑重承诺，今后五年，浙江要充分运用和优化配置公共资源，研究采取有力举措，部署实施"全面小康六大行动计划"，其中，贯彻落实公民权益依法保障行动计划成为我省"十一五"时期法治建设新的重要抓手。7 月，省政府印发《公民权益依法保障行动计划》，提出："经过五年努力，建设法治政府的工作任务和要求得到落实，土地征收、房屋拆迁、社会保障、食品药品、安全生产、环境保护、劳动就业、教育事业等领域的突出问题得到有效解决，公民权益保护和实现程度得到明显提高。"

2009 年下半年，省委又把基层基础工作作为法治浙江建设的一个重要环节和突破口来抓。在当年 8 月举行的省委建设法治浙江领导小组会议上，时任省委书记赵洪祝指出，面对新的形势和任务，我们一定要充分认识做好法治浙江基层基础工作的重要性和紧迫性，切实增强忧患意识、责任意识、发展意识，真正把基层基础工作放在法治建设的基础性、战略性地位来思考和谋划，坚持重基层、打基础、强基本，在新的起点上推进法治浙江建设;2011 年 6 月,为贯彻落实党中央加强和创新社会管理的重要决策,省委十二届九次全会审议通过了《中共浙江省委关于加强和创新社会管理的决定》(浙委〔2011〕57 号),对加强和创新社会管理做了专题部署,提出要实现社会管理工作的“五个转变”,提高全社会管理法治化水平;10 月,省委印发《关于加强“法治浙江”基层基础建设的意见》,文件总结提炼了近年来我省法治浙江建设取得的六个方面的经验,提出了到 2015 年要力争实现的七个方面的目标:基层党务政务公开工作不断深化,法律法规规章在基层的实施机制不断健全,行政执法便民服务逐步健全完善,基层司法保障能力显著提升,群众法律素质和企业经营管理人员守法意识普遍提高,城乡居民自治机制不断健全,群众利益诉求得到妥善解决。这是我国关于加强基层法治建设的首个系统性、规范性文件,对于推进基层依法治理,提高基层社会管理法治化管理水平具有重要意义。

2012 年 6 月 6 日至 10 日,中共浙江省第十三次党员代表大会在杭州召开。时任省委书记赵洪祝代表中国共产党浙江省第十二届委员会向大会做题为《坚持科学发展深化创业创新,为建设物质富裕精神富有的现代化浙江而奋斗》的报告。8 月 5 日上午,省委建设法治浙江工作领导小组召开会议。时任省委书记、省人大常委会主任赵洪祝主持会议并强调,我们要认真学习胡锦涛总书记在省部级主要领导干部专题研讨班上的重要讲话精神,以省第十三次党代会精神为指导,把建设法治浙江作为全面落实依法治国基本方略、推进我省社会主义民主法治建设的总载体,紧紧围绕坚持依法执政、建设法治政府、推进公正司法、深化法制教育、发展基层民主等五方面的内容,细化举措,落实责任,确保省党代会精神落实到法治建设的各项工作中,为建设“两富”现代化浙江提供法治保障和制度支撑。12 月 5 日至 6 日,中共浙江省委十三届二次全体(扩大)会议在杭州举行。全会认真学习贯彻党的十八大精神,由省委常委会向全会报告工作,审议通过《中共浙江省委关于认真学习贯彻党的十八大精神　扎实推进物质富裕精神富有现代化浙江建设的决定》。

(三)法治浙江建设的全面深化

2012 年 11 月 8 日至 14 日，举世瞩目的中国共产党第十八次全国代表大会在北京胜利召开，习近平同志在之后的十八届一中全会上当选为中共中央总书记。12 月，中共中央决定，夏宝龙任浙江省委书记。党的十八大以来，浙江省委深入学习贯彻习近平总书记系列重要讲话精神，全面贯彻党的十八大和十八届三中、四中、五中全会，深入实施“八八战略”，坚持一张蓝图绘到底、一任接着一任干，全面深化法治浙江建设，为干好“一三五”，实现“四翻番”，建设“两富”“两美”浙江提供了有力的保障。

2013 年 11 月，省委十三届四次全会审议通过《中共浙江省委关于认真学习贯彻党的十八届三中全会精神全面深化改革再创体制机制新优势的决定》，提出要“着眼于促进社会公平正义，完善建设法治浙江和平安浙江体制机制，加快推进社会主义民主政治制度化、规范化、程序化，提高全社会法治化水平”。2014 年 5 月，省委十三届五次全会深入学习贯彻党的十八大、十八届三中全会和习近平总书记关于建设“美丽中国”和“人民对美好生活的向往，就是我们的奋斗目标”等系列重要讲话精神，围绕干好“一三五”、实现“四翻番”目标，认真总结我省生态文明建设的实践，研究部署建设美丽浙江、创造美好生活工作，审议通过《中共浙江省委关于建设美丽浙江创造美好生活的决定》。2014 年 12 月，省委十三届六次全会通过了《中共浙江省委关于全面深化法治浙江建设的决定》，提出要认真贯彻落实党的十八大和十八届三中、四中全会精神，高举中国特色社会主义伟大旗帜，以马克思列宁主义、毛泽东思想、邓小平理论、“三个代表”重要思想、科学发展观为指导，深入贯彻习近平总书记系列重要讲话精神，坚持党的领导、人民当家做主、依法治国有机统一，坚定不移走中国特色社会主义法治道路，坚持依法治国、依法执政、依法行政共同推进，坚持法治国家、法治政府、法治社会一体建设，实现科学立法、严格执法、公正司法、全民守法，促进治理体系和治理能力现代化，为深入实施“八八战略”，干好“一三五”、实现“四翻番”，建设物质富裕精神富有的现代化浙江和建设美丽浙江、创造美好生活提供有力法治保障。会后,省委制定出台了《浙江省委十三届六次全会〈决定〉重要工作任务分工方案》和《浙江省委十三届六次全会重要工作任务实施规划(2015—2020年)》,梳理了188项重要工作任务,进一步明确了责任单位、改革目标路径、工作抓手、成果形式和时间进度。2015年6月,省委十三届七次全会深入学习习近平在浙江考察时的重要讲话精神,对贯彻落实习近平重要讲话精神进行研究部署,审议通过《中共浙江省委关于全面加强基层党组织和基层政权建设的决定》,提出要引领推动"四个全面"战略布局在基层落实,充分发挥基层党组织在全面深化法治浙江建设中的重要作用,教育引导基层党员干部带头尊法、学法、守法、用法,推动基层工作依法开展、基层事务依法办理、基层问题依法解决。

二、法治浙江建设的基本成就

(一)坚持依宪执政、依法执政,社会主义民主政治建设迈上新台阶

十年来,浙江省委及各级党委始终把依宪执政、依法执政作为法治浙江建设的重要内容摆在突出位置,重点推进。中共浙江省委始终坚持"把依法治国基本方略同依法执政的基本方式统一起来,把党总揽全局、协调各方同人大、政府、政协、审判机关、检察机关依法依章履行职能、开展工作统一起来,把党领导人民制定和实施宪法法律同党坚持在宪法法律范围内活动统一起来"的原则,按照中央提出的"四个善于"要求,进一步健全完善总揽全局、协调各方的领导体制和工作机制,先后出台了加强和改进人大工作的意见,加强和改善人民政协民主监督的意见,加强政法工作的意见等,在不断加强对同级人大、政府、政协、法院、检察院以及工会、共青团、妇联等人民团体的领导的同时,支持他们依照法律和各自章程独立负责、协调一致地开展工作,提高了省委和各级党委科学执政、民主执政、

依法执政的能力与水平。通过多年坚持不懈的努力，浙江初步形成了党委统一领导，人大、政府、政协分口负责，各部门分工实施，一级抓一级，层层抓落实的法治浙江建设工作格局。

在党内政治生活与民主监督的法治化方面，省委一直把规范化与制度化建设作为依法执政的重要内容来抓。为推进决策的民主化与科学化，省委先后制定了《关于省委常委会坚持和健全民主集中制的意见》《省委议事规则》等制度，建立健全党委、政府依法决策各项规则程序，完善党内民主决策机制，推行和完善地方党委讨论决定重大问题和任用重要干部票决制，加大对决策失误进行问责的力度。以各级领导机关和领导干部权力行使为监督重点，进一步加大了党务公开力度，并建立健全了监督保障机制。按照中央部署出台了《省委党内法规制定工作五年规划纲要（2013—2017年）》，着力抓工作网络、工作体系、前端纠错、备案审查、督促落实"五大建设"，有序推进了党内法规和规范性文件制定、备案、清理等各项工作，形成了富有浙江特色的做法、经验。

（二）坚持科学立法、民主立法，健全地方法规规章实现新突破

法律是治国之重器，良法是善治之前提。要使法律和地方性法规得到全省人民的信从和遵守，必须坚持科学立法与民主立法，注重提高立法质量。省人大及有地方立法权的较大市的人大，在省委和当地市委的正确领导下，从省情、市情出发，努力把省委、市委表达与综合的民意，以及做出的重大政策，经过法定程序转变为地方性法规或国家法律的具体实施细则，从而把党委的意志变成地域共同体内人民的共同意志，把推进改革与完善法制有机结合起来，实现立法决策与改革决策的同步前进，从而在法制轨道上引领、推进和保障全省的改革发展。至"十二五"规划末，浙江基本形成了与国家法律法规相配套、与浙江经济社会发展要求相适应的比较系统的地方性法规体系。

为了提高立法的整体系统性和现实针对性，省人大十分注重立法项

目调研，通过发函书面征求省有关部门、县市区人大常委会、省人大代表、立法专家库成员对未来立法工作的意见，或者通过媒体向社会发出公告征集五年立法建议项目，在充分调研基础上，编制《立法调研项目库》。除了坚持立法建议项目公开征集意见外，省人大在立法过程的各个环节都注重社会力量的民主参与，实行开门立法，鼓励社会机构参与立法，委托高校对报送批准的杭州、宁波两市地方性法规进行合法性审查，提高合法性审查的工作质量；还采取座谈会、论证会、咨询会、网络互动、网上调查、专家审阅、媒体讨论等形式，征求不同群体尤其是利益相关群体对法规草案的意见。一些比较专业性的法规草案甚至在部门或行业的专业网站上公布，让专业人士提出专业意见。有时会把一些与老百姓关系特别密切的条款单独提出来，交由公众讨论。此外，建立立法基层联系点制度，依托立法基层联系点，直接听取最基层人民对立法工作的意见。通过多方面、多层次、多视角、多环节、多渠道的征求意见、民主磋商，把社会各界的意见都充分整合进来，达到最大限度的意见共识，使地方性法规真正成为全省人民公意的体现。

（三）坚持依法行政、严格执法，法治政府建设释放新活力

政府行政直接涉及公民的权利与义务、受益与损害，这些最为百姓所关注。因此，政府依法行政是依法治国的中心环节和具体落实。2011年，省委、省政府在总结前些年推进法治政府建设实践经验的基础上，出台了《关于加强法治政府建设的实施意见》和《浙江省全面推进依法行政“十二五规划”》；2012 年，又组织起草了法治政府建设标准；2014 年，浙江省法治政府建设实施标准，全省建设“职权法定、依法行政、有效监督、运转高效”的法治政府进程稳步推进；2015 年 10 月 1 日起，《浙江省重大行政决策程序条例》正式生效实施。各级政府通过深化行政审批制度改革，制定政府权力清单、责任清单、企业投资负面清单和财政专项清单，构建政府政务信息网，依法稳步推进政府职能转变；建立和完善了行政决策规则与程序，健全了对涉及经济社会发展全局的重大事项决策的协商和协

调机制，健全了对专业性、技术性较强的重大事项决策的专家论证、技术咨询、决策评估制度，健全了对与群众利益密切相关的重大事项决策的公示、听证制度，健全了对涉及法律问题的重大事项决策的合法性审查制度；推行了行政决策事项跟踪、绩效评价、责任追究等制度，建立健全了决策实施信息反馈系统，逐步实现行政决策的科学化、民主化与规范化。

针对行政执法活动中存在的不作为、乱作为现象，浙江从完善行政执法体制和加强队伍建设入手，狠抓行政执法行为尤其是自由裁量行为的规范化建设。各地大力推进综合执法体制改革，大力推进执法程序建设，大力推进行政执法公开和执法方式转变，健全完善行政执法过错追究制度和错案追究制度。

针对这些年来社会矛盾冲突多发、复杂、难解的问题，浙江各地加强行政复议、行政调解、人民调解、信访投诉处理的体制机制的建设，构建起一个类型多元、功能细分、相互衔接、卓有成效的矛盾纠纷化解体系，把矛盾纠纷化解在基层、消解在萌芽状态，为和谐社会建设夯实了基础。

（四）坚持公正司法、规范司法，司法公信力得到新提升

司法是维护公平正义的最后一道防线。司法不仅有扬善抑恶、除暴安良、维护权利、促进稳定的功能，还有重拾人心、重建道德的力量。“十二五”期间，浙江不断深化司法体制改革，全面推进司法公正、司法公开、司法为民，在切实维护每一个当事人的合法权益中树立和彰显司法公信力。全省各级法院严格贯彻宽严相济刑事政策，坚持惩罚犯罪与保障人权并重，严格落实证据裁判原则；依法稳妥做好有关重大冤错案件的复查、再审和善后工作；调判结合、以调为先，预防化解各种涉法涉诉矛盾纠纷；加大判决执行力度，化解长期存在的执行难问题；紧紧围绕省委、省政府中心工作，发挥司法的支持保障作用；积极改革内部管理体制，构建司法公开的机制和平台，积极推进阳光司法，以公开促公正公平；大力加强法院、检察院自身建设，强化基层司法条件保障，强化信息化建设，强化司法作风建设，提升了全省司法的水平线和公信力。

（五）坚持阳光行权、依法治权，形成制约和监督权力运行新机制

阳光是最好的防腐剂，监督制约是最可靠的防火墙。浙江的各级党政机关坚持阳光行权、依法治权，形成了制约和监督权力运行的新机制。在人大系统，各级人大积极采取措施开放立法过程，拓宽立法参与渠道，创新立法参与形式，提高立法参与质量，增进全省人民对国家法律和地方性法规的心理认同感；在政府系统，各政府部委借助政务信息网，实现政务处理的信息公开和过程公开，让权力运行于阳光之下；在司法系统，自2010年开始，实施了以提高司法公信力为指导思想和行动主轴的“阳光司法工程”，通过完善相关的体制机制，如司法机关基本信息公开制度、公民旁听制度、庭审直播制度、司法文书上网公开制度，以进一步深化司法公开，越来越多的侦查、检察、审判司法权力被“晒”到阳光下。由此，形成基于公开的全过程、全方位社会监督体系，有效地保障了权力运行的规范性与有效性。

（六）坚持全民普法、全民守法，营造全社会遵法、学法、守法、用法新氛围

“十二五”期间，为了夯实“法治浙江”建设的社会基础，各级党政机关注重法制宣传教育，针对不同群体，根据实际需要，有选择、有侧重地进行普法宣传，不断加大对法律法规尤其是新颁布的规范性文件的宣传力度，积极宣传政府法制和依法行政工作的好经验、好做法，运用以案说理的方式方法，或者通过编写图文并茂的法律通俗读物把法律知识、法治道理灌输给人民群众，努力营造办事依法、遇事找法、解决问题用法、化解矛盾靠法的良好法治环境。更重要的是通过构建覆盖城乡的基本公共法律服务体系，通过为老百姓提供有偿或无偿的法律服务，让老百姓在每一个案件当中都感受到司法的公平与正义，从而更坚定地树立法治的信仰。在法制宣传教育中，我们始终把党政机关特别是领导干部的依法执政、依法行政、公正司法的意识和能力作为法制宣传教育的着力点，切实提高领导干

部运用法治思维和法治方式深化改革、推动发展、化解矛盾、维护稳定的能力，让党政干部以身作则、率先垂范，给人民群众以“依法办事、依法维权、依法提出合理诉求”的强烈环境暗示，从而形成党政机关和社会公众在信守法律、推进法治上的良性互动。

（七）坚持党管干部、党管人才，法治工作队伍建设取得新进展

“徒法不足以自行。”一支信仰法律、恪守公正、专业敬业的法治工作队伍，是法治浙江建设的重要力量。省委和各地党委十分关心重视法治工作队伍建设，坚持党管干部、党管人才的原则，为法治工作队伍建设提供政治支持、指导和保障。党委抓住立法、执法、司法机关各级领导班子这个关键，把理想信念坚定、法治意识强、善于运用法治思维和法治方式解决问题的人选选拔推荐到领导岗位；各级行政机关和司法机关以提高队伍正规化、专业化、职业化为重点，通过强化教育培训、强化实践锻炼，着力提高广大执法人员和司法人员的政治素质、职业素养，增强他们恪守公正、追求正义、拒腐防变的意识与能力。司法行政部门注重加强对基层司法员队伍、律师队伍、法律志愿服务队伍的思想政治建设和业务技能考核培训，通过律师协会加强对执业律师的行业管理。

加强基层法治建设工作机构和人员队伍建设，推动执法、司法力量向基层倾斜。实施建立基层法治促进员制度，推进法治干部下基层活动。关心关爱法治工作者，保持队伍稳定。重视法治人才培养。加强法学教育和研究，强化法学学科和专业建设，发挥法学研究机构和法学人才在法治浙江建设中的作用。重视法治人才和后备力量的教育培养。

三、“法治浙江”建设的主要经验

法治浙江建设十年来，全省人民在党中央、国务院和浙江省委省政府领导下，始终立足于浙江实际，按照建设“法治浙江”的总体要求，积极进

取，开拓创新，不断提高政治、经济、文化和社会生活的法治化水平。十年来，几届省委坚持一张蓝图绘到底、一任接着一任干，一以贯之地落实习近平同志关于法治浙江建设的重要精神，坚持不懈地推进法治浙江建设，取得了一系列的制度成果、理论成果与实践成果。十年来法治浙江建设的实践表明，法治已成为浙江省各级党委和行政机关治省理政的基本方式，成为各级领导干部手中破解难题、防范风险、化解矛盾，构建社会主义和谐社会的有力武器。法治浙江建设已经走过了很长的一段路程，也已经积淀了足够多的探索经验启示，我们应当全面总结、深入思考、认真提炼。

（一）毫不动摇地坚持党的领导，建立“一把手”负总责的法治浙江建设领导体制机制

法治浙江建设的经验启示我们，必须毫不动摇地将党的领导体现在法治浙江建设的各个方面，贯穿于各个环节，落实到各项工作中。按照党委总揽全局、协调各方的原则，大力推进依法执政，健全党内民主制度，完善依法决策机制，加强和改进人大和政协工作，支持各级政府依法行政，加强对政法工作的领导，把党的领导贯彻到法治浙江建设的全过程和各方面。建立以省委书记为组长的省委建设法治浙江工作领导小组，形成党委统一领导，人大、政府、政协各负其责，部门协同推进，人民群众广泛参与的法治建设工作格局。坚持“一把手抓、抓一把手”，明确工作重点，落实工作责任，开展法治创建活动，统筹推进法治浙江建设各项工作。

建设“法治浙江”，必须旗帜鲜明地坚持党的领导，在党的领导下发展社会主义民主、建设社会主义法治，把党依法执政的过程作为实现人民当家做主和实行依法治国的过程，作为巩固党的执政地位的过程，作为建设社会主义政治文明的过程，把加强党的政治、思想和组织领导贯穿于“法治浙江”建设的全过程。诚如习近平总书记所强调的，我们要按照法治国家对执政党的要求，把依法执政作为党执政的一个基本方式。我们党依法执政，就是要把党的执政活动纳入法制轨道，依法掌权、依法用权并依

法接受监督，在法制轨道上推动各项工作的开展，在治国理政的实践中贯彻党的执政宗旨。法治建设绝不是要削弱党的领导，而是要从理念上更好地强化党的意识、执政意识、政权意识，从制度、法律上保证党的执政地位，通过改善党的领导来更有效地坚持党的领导、加强党的领导，通过完善党的执政方式来更有效地提高党的执政能力、保持党的先进性。法治浙江建设十年的实践探索也为十八届四中全会所强调的“必须坚持党领导立法、保证执法、支持司法、带头守法”提供了浙江地方的成功实践与佐证。

（二）坚持法治为民，切实维护社会公平正义

法治为民是社会主义法治的本质要求，也是我们党全心全意为人民服务的根本宗旨和立党为公、执政为民的本质要求在法治领域的具体体现。在法治浙江建设过程中，历届省委始终把实现好、维护好和发展好广大人民群众最根本的利益作为出发点和落脚点，坚持以人为本的理念，在立法、执法、司法等法治的各个环节上体现尊重和保障人权。

把维护公平正义、保障人民根本权益作为制度安排、法规制定和各项工作的出发点和落脚点。围绕维护人民群众根本利益，把解决人民群众最关心的问题作为推进法治浙江建设的切入点与着力点，使法治浙江建设一开始就惠及群众，让群众感受到法治建设直接带来的实惠。围绕推进基本公共服务均等化，大力实施公民权益依法保障行动计划，强化法治便民利民惠民措施，健全覆盖城乡居民的公共法律服务体系。

在法治浙江建设的长期实践中，把公平正义作为制定法律和进行制度安排的重要依据，从源头上防止社会不公正现象的出现与扩大，并在执法和司法活动中坚持合理合法、及时高效、程序公正的法治原则，建立保障公平正义的防线；把公平正义作为协调社会各个阶层相互关系的基本准则，依法逐步建立了以权利公平、机会公平、规则公平、分配公平为主要内容的社会公平保障体系；把公平正义贯穿于法治浙江建设的各个环节、各项工作中。

坚持司法公正，充分认识司法工作是保障社会正义的最后一道防线。坚持公平正义和保护人权的司法理念，坚持法律面前人人平等，确立依法办案、无罪推定的司法原则，做到实体公正与程序公正并重。进一步加强司法体制和工作机制创新建设，认真落实中央推进司法体制改革的各项举措，健全权责明确、相互配合、相互制约、高效运用的司法体制，从制度上保证审判机关和监察机关依法独立地行使审判权和检察权，规范审判行为和检察执法行为，增强司法的权威性和社会公信力。实施“阳光司法”工程，强化法律监督，坚决纠正冤假错案，建立健全防止错案制度机制，以司法公正促进社会公正。切实保障司法公正，让司法过程成为当事人感受民主、客观、公平的过程，在群众中树立司法机关的良好形象，进一步提升司法公信力，努力“让人民群众在每一起司法案件中感受到公平正义”。

法治浙江建设的实践表明，坚持社会公平正义还要注重妥善协调各方面的利益关系，拓宽利益诉求表达渠道，建立健全领导干部下访接访制度，加强法律服务、法律援助和司法救助，切实维护群众的合法权益。

（三）坚持服务中心工作，为市场取向改革和经济转型升级提供法治保障

法治建设是一个系统工程，需要全面推进，但在一个阶段内又必须重点突破。为此，在法治浙江建设进程中，要充分发挥法治服务党委中心工作、引领经济发展、破解社会难题的制度功能。具体来看，浙江省人大坚持立法决策与改革发展的重大决策相结合，按照全面深化改革的要求和“根据需要与可能、突出重点、统筹兼顾、急需先立”的立法原则，结合浙江实际，提出了一个届期的人大及其常委会立法工作的重点项目，集中立法资源，确保事关浙江发展和民生改善的重要地方性法规如期颁布。比如省十二届人大围绕推动经济转型发展，重点加强开发区、舟山群岛新区、温州民间融资等方面的立法；围绕加强社会民生保障，重点加强食品安全、平安建设、社会救助、养老服务、社会保险、特殊群体权益保护等方面

的立法；围绕发展教育文化事业，重点加强民办教育、学前教育、公共文化服务保障方面的立法；围绕保护生态资源环境，重点加强机动车排气污染防治、水污染防治、海洋环境保护、生态补偿等方面的立法；围绕促进民主政治建设，重点加强预算审查监督、政府信息公开、行政程序、乡镇人大工作等方面的立法。省政府也紧紧围绕省委中心工作，及时向人大提出政府行政管理方面的立法建议，或者在法律授权范围内及时制定亟须的政府规章，为政府管理行为提供法律依据和规则约束。在政府管理实践中，各级政府把法治建设的重点放在着力提高制度质量，着力促进严格规范公正文明执法，着力化解社会矛盾纠纷，着力提升法律服务能力上。司法机关在做好常规司法工作，为社会提供公平正义的同时，也努力围绕中心，自觉服务工作大局。在企业转型升级的大潮中，坚持涉困企业的差异化处置；依法保障金融改革，推进民间金融体制创新；依法妥善处理“三改一拆”和重点工程建设涉案问题，为中心工作提供司法推力；支持“四大国家战略举措”和创新驱动发展战略全面实施；切实参与社会管理创新，提高社会管理的法治化水平。各级司法行政机关也紧扣“转型升级”“三改一拆”“五水共治”这些中心工作，搭建服务平台，努力为促进经济社会发展提供优质高效的法律服务。

十年来，浙江法治建设的实践经验表明，要把法治建设与深化改革、推动发展紧密结合起来，统筹推进立法、执法、司法、普法工作，充分发挥法治的调节、促进、规范作用。坚持市场取向改革，转变政府职能，深化行政审批制度改革，推进行政执法规范化，率先开展“四张清单一张网”建设，更多地运用法律手段调节经济关系、规范经济行为，依法维护各类市场主体的合法权益，为多种所有制经济共同发展营造良好的法治环境。

（四）坚持发挥法治创新、引领和保障作用，不断提升平安浙江建设水平

法治是平安建设的重要保障，平安是法治建设的重要目标。在法治浙江建设实践中，自觉运用法治思维和法治方式破解各类早发先发的矛

盾和问题，强化法治在化解社会矛盾、维护和谐稳定中的重要作用，以法治引领和保障平安浙江建设。全面推行重大决策社会稳定风险评估及责任追究制度，落实安全生产责任制，依法防范和处置公共安全重大突发事件。构建立体化社会治安防控体系，加强对社会治安重点地区和突出问题的排查整治，深化社会治安综合治理。落实平安建设主体责任，强化考核督查，统筹推进经济、政治、文化、社会、生态等领域"大平安"，持续提高群众安全感和满意度。

法治创新是引领、推动和保障浙江各项事业发展的重要法宝。具体来看，包括以法治创新服务党委中心工作，以法治创新引领经济社会发展，以法治创新破解地方发展难题，以法治创新推动社会基层法治建设。法治浙江建设历程中，不断探索并经过实践检验、行之有效的经验做法层出不穷，例如枫桥经验的创新发展、民主法治村与村务监督体制机制创新、阳光司法指数、法治政府建设标准与评价指标体系、公共法律服务体系建设、行政审批制度改革创新、综合行政联动执法改革、"四张清单一张网"、"五水共治"、"三改一拆"等。这些法治实践创新，一方面作为法治浙江的建设实践，为法治中国建设提供了重要的法治实践样本；另一方面党中央的一系列重大战略决策和习近平总书记的系列重要讲话也充分肯定了法治浙江十年建设的成功实践，其为法治中国建设贡献了浙江经验与地方智慧。

法治浙江建设十年来，在坚持国家法治原则精神统一的前提下，从浙江实际出发，创造性地进行法治建设的实践。在法治的框架、原则和精神统一的前提下，浙江法治建设从地方实际情况出发，因地制宜地进行立法、执法和司法的体制机制、方式方法创新。这既有利于国家法制在各地方的落实，也有助于丰富法治生活的具体形式，更为国家层面的法制建设和法治创新提供了有价值的地方性经验。浙江省委、省人大和省政府及其他公权部门始终注重紧贴地方实际，突出地方特色。在深入调查研究的基础上，在维护国家法制统一的前提下，制定带有地方特色性、实施性的制度，以推进和保障地方改革发展。比如浙江省人大根据《中华人民共和国行政处罚法》的有关规定和精神，从浙江经济社会发展状况和依法行政的实际需要出发，取消了对经营性违法行为和非经营性违法行为分别设定罚款限额的模式，代以按照违法行为的社会危害程度来设置罚款限额的模式，提高了设定罚款的限额上限；再比如在企业破产问题上，浙江基层司法机关从实际出发，探索出了“市场导向、司法主导、简易审理、执破结合”这一具有浙江特点的市场化简易破产新路子，倒逼经济转型升级，消除泡沫，尽可能实现有效资产的重整与再分配。

（五）坚持法治和德治相结合，发挥法律的规范作用和道德的教化作用

一手抓法治，一手抓德治，倡导社会主义核心价值观，弘扬与时俱进的浙江精神，践行当代浙江人共同价值观。开展精神文明创建活动，开展“最美”现象系列活动，树立道德模范，继承优秀传统文化，增强法治建设的道德底蕴。深入开展“法律六进”等法治宣传教育活动，推进领导干部学法用法，弘扬法治精神，建设法治文化，培育公民的法治意识和法治信仰，促进法治和德治相得益彰。

法治浙江建设历程中始终坚持法治与德治并举。社会主义道德是社会主义法治具有合理性、正当性和合法性的内在依据，社会主义法治的价值、精神、原则、法理等大多建立在社会主义道德的基础上，其诸多制度和规范本身又是社会主义道德的制度化和法律化。习近平总书记强调，法律与道德历来是建立公序良俗、和谐稳定社会的两个保障。法治和德治，如车之双轮、鸟之两翼，一个靠国家机器的强制和威严，一个靠人们的内心信念和社会舆论，各自起着不可替代而又相辅相成、相得益彰的作用，其目的都是调节社会关系，维护社会稳定，保障社会的健康和正常运行。

从一定意义上说，依法治国是维护社会秩序的刚性手段，而以德治国是维护社会秩序的柔性手段，只有把两者有机结合起来，才能有效地维护社会的和谐，保障社会健康协调地发展。建设“法治浙江”，必须把握法治与德治的互补性、兼容性和一致性，坚持一手抓法治建设，一手抓德治建

设，把法律制裁的强制力量和德治教育的感化力量紧密地结合起来，把硬性的律令和柔性的规范有机地融合在一起。法治浙江建设将法德并举的成功实践充分体现在党的十八届四中全会的《中共中央关于全面推进依法治国若干重大问题的决定》（以下简称《决定》）中，《决定》强调将“坚持依法治国与以德治国相结合”作为依法治国的基本原则加以肯定，指出国家和社会治理需要法律和道德共同发挥作用。既重视发挥法律的规范作用，又重视发挥道德的教化作用，以道德滋养法治精神，强化道德对法治文化的支撑作用，实现法律和道德相辅相成、法治与德治相得益彰。

（六）坚持创新发展“枫桥经验”，夯实法治建设的基层基础

50 多年来，浙江枫桥坚持“小事不出村、大事不出镇、矛盾不上交”的基本理念，紧紧围绕为了群众、依靠群众、发动群众的主题，根据形势发展变化，不断丰富和发展“枫桥经验”的内涵。在当前全面建成小康社会新的时代背景下，“枫桥经验”彰显出更加强大的生命力。习近平总书记在浙江工作期间，强调要充分珍惜“枫桥经验”，大力推广“枫桥经验”，不断创新“枫桥经验”，做出了建设平安浙江、法治浙江等一系列重大战略部署。浙江省各级党委和政府高度重视学习推广“枫桥经验”，把“枫桥经验”的基本精神贯穿于经济、政治、文化、社会、生态文明和党的建设各个领域，紧紧抓住群众工作这条主线，牢固树立大平安的理念，大力实施和谐促进工程，确保了社会大局持续和谐稳定；牢固树立改革创新的理念，全面实施创业富民、创新强省战略，形成了干部创事业、能人创企业、百姓创家业的生动局面；牢固树立依法治理的理念，把群众路线与法治方式有机结合起来，支持群众依法实现自我管理、自我服务；牢固树立共同富裕的理念，形成了城乡居民收入与经济发展同步增长的长效机制，走出了一条经济社会又好又快发展的新路子。

2013 年 10 月 23 日，全省坚持和发展“枫桥经验”视频会议召开，省委书记夏宝龙在诸暨考察并在主会场中强调，我们要认真学习、深刻领会习近平总书记就坚持和发展“枫桥经验”做出的重要指示和在浙江省召开的“纪

念毛泽东同志批示‘枫桥经验’50周年大会”精神，统一思想，乘势而上，切实把“枫桥经验”坚持好、发展好，把党的群众路线坚持好、贯彻好，进一步加强基层、打牢基础，凝聚起强大力量，推动浙江省各项工作再上新台阶。

把新时期“枫桥经验”作为法治浙江建设的重要载体，就要以法治精神丰富和发展“枫桥经验”，不断放大“枫桥经验”效应。加强基层社会治理创新，深化基层组织和部门、行业依法治理，推广村（居）务监督委员会制度、“网格化管理、组团式服务”、和谐劳动关系构建、民主恳谈等基层治理形式。健全“大调解”工作体系，构建基层多元化纠纷解决机制，把矛盾化解在基层，化解在当地。积极探索基层法治建设载体，深入开展民主法治村（社区）、诚信守法企业等创建活动，发挥群众在法治建设中的主体作用。在基层社会治理上，浙江各地要继承发扬“枫桥经验”，并加以法治化的改革创新，从而形成“调诉结合，以调为先，不同类型调解相互衔接的多元复合联动大调解体系”。因此，应该说，“法治浙江”既坚持了国家法治的原则精神，又具有鲜明的浙江地域特色。

50多年的实践充分证明，“枫桥经验”是实践党的群众路线的生动体现，是政法综治战线的一面旗帜，也是依靠群众促进经济社会又好又快发展的一面旗帜，在全面建成小康社会的历史进程中彰显了独特优势，发挥了积极作用。在新的历史时期，“枫桥经验”不断更新工作理念、完善工作机制，充分注重与法治浙江建设的紧密结合，大力弘扬法治精神，努力培育法治文化，积极营造良性的法治环境，为浙江法治建设始终走在全国前列，继续发挥先行和示范作用提供了重要的保障与支撑。

（七）坚持一张蓝图绘到底，一以贯之抓落实

习近平总书记在浙江工作时高度重视法治建设，针对浙江经济社会发展中出现的早发先发问题，比较早地从省域层面对法治建设进行了系统谋划和部署。2006年4月，在习近平同志提议下，浙江省委召开十一届十次全会，对建设法治浙江进行了全面部署。从那时起，建设法治浙江就成为全省上下的共同使命和责任担当。

10年来，几届省委秉承习近平同志提出的法治浙江建设理念、思路和方法，按照省委十一届十次全会决定的部署，坚持把法治浙江建设作为一项重大战略任务，咬定青山不放松，一任接着一任干。10年来，几届省委坚持一张蓝图绘到底，一以贯之、一贯到底地落实习近平同志关于法治浙江建设的重要精神，坚持不懈地推进法治浙江建设，取得了丰富的理论成果、制度成果和实践成果。同时，坚持问题导向，从解决群众反映强烈的突出问题入手，明确法治建设主攻方向，拓展法治实践平台，丰富法治建设抓手，蹄疾步稳，善作善成。把长远目标与阶段性目标、重点任务与年度工作结合起来，从具体工作抓起，从群众关心的实事做起，积小胜为大胜，不断取得法治建设新进展。

一分部署，九分落实。法治浙江建设历程中，狠抓落实是一大重要法宝。从浙江近十年的发展历程中可以看出，“坚持一张蓝图绘到底，一以贯之抓落实”不仅是法治浙江建设的重要经验，也是推动浙江经济、政治、社会、文化、生态文明等各项事业发展的重要保障。10年来，几届省委班子在党中央的坚强领导下，团结带领全省各级党组织和广大干部群众，坚定不移地将法治浙江建设的一系列理念、思路和方法贯彻落实到浙江经济社会发展的各项具体工作中，尤其为习近平同志在浙江任省委书记时开创的“八八战略”的生动实践提供了有力的法治保障。2014年12月4日，中共浙江省委十三届六次全会通过了《中共浙江省委关于全面深化法治浙江建设的决定》，将习近平同志开创的法治浙江事业推向新的光辉征程。

夏宝龙书记在讲话中指出，“法治浙江是习近平总书记留给浙江的一笔宝贵财富”，同时强调“省委建设法治浙江工作领导小组及办公室制度是习近平总书记在浙江工作时创建的重要制度，在推动工作落实中发挥了积极作用”。在全面深化法治浙江建设的《决定》中，夏宝龙同志对浙江法治建设取得的成绩与经验做了充分的肯定，同时对未来法治浙江建设的着力点做了科学的判断与回答，是未来一段时期内指导法治浙江建设的总纲领。具体来说，省委建设法治浙江工作领导小组在推动法治浙江建设实践中，要充分发挥领导协调作用，定期研究解决重大问题，加强工作指导、统筹协调和督促检查。省人大常委会要加强对法律法规实施的监督，推进重点领域地方立法，发挥国家权力机关在法治建设中的重要作用。省政府要以深化“四张清单一张网”建设为抓手，推进政府职能转变，建立权责统一、权威高效的依法行政体制，加快法治政府建设。省政协要创新协商民主的途径渠道和方式方法，围绕全面深化法治浙江建设积极建言献策，加强民主监督。省高级人民法院和省人民检察院要深入推进司法体制机制改革，规范司法行为，促进司法公正，努力让人民群众在每一个司法案件中感受到公平正义。

总而言之，我们要紧密团结在以习近平同志为总书记的党中央周围，高举中国特色社会主义伟大旗帜，认真贯彻落实党的十八大和十八届三中、四中、五中全会精神，干在实处，走在前列，全面深化法治浙江建设，继续发挥先行与示范作用，把习近平总书记开创的法治浙江建设事业不断推向前进。

专题1:深入学习贯彻习近平总书记关于全面依法治国的重要论述

党的十八大以来,以习近平同志为总书记的党中央围绕推进中国特色社会主义的伟大事业和党的建设科学化的伟大工程,统筹国内国外两个大局,提出了一系列治国理政的新思想、新观点、新论断、新要求,形成了全面建成小康社会、全面深化改革、全面依法治国、全面从严治党的“四个全面”战略布局。深入学习贯彻习近平总书记关于全面依法治国的重要论述,既是认真落实“四个全面”战略布局的题中之意,也是当前深入推进社会主义法治建设必须始终遵循的基本指针。本专题以习近平总书记关于全面依法治国的重要论述为主线,以中西方法治比较为辅助,阐述新时期以来社会主义法治理论、发展战略与实践推进的最新进展。习近平总书记的法治思想博大精深,又将随着实践的发展而与时俱进,本专题仅就三个方面谈自己的粗浅理解。

一、深入学习贯彻习近平总书记关于全面依法治国重要论述必须把握好其中心思想与理论体系

党的十八大以来,习近平总书记在多个场合、多次讲话中系统论述了全面依法治国的基本构想,其中心思想就是推进法治中国建设。习近平总书记关于全面依法治国重要论述是党的十八大以来,以习近平同志为总书记的党中央新的领导集体在全面建设小康社会进入决胜阶段的重要时点上,站在执政兴国的高度上,提出的关于法治国家建设的新观点、新论断、新要求。它紧紧围绕新时期我们党如何更好地依法执政,国家政权机关如何更好地依法履职,人民群众如何更好地依法管理国家、社会和自

身事务三个基本问题，紧扣国家治理体系和治理能力现代化这一主题，系统阐述了新时期我们党依据党章党规从严治党、依据宪法法律治国理政的基本思路，明确了今后一个时期推进社会主义法治国家建设的总目标、总抓手，部署了当前全面推进依法治国的若干重要工作，是中国共产党执政理论和民主法治理论的丰富和发展。

习近平总书记关于全面依法治国的重要论述，既有关于中国特色社会主义法治理论的创新和发展，又有关于中国特色社会主义法治发展战略的决策与部署，同时也对新时期党员领导干部认真落实全面依法治国提出了全新的要求，从而初步构成了一个内涵丰富、层次分明、结构严谨的法治思想体系。其时代新意体现为以下几点。(1)关于社会主义法治地位和作用的新观点：经典作家强调法治是统治阶级的专政工具，改革开放以来我们突出强调法治的保障作用，党的十八大以来，习近平总书记提出法治是社会主义核心价值、法治是治国理政的基本方式，强调要发挥法治的引领、推动和保障作用，从工具论到核心价值论，从一个作用到三个作用，体现了社会主义法治理论的发展。(2)关于社会主义法治实践关系的新论断：推进法治实践必须首先统计思想认识问题，回应当前社会舆论关于法治议题的认识分歧，党的十八大以来，习近平总书记深刻阐述了关于全面深化改革与全面依法治国的关系、关于党的领导和依法治国的关系，旗帜鲜明地提出必须“坚持所有重大改革必须于法有据”，必须“在法治的轨道上推进改革”，党的领导与社会主义法治是统一的，党的领导是社会主义法治的本质特征和根本保证。(3)关于社会主义法治发展的新思路：坚定不移地走中国特色社会主义法治道路，建设中国特色社会主义法治体系。道路是旗帜、是方向，是我们党根据世情、国情、党情和民情做出的关乎社会主义法治前途命运的价值选择，其核心是坚持中国共产党的领导。目标是引领、是任务，建设中国特色社会主义法治体系，坚持“三个共同推进、三个一体建设”体现了我们党在推进社会主义法治建设的目的理性，其核心是围绕目标任务，系统协调全面推进法治建设。(4)关于推进社会主义法治建设的新要求：要求我们党要领导立法、保证执法、支持司法、带头守法，不仅包括政权机关要科学立法、严格执法、公正司法、全民守法，更包括党员干部，尤其是领导干部要不断提高法治思维和依法办事能力，做尊法、学法、守法、用法的模范。

二、深入学习贯彻习近平总书记关于全面依法治国重要论述必须把握好其实践来源与核心命题

习近平总书记关于全面依法治国重要论述既源于他深厚的马克思主义理论涵养，坚持用马克思主义的基本立场、观点和方法分析和阐述社会主义法治的基本问题，又源于他对新中国成立以来我国民主法制领域正反经验教训的深刻把握（历史实践来源），源于他主政浙江时期围绕"四位一体"的浙江现代化总布局推进平安浙江、法治浙江的实践探索（区域实践来源），源于他党的十八大以来经略"两个一百年"奋斗目标，实现中华民族伟大复兴中国梦的高瞻远瞩（现实实践来源），其基本结论就是重申了党的十一届三中全会以来我们党关于"发展社会主义民主，健全社会主义法制"的基本共识，党的十五大、十六大以来关于坚持依法治国基本战略和依法执政基本方式的基本承诺，提出要在新的历史时期全面推进依法治国，坚持中国特色社会主义法治道路，建设中国特色社会主义法治体系的基本思路。

习近平总书记关于全面依法治国重要论述的核心命题就是坚持中国特色的社会主义法治道路，建设中国特色的社会主义法治体系，"这就是，在中国共产党领导下，坚持中国特色社会主义制度，贯彻中国特色社会主义法治理论，形成完备的法律规范体系、高效的法治实施体系、严密的法治监督体系、有力的法治保障体系，形成完善的党内法规体系，坚持依法治国、依法执政、依法行政共同推进，坚持法治国家、法治政府、法治社会一体建设，实现科学立法、严格执法、公正司法、全民守法，促进国家治理体系和治理能力现代化"。

建设中国特色的社会主义法治体系既是新时期全面依法治国的总目

标、总抓手，同时又是推进社会主义法治发展的总战略，可以将之区分为发展道路、发展目标、发展路径、发展要求四个层面：

(1)发展道路。道路决定命运。“一个国家选择什么样的治理体系，是由这个国家的历史传承、文化传统、经济社会发展水平决定的，是由这个国家的人民决定的。我国今天的国家治理体系，是在我国历史传承、文化传统、经济社会发展的基础上长期发展、渐进改进、内生性演化的结果。”全面推进依法治国，必须坚持必须走中国特色的发展道路，坚持中国共产党的领导，坚持人民主体地位，坚持法律面前人人平等，坚持依法治国和以德治国相结合，坚持从中国实际出发。

(2)发展目标。目标引领任务。全面依法治国必须紧紧围绕建设中国特色社会主义法治体系这一目标，落实全面推进依法治国的六大重大任务，完善以宪法为核心的中国特色社会主义法律体系，加强宪法实施；深入推进依法行政，加快建设法治政府；保证公正司法，提高司法公信力；增强全民法治观念，推进法治社会建设；加强法治工作队伍建设；加强和改进党对全面推进依法治国的领导。社会主义法治体系目标的提出既丰富了社会主义法治的动态内涵，又拓展了社会主义法治的实践外延。就其内涵而言，社会主义法治体系是相对于社会主义法律体系而言的，后者意指静态的制度完善，注重通过立法实现有法可依，前者意为动态的制度运行，着力于有法可依、执法必严、违法必究，由法律体系到法治体系一字转换，不仅意味着我国法治工作重心的转移，更表明社会主义法治运行包含规范制定、实施、监督、保障四大环节，这就与资本主义法治体系强调的三权分立区别开来。就其实践外延，社会主义法治体系的确立首次将建立完善的党内法规体系建设纳入其中并将按照“国法”一并发展完善，这既是中国共产党坚持依法治国基本战略和依法执政基本方式的具体表现，同时又为解决当前我国法治体系中存在的规范冲突提供了制度空间。

(3)发展路径。道路是旗帜，目标是蓝图，路径是把蓝图变成现实、让旗帜更加鲜明的思路。社会主义法治体系既是一个动态的发展目标，又是一个立体的治理体系，必须回答社会主义法治建设总目标、总抓手下的目标层次、实践主体、基本议题和主攻方向。全面推进依法治国必须坚持依法治国、依法执政、依法行政共同推进，坚持法治国家、法治政府、法治社会一体建设，实践上将社会主义法治体系建设细化为一个包含丰富的目标层次、多元的实践主体和明确的基本议题、规范形式与主攻方向的法治建设实践操作导引。发展路径问题在理解全面依法治国的发展战略中具有十分重大的意义，它是破解改革开放以来我国法治建设过程中发展结构不均衡、发展后劲不持续等深层次难题的一个重要法门。十一届三中全会以来的法治建设和政治体制改革，重心在法治政府建设和行政管理体制改革，其主要定位在提升政府效率而相对轻视增强执政（行政）合法性，因而导致法治改革出现周期性的波动，比如行政改革陷入"一放就乱、一收就死"，司法改革徘徊于民主主义与专业主义等等，同时由于法治社会建设的缺位，导致社会发展进入矛盾多发期时所有的矛盾集中地汇聚、归咎于党和政府，这都要求我们在今后的法治建设中更加注重结构的均衡性。与此同时，理解习近平总书记关于全面依法治国的重要论述，必须特别注意到他关于司法体制改革的论述（"法治是国家治理领域的一系列深刻变革，司法改革是旗帜的重头戏"），本轮行政体制改革的"简政放权"与司法改革的强化职业保障与严格责任构成了一个不同以往的新的双重动力机制，真正有望将权力关进制度的笼子。

（4）发展要求。发展要求既体现为关于法治建设的新的发展方针，又体现为对于党委领导法治，党员干部，尤其是领导干部推进法治的实践要求。就发展方针而言，习近平总书记提出要实现"科学立法、严格执法、公正司法、全民守法"，不同于邓小平时代提出的有法可依、有法必依、执法必严、违法必究。就党委领导法治而言，就是要坚持和改进党的领导方式和执政方式，做到领导立法、保证执法、支持司法和带头守法，具体而言就是要做到"三个统一""四个善于"，即必须把依法治国基本方略同依法执政基本方式统一起来，把党总揽全局、协调各方同人大、政府、政协、审判机关、检察机关依法依章程履行职能、开展工作统一起来，把党领导人民制定和实施宪法法律同党坚持在宪法法律范围内活动统一起来；善于使党的主张通过法定程序成为国家意志，善于使党组织推荐的人选通过法定程序成为国家政权机关的领导人员，善于通过国家政权机关实施党对国家和社会的领导，善于运用民主集中制原则维护中央权威、维护全党全国团结统一。就干部要求而言，习近平总书记提出要不断提高党员干部尤其是领导干部的法治思维和依法办事能力。习近平指出，“我们党是执政党，能不能坚持依法执政，能不能正确领导立法、带头守法、保证执法，对全面推进依法治国具有重大作用”。习总书记多次提出，“各级领导干部要提高运用法治思维和法治方式深化改革、推动发展、化解矛盾、维护稳定能力，努力推动形成办事依法、遇事找法、解决问题用法、化解矛盾靠法的良好法治环境，在法治轨道上推动各项工作”。领导干部要做“四个模范”：做尊法的模范，带头尊崇法治，敬畏法律；做学法的模范，带头了解法律、掌握法律；做守法的模范，带头遵纪守法、捍卫法治；做用法的模范，带头厉行法治、依法办事。

三、深入学习贯彻习近平总书记关于全面依法治国的重要论述必须把握好其思维特性与基本主张

深入学习贯彻习近平总书记关于全面依法治国的重要论述必须把握好其思维特性。任何一种思想的创造背后均有思维创新的支撑，我们今天学习贯彻总书记关于全面依法治国的重要论述，首先必须把握其思维创新的特征，包括：(1)总体性思维。即坚持把法治建设与社会主义现代化事业大局相协调，与社会主义初级阶段“三步走”总进程相同步，就是要在中国共产党的领导下，在“两个一百年”奋斗目标的引领下，在“四个全面”战略布局和“五大发展理念”中协调推进全面依法治国。(2)体系性思维。就是要坚持在社会主义法律体系内思考问题，不断发展和完善中国特色社会主义制度体系，坚持所有重大改革必须于法有据，在法治轨道上推进改革，不断推动中国特色社会主义事业向前发展。(3)结构性思维。就是要坚定不移地推进体制机制改革，注重经济体制改革与政治体制改

革的协调统一，实现行政改革与司法改革的双轮驱动、法治国家与法治社会的和谐共生。(4)共识性思维。就是要坚定不移地推动改革与社会共识的凝聚，在坚持底线共识的前提下不断求取关于改革的最大公约数，以良好的实践成效不断深化改革共识。

深入学习贯彻习近平总书记关于全面依法治国的重要论述必须把握好其基本主张。笔者认为，这主要体现在三个层面：(1)全面依法治国必须坚持“党的领导”的根本立场。党的领导与依法治国的关系是社会主义法治的根本问题。党的十八届四中全会的重大贡献之一就是回答了这一理论命题，提出了“党的领导与依法治国是统一的”鲜明论断，强调“党的领导是社会主义法治的本质特征”，“党的领导是社会主义法治的根本保障”，必须把党的领导贯彻到社会主义法治的全过程、各方面。习近平同志在 2015 年省部级主要领导干部学习贯彻党的十八届四中全会精神、全面推进依法治国专题研讨班上重申了“社会主义法治必须坚持党的领导，党的领导必须依靠社会主义法治”，有力地驳斥了“党大还是法大”这一伪命题，强调“纵观人类政治文明史，权力是一把双刃剑，在法治轨道上行使可以造福人民，在法律之外行使则必然祸害国家和人民”，“权大还是法大则是一个真命题”，社会主义法治建设的关键就是要把权力关进制度的笼子里，就是要依法设定权力、规范权力、制约权力、监督权力。(2)全面依法治国必须贯彻“国家治理现代化”的核心理念。国家治理体系和治理能力现代化既是党的十八大报告的核心字眼，是理论创新所在，亦是全面深化“五位一体”改革，完善和发展中国特色社会主义制度的目标所在。习近平同志指出，“国家治理体系和治理能力是一个国家的制度和制度执行能力的集中体现，两者相辅相成”。党的十八大报告也提出：“必须以更大的政治勇气和智慧，不失时机深化重要领域改革，坚决破除一切妨碍科学发展的思想观念和体制机制弊端，构建系统完备、科学规范、运行有效的制度体系，使各方面制度更加成熟更加定型。”可见，制度完备程度和制度执行力度是衡量一个国家治理现代化水平的重要标志。全面推进依法治国必须贯彻国家治理现代化这一核心理念，在构建完备的制度体系和高效的运行机制两个主要环节上做文章，扎紧制度的“口子”、磨利制度的“牙齿”，真正把权力关进制度的笼子。(3)全面依法治国关键是“推动中国特色社会主义制度更加成熟更加定型”。问题是时代的声音，改革是前进的动力，制度是实践的总成。全面建成小康社会必然包含着、体现在社会主义制度层面的发展与完善，全面深化改革的各项成果必然要转化为、整合进中国特色社会主义的制度体系，全面依法治国、全面从严治党只有在“推动中国特色社会主义制度更加成熟更加定型”的方向上不断向前推进，才能确保国家安定团结、社会长治久安、人民安居乐业。总书记指出：“今天，摆在我们面前的一项重大历史任务，就是推动中国特色社会主义制度更加成熟更加定型，为党和国家事业发展、为人民幸福安康、为社会和谐稳定、为国家长治久安提供一整套更完备、更稳定、更管用的制度体系。这项工程极为宏大，必须是全面的系统的改革和改进，是各领域改革和改进的联动和集成，在国家治理体系和治理能力现代化上形成总体效应、取得总体效果。”当前，我们实现“推动中国特色社会主义制度更加成熟更加定型”这一根本追求，必须要科学谋划制度，加强制度供给，不断为经济转型升级提供新的动力来源；必须要全面深化改革，加快制度转化，不断为制度发展完善提供活的实践支撑；必须要建立配套衔接，加深系统整合，不断为社会和谐稳定提供强的制度纽带。

第二章　全面深化法治浙江建设的总体要求和根本保证

一、深刻认识全面深化法治浙江建设的重大意义

改革开放以来，浙江省委高度重视法治建设，先后做出了依法治省和建设法治浙江的决定。几届省委沿着习近平同志开创的法治浙江建设道路砥砺前行，坚持把法治浙江建设作为深入实施“八八战略”的重要内容和重要保障，作为我省社会主义民主政治建设的总抓手，把法治浙江建设放到建设物质富裕精神富有的现代化浙江和建设美丽浙江、创造美好生活战略布局中谋划和推动，坚持不懈，循序渐进，开拓进取，干在实处，法治建设走在了全国前列。当前，浙江发展正处在新的历史起点上，全省上下对法治浙江建设提出了新期待新要求。面对新形势新任务，必须深入学习贯彻党的十八大和十八届三中、四中全会和习近平总书记系列重要讲话精神，以“四个全面”战略布局为统领，以“八八战略”为总纲，推动全面深化法治浙江建设各项工作走在前列，为干好“一三五”，实现“四翻番”，建设“两富”和“两美”浙江提供法治保障，为法治中国建设贡献更多更好的浙江经验。

全面深化法治浙江建设是深入贯彻党的十八大和十八届三中、四中全会精神的必然要求。党的十八大提出，法治是治国理政的基本方式，要加快建设社会主义法治国家，全面推进依法治国。党的十八届三中全会进一步提出，建设法治中国，必须坚持依法治国、依法执政、依法行政共同

推进，坚持法治国家、法治政府、法治社会一体建设。党的十八届四中全会专题研究全面推进依法治国重大问题，提出了全面推进依法治国的指导思想、总目标、基本原则、重大任务和180多项重要改革举措。省委召开十三届六次全会，对全面深化法治浙江建设进行研究部署，是贯彻落实中央重大决策的具体表现，体现了与党中央保持高度一致的政治自觉、思想自觉、行动自觉。

这是全面落实习近平总书记系列重要讲话精神的必然要求。党的十八大以来，习近平总书记发表了系列重要讲话，阐述了治国理政新思想。围绕建设社会主义法治国家，习总书记提出了许多富有创见的新思想、新观点、新论断、新要求，深刻回答了新形势下依法治国的一系列重大理论和实践问题，进一步指明了建设社会主义法治国家的正确方向，为推进社会主义法治国家建设提供了强大思想武器。省委召开全会深入学习领会习近平总书记系列重要讲话精神，并做出全面深化法治浙江建设的决定，这是坚持以习近平总书记系列重要讲话精神武装头脑、指导实践、推动工作的实际行动，体现了省委学以致用、学用结合、理论联系实际的优良作风。

全面深化法治浙江建设是巩固法治浙江建设成果、做好全面深化文章的必然要求。浙江较早推进依法治省工作。2006年，以习近平同志为首的十一届省委做出了建设法治浙江的重大决策部署，推动浙江法治建设进入新的发展阶段。十年来，全省各地各部门扎实推进法治浙江建设，依法执政水平明显提高，科学立法、严格执法、公正司法、全民守法取得显著成效，走出了一条经济发达地区法治先行先试的新路子。十年后的今天，站在新的历史起点上，面对新的形势任务，必须百尺竿头更进一步，把法治浙江建设的经验坚持好、成果巩固好、工作开拓好，做好全面深化的文章。省委乘势而上，及时召开全会，就全面深化法治浙江建设做出部署，明确“路线图”，确定“时间表”，全面推进法治浙江建设向纵深发展。省委这一重大决策部署，既是巩固法治浙江建设成果的现实需要，也是做好全面深化文章的担当之举。

全面深化法治浙江建设是满足人民群众对公平正义新期待的必然要求。随着浙江改革开放的不断深入，经济社会的快速发展，群众生活水平的逐步提高，特别是随着法治建设的全面推进，法治宣传教育的持续开展，人民群众的法治意识不断增强，法治素养不断提高，对维护社会公平正义的呼声也日益高涨。这对我省科学立法、严格执法、公正司法、全民守法提出了更高标准，对各级领导干部运用法治思维和法治方式来深化改革、推动发展、化解矛盾、维护稳定提出了更高要求。我们必须顺应人民群众对公平正义的新期待，全面深化法治浙江建设，更好地维护人民群众的合法权益，更好地维护社会公平正义。

全面深化法治浙江建设是全面深化改革、再创发展新优势的必然要求。市场经济本质上是法治经济。法治建设既为全面深化改革提供依据，又为经济社会发展保驾护航。当前，我省全面深化改革进入攻坚期和深水区，面临的任务之重和矛盾、风险、挑战之多前所未有，全面深化法治浙江建设的地位更加突出，作用更加重大，加强法治建设比以往任何时候都更加重要、更为迫切。这就要求我们要更好地运用法治思维和法治方式来全面深化改革、再创发展优势，做到全面深化改革攻坚到哪里，经济社会发展到哪里，法治建设就跟进到哪里；越是重大改革，越要法治先行，越是科学发展，越要法治引领，确保各项重大改革于法有据，确保我省经济社会各项事业既生机勃勃又井然有序。

二、科学把握全面深化法治浙江建设的总体要求

2014 年 12 月，省委召开第十三届六次全会，审议通过了《中共浙江省委关于全面深化法治浙江建设的决定》，提出了全面深化法治浙江建设的总体要求、目标任务和具体举措，为我们在新的起点上全面深化法治浙江建设指明了前进方向。

必须准确把握面临形势。法治浙江建设起步早、起点高、基础好。但我们也要清醒地看到，法治浙江建设还存在许多与新形势不符合、与新要

求不适应的问题。主要表现为：有的法规规章针对性、操作性不强，立法机制不够健全，群众参与立法不够，立法科学性有待提高；有的地方和领域有法不依、执法不严、违法不究现象还比较严重；少数执法司法人员作风不正，执法司法不规范、不文明，甚至办金钱案、关系案、人情案；有的领导干部法治意识不强，依法办事能力不足，知法犯法、以言代法、以权压法、徇私枉法行为仍有发生；部分社会成员遵法信法守法用法意识淡薄，依法维权意识和能力不强；有的地方和单位对法治建设不够重视，工作抓得不够紧、不够实，法治建设发展不平衡、不协调。针对这些问题，必须高度重视，切实加以解决。

必须坚持正确指导思想。认真贯彻落实党的十八大和十八届三中、四中全会精神，高举中国特色社会主义伟大旗帜，以马克思列宁主义、毛泽东思想、邓小平理论、“三个代表”重要思想、科学发展观为指导，深入贯彻习近平总书记系列重要讲话精神，以“四个全面”战略布局为统领，以“八八战略”为总纲，坚持党的领导、人民当家做主、依法治国有机统一，坚定不移走中国特色社会主义法治道路，坚持依法治国、依法执政、依法行政共同推进，坚持法治国家、法治政府、法治社会一体建设，实现科学立法、严格执法、公正司法、全民守法，促进治理体系和治理能力现代化，为深入实施“八八战略”，干好“一三五”，实现“四翻番”，建设物质富裕精神富有现代化的浙江和建设美丽浙江、创造美好生活提供有力法治保障。

必须落实走在前列要求。全面深化法治浙江的总目标是在全面推进依法治国、建设中国特色社会主义法治体系、建设社会主义法治国家进程中继续走在前列。要认真落实形成完备的法律规范体系、高效的法治实施体系、严密的法治监督体系、有力的法治保障体系和形成完善的党内法规体系的要求，全面提升全省经济建设、政治建设、文化建设、社会建设、生态文明建设以及党的建设的法治化水平，到2020年，力争在六个方面走在前列。

——紧紧围绕依宪执政、依法执政，在社会主义民主政治建设方面走在前列。进一步巩固和完善人民代表大会制度、中国共产党领导的多党合作和政治协商制度、民族区域自治制度、基层群众自治制度。各级党组织和党员干部带头遵守宪法、法律，以法治思维和法治方式推动改革发展的能力明显增强。基本形成省委党内法规制度体系。

——紧紧围绕科学立法，在健全地方法规规章方面走在前列。遵循法定程序，完善立法体制机制，推进科学立法、民主立法，统筹推进法规规章制定、评估、清理、修改、废止、解释等各项工作，形成更加完备的与法律、行政法规相配套，与经济社会发展要求相适应，具有浙江特色的地方法规规章体系。

——紧紧围绕严格执法，在建设法治政府方面走在前列。各级政府依法全面履行职能，严格规范公正文明执法效果得到社会公认，依法行政水平明显提高，率先基本建成职能科学、权责法定、执法严明、公开公正、廉洁高效、守法诚信的法治政府。

——紧紧围绕公正司法，在推进司法体制机制改革方面走在前列。加快完成司法体制机制改革的各项任务，基本形成科学合理的司法管理体制和规范高效的司法权力运行机制。司法机关依法独立公正行使职权，司法公信力显著提升。

——紧紧围绕全民守法，在提升全民法治意识和法律素养方面走在前列。社会主义法治精神深入人心，社会主义核心价值观和当代浙江人共同价值观得到普遍认同，全社会尊崇宪法、遵守法律、信仰法治的氛围基本形成。

——紧紧围绕法治人才保障，在打造一支政治强、业务精、作风正、敢担当的社会主义法治工作队伍方面走在前列。思想政治建设不断加强，优势互补、结构合理的法治专门队伍和法律服务队伍、法学专家队伍等不断壮大，法治人才培养交流机制不断完善。

三、精准把握全面深化法治浙江建设的战略布局

全面深化法治浙江建设是一项庞大的系统工程，是治理领域一场广

泛而深刻的革命，既有顶层设计，又有末端治理，涉及方方面面，工作任务十分繁重。这就要求我们把抓长远和抓当前、抓全局和抓重点统一起来，扭住“牛鼻子”，抓住关键处，精准发力，精细施策，力求以重点突破推进整体工作。

一要全面提高依法执政能力和水平。依法执政是促进国家治理体系和治理能力现代化的根本要求，是社会主义法治建设的重要内容，是全面深化法治浙江建设的关键所在。全面深化法治浙江建设，必须全面提高依法执政能力和水平，坚持依宪执政、依法执政，不断加强社会主义民主政治建设。重点任务主要有五个方面：第一，明确依法执政首先要依宪执政，确保在党的领导下宪法法律得到有效实施；第二，完善党的领导方式和执政方式，依法加强党对人大、政府、政协、审判机关、检察机关、人民团体和社会组织等的领导，加强和改进党对政法工作的领导；第三，推进社会主义民主政治制度化、规范化、程序化，包括支持和推动人民代表大会制度与时俱进，支持和推动协商民主广泛多层制度化发展；第四，提高党员干部的法治思维和依法办事能力，把法治建设成效作为衡量领导班子和领导干部工作实绩的重要内容，把能否遵守法律、依法办事作为考察干部的重要内容；第五，加强党内法规制度和工作体系建设，完善党内法规和规范性文件制定、备案、审查、解释、评估、清理体制机制。

二要健全具有浙江特色的法规规章。小智治事，中智治人，大智立法。有良法才有善治。全面深化法治浙江建设必须立法先行，解决我省地方立法总体上还滞后于经济社会发展的问题，改变立法工作机制建设“碎片化”等倾向，更好地发挥立法的引领和推动作用。为此，省委《决定》提出：要进一步完善地方立法体制机制，加强党对立法工作的领导，健全有立法权的人大主导立法工作的体制机制，加强和改进政府立法制度建设；要推进科学立法、民主立法，健全立法项目立项、起草、论证、协调、审议机制，健全社会各方有序参与地方立法的途径和方式，提高地方立法质量；要立足我省改革发展实际，加强经济、政治、文化、社会、生态文明建设等重点领域地方立法。

三要加快建设法治政府。行政机关负有严格贯彻宪法和法律的重要职责，是实施宪法法律的重要主体。全面深化法治浙江建设目标的实现，很大程度上取决于法治政府建设的进度和质量。必须要把加快建设法治政府作为重点，深入推进依法行政，促进政府治理现代化。省委《决定》主要从五个方面对加快建设法治政府做出部署：第一，以深化“四张清单一张网”建设为抓手，大力推进政府自身改革，加大简政放权力度，推动各级政府依法全面履行职能；第二，健全行政决策机制，完善重大决策法定程序，建立行政机关内部重大决策合法性审查机制、决策后评估和纠错制度；第三，改革和完善行政执法体制，推进综合执法，健全行政执法和刑事司法衔接机制；第四，规范行政执法行为，健全行政执法裁量权基准制度，全面落实行政执法责任制；第五，创新政府管理服务方式，推动公共资源市场化配置，探索公共服务供给主体多元化。

四要全面提升司法公信力。司法是维护社会公平正义的最后一道防线。司法公正对社会公正具有重要引领作用，司法不公对社会公正具有致命破坏作用。全面深化法治浙江建设，必须把公正司法作为生命线，不断提高司法公信力，从根本上减少并逐步消除司法不公现象，维护社会公平正义。省委《决定》根据党的十八届四中全会决定精神，针对目前我省司法领域存在的突出问题，提出了相应举措。一是确保依法独立公正行使审判权和检察权，提出建立健全领导干部干预司法活动、插手具体案件处理的记录、通报和责任追究制度，建立健全司法人员履行法定职责保护机制，探索建立与行政区划适当分离的司法管辖制度。二是优化司法职权配置方面，提出健全侦查权、检察权、审判权、执行权相互配合、相互制约的体制机制，推进法院案件受理制度改革。三是规范司法行为方面，提出推进以审判为中心的诉讼制度改革，规范司法机关自由裁量权行使，完善司法机关内部管理机制。四是保障人民群众参与司法方面，提出完善人民陪审员制度，推进司法便民措施。五是加强人权司法保障。2013年，我省纠正了两起错案，教训深刻。全省政法部门以此为契机，制定出台了33项防止冤假错案的制度。省委《决定》特别强调，要坚决防止和纠正冤假错案，提出健全落实罪刑法定、疑罪从无、非法证据排除等法律原则的工作制度，严格落实我省防止冤假错案各项制度，健全冤假错案及时纠正机制。

五要健全权力运行制约和监督体系。权力是社会政治生活的核心，其运行是否科学有效，是判断一个国家政治文明和发展水平的重要标志。全面深化法治浙江建设，必须健全权力运行制约和监督体系，确保权力行使不越位、不错位、不缺位。省委针对权力运行制约和监督中的问题，强调要整合监督资源，进一步加强党内监督、人大监督、行政监督、审计监督、司法监督、民主监督和社会舆论监督，努力形成科学有效的权力运行制约和监督体系，切实做到有权必有责、用权受监督、违法必追究，把权力牢牢关进制度的笼子里。省委强调要推进权力运行公开化、规范化，提出进一步加大问责力度，全面推行工作责任制和责任追究制。针对群众反映强烈的作风和腐败问题，省委提出，巩固和拓展党的群众路线教育实践活动成果，健全作风建设常态化制度，推进反腐败体制机制创新和制度保障。

六要推进法治社会建设。法律的权威源自人民的内心拥护和真诚信仰。人民权益要靠法律保护，法律权威要靠人民维护。全面深化法治浙江建设，必须增强全民法治观念，推进法治社会建设。为此，省委《决定》主要从三个方面对法治社会建设做了部署：一是在法治实践平台方面，提出始终围绕中心工作全面深化法治浙江建设，做到中心工作推进到哪里，法治建设的实践平台就建在哪里；二是在促进全社会学法守法用法方面，提高法治宣传教育的针对性和实效性，加强法律服务，加强社会诚信建设，推动法治和德治互促共进、相得益彰；三是在推进依法治理方面，提出推进基层依法治理，完善基层民主制度，创新发展“枫桥经验”，深化平安创建活动，健全矛盾纠纷化解机制，切实维护人民群众合法权益。

七要加强和改进党对全面深化法治浙江建设的组织领导。坚持党的领导，建立“一把手”负总责的法治浙江建设领导体制机制，是法治浙江建设的宝贵经验，也是全面深化法治浙江建设必须始终坚持的基本要求。

省委《决定》强调，要完善法治浙江建设的组织领导体制和工作机制，加强党委对法治浙江建设的统一领导、统一部署、统筹协调，党政主要负责人要履行法治建设第一责任人职责。要加强法治工作队伍建设，打造一支政治强、业务精、作风正、敢担当的社会主义法治工作队伍。要正确处理全面深化改革与全面深化法治浙江建设的关系，坚持用法治方式推进改革，确保重大改革于法有据。省委还就抓好全面深化法治浙江建设各项任务的落实，提出了明确要求。

四、全面深化法治建设必须始终坚持党的领导

习近平总书记强调，党和法治的关系是法治建设的核心问题。全面推进依法治国这件大事能不能办好，最关键的是方向是不是正确、政治保证是不是坚强有力，具体讲就是要坚持党的领导，坚持中国特色社会主义制度，贯彻中国特色社会主义法治理论。回顾历史，我们可以清楚地看到，如果党和法治的关系处理得好，则法治兴；处理得不好，则法治衰。这个问题，不仅事关法治建设的兴衰成败，甚至决定着整个社会主义事业的前途命运。

（一）社会主义法治必须坚持党的领导

党的领导是中国特色社会主义最本质的特征，是社会主义法治最根本的保证。

这是全面依法治国决定的。我们党是执政党，理所当然地要担负起领导人民全面依法治国的历史使命。第一，全面推进依法治国具有全局性和系统性，在我国，党居于总揽全局、协调各方的重要位置，只有坚持党的领导，充分发挥各级党组织战斗堡垒和党员先锋模范作用，凝聚全社会各个党派、团体和广大人民群众的力量，才能将社会主义法治精神真正贯彻到经济、政治、文化、社会和生态文明建设中，才能促进和保证国家权力机关、行政机关、审判机关、检察机关依照宪法法律独立负责、协调一致地

开展工作，带动全体社会成员在宪法法律范围内活动。第二，全面依法治国具有繁重性和艰巨性，作为国家治理领域一场广泛而深刻的革命，全面推进依法治国涉及体制、机制和重大利益关系的调整，必须在党的领导下，发挥党的独特优势，特别是政治、组织和密切联系群众等优势，才能有效破除各种障碍，顺利实施体制、机制的重大改革。第三，全面依法治国具有复杂性和长期性，我国仍处于并将长期处于社会主义初级阶段的基本国情没有变，发展始终是党执政兴国的第一要务，推动经济建设、政治建设、文化建设、社会建设、生态文明建设和党的建设都将是一个动态的、长期的过程，这就决定了全面推进依法治国必须坚持党的领导，发挥党的领导核心作用，把全面建成小康社会、全面深化改革同全面推进依法治国统筹进行，向着建设法治中国目标不断前进。

这是我国国情决定的。任何国家法治的确立，都不可能在缺乏权威、一盘散沙的状态下取得。在我们这样一个人口众多、历史悠久、发展不平衡的国家进行法治建设，更离不开坚强的领导核心。我们党是中国特色社会主义事业的领导核心，代表了最广大人民的根本利益。离开党的领导，社会主义法治建设就会偏离正确方向，社会主义国家政权就会改变性质。苏联东欧社会主义国家取消宪法中关于共产党领导地位的规定，最终导致了亡党亡国的惨痛教训。正是在中国共产党领导下，我们经过长期理论和实践探索，总结正反两方面历史经验，才在中国这样一个有十几亿人口的多民族大国形成了依靠法制治国理政的政治共识和行动自觉。

这是历史和现实决定的。近代以来，不少仁人志士为了救亡图存，纷纷主张变法图强。我国走上了一条全盘西化、亦步亦趋的法治发展道路，晚清效法日本，民国效法德国，有的主张君主立宪，有的主张议会民主，均以失败告终。新中国成立后，我们党领导人民努力构建以“五四宪法”为统帅的社会主义法律体系基本框架，开辟了我国社会主义法治建设新纪元。后来，受极左思潮影响，社会主义法治建设遭受严重挫折。1978 年 12 月，邓小平同志深刻总结这一段历史教训，明确指出：“为了保障人民民主，必须加强法制。必须使民主制度化、法律化，使这种制度和法律不因领导人的改变而改变，不因领导人的看法和注意力的改变而改变。”以邓小平同志为核心的党的第二代中央领导集体，深刻总结我国法治建设的经验教训，确立了“为了保障人民民主，必须加强法制”的思想，提出了有法可依、有法必依、执法必严、违法必究的基本原则，开启了中国特色社会主义法治建设新道路。以江泽民同志为核心的党的第三代中央领导集体，把依法治国确立为党领导人民治理国家的基本方略并将其载入宪法，使我国社会主义法治建设进入新阶段。以胡锦涛同志为核心的党的第四代中央领导集体，把依法执政确立为党治国理政的基本方式，推动我国社会主义法治建设取得新进展。党的十八大以来，以习近平同志为总书记的新一届中央领导集体，更加注重发挥法治在国家和社会治理中的引领和规范作用，全力推进中国特色社会主义法治体系建设，开创了我国社会主义法治建设新局面。

习近平同志在浙江工作期间强调，党的领导是社会主义法治的根本保证。我们党的执政是历史的选择、人民的选择。建设法治浙江绝不是要削弱党的领导，而是要更好地、更有效地坚持党的领导，必须把坚持党的领导贯穿于法治浙江建设的全过程。建设法治浙江，必须旗帜鲜明地坚持党的领导，在党的领导下发展社会主义民主、建设社会主义法治，把党依法执政的过程作为实现人民当家做主和实行依法治国的过程，作为巩固党的执政地位的过程，作为建设社会主义政治文明的过程，把加强党的政治、思想和组织领导贯穿于法治浙江建设的全过程。2006 年 4 月 26 日省委十次全会通过的《关于建设法治浙江的决定》提出，坚持党的领导是建设法治浙江的基本原则，要在党的领导下发展社会主义民主、建设社会主义法治社会，实现坚持党的领导、人民当家做主和依法治国的有机统一。要把坚持党的领导贯穿于法治浙江建设的全过程，充分发挥党委对同级人大政府、政协等各种组织的领导核心作用，发挥这些组织中党组的领导核心作用。按照党总揽全局、协调各方的原则，规范党委与人大、政府、政协的关系，支持人大依法履行国家权力机关的职能，支持政府履行法定职能、依法行政，支持政协围绕团结和民主两大主题履行职能。加强和改进党对政法工作的领导，支持政法机关发挥职能作用。加强对工会、共青团和妇联等人民团体的领导，支持他们依照法律和各自章程开展工作，更好地成为党联系广大人民群众的桥梁和纽带。要加强党内监督。健全党的领导制度和工作机制，改革和完善决策机制。加强党内规章制度建设。

中央四中全会将坚持中国共产党的领导作为全面依法治国的基本原则，强调党的领导是中国特色社会主义最本质的特征，是社会主义法治最根本的保证。把党的领导贯彻到依法治国的全过程和各方面，是我国社会主义法治建设的一条基本经验。我国宪法确立了中国共产党的领导地位。坚持党的领导，是社会主义法治的根本要求，是党和国家的根本所在、命脉所在，是全国各族人民的利益所系、幸福所系，是全面推进依法治国的题中应有之义。必须坚持党领导立法、保证执法、支持司法、带头守法，把依法治国基本方略同依法执政基本方式统一起来，把党总揽全局、协调各方同人大、政府、政协、审判机关、检察机关依法依章程履行职能、开展工作统一起来，把党领导人民制定和实施宪法法律同党坚持在宪法法律范围内活动统一起来，善于使党的主张通过法定程序成为国家意志，善于使党组织推荐的人选通过法定程序成为国家政权机关的领导人员，善于通过国家政权机关实施党对国家和社会的领导，善于运用民主集中制原则维护中央权威、维护全党全国团结统一。

（二）党的领导必须依靠社会主义法治

党的领导和社会主义法治在本质上是一致的。必须站在中国特色社会主义事业发展的战略高度，准确把握党的领导和依法治国的关系。依法治国是党领导人民治理国家的基本方略，依法执政是党治国理政的基本方式。党要把自己的路线、方针、政策通过法定程序转化为国家意志，成为全国人民共同遵守的法律规范，实现党的主张和人民意志的有机统一。

必须坚持依法执政，维护宪法法律权威。宪法是国家的根本大法、治国安邦的总章程。宪法以国家根本大法的形式，确立了中国特色社会主义道路、中国特色社会主义理论体系、中国特色社会主义制度的发展成果，规定了中国共产党的领导地位，规定了公民的基本权利和基本义务，规定了国家政权机构的组织体系、职责权限和运行机制，充分反映了我国各族人民的共同意志和根本利益，是党和国家中心工作、基本原则、重大方针、重要政策在国家法治上的最高体现，具有最高的法律地位、法律权威、法律效力。根据宪法制定的各种法律法规和规章是宪法精神、宪法原则、宪法内容的进一步展开和具体化，是全体社会成员必须遵守的行为规范。宪法法律的权威和尊严得到了保障，国家和社会生活的法治化就有坚实基础，经济发展、政治清明、文化昌盛、社会公正、生态良好就有可靠保障，党和国家事业兴旺发达就能获得蓬勃力量。正因为如此，《中共中央关于全面推进依法治国若干重大问题的决定》强调："各级党组织和领导干部要深刻认识到，维护宪法法律权威就是维护党和人民共同意志的权威，捍卫宪法法律尊严就是捍卫党和人民共同意志的尊严，保证宪法法律实施就是保证党和人民共同意志的实现。"

各级党组织必须在宪法法律范围内活动。这是宪法和党章的明确要求，也是维护宪法法律权威和尊严的重要保障。我们党是执政党，各级党组织在我国政治生活和社会生活中处于领导核心或政治核心地位，自觉维护宪法法律权威和尊严，对整个社会具有直接而深远的影响。依法治国从根本上讲是对党自身提出的要求。目前，一些党组织依法执政、依法办事的观念和能力不强，有法不依、以权压法的现象依然严重，一些党员干部以言代法、违法乱纪、徇私枉法的问题突出，群众对此深恶痛绝。这些都要求各级党组织培养法治意识，把贯彻实施宪法法律的意识贯穿于一切活动的始终。执掌国家政权、开展施政活动，要忠于宪法法律，严格按照法定原则、法定权限、法定程序行使职权、履行职责，为人民掌好权、用好权，保证国家机关统一有效组织各项事业。践行党的宗旨、服务人民群众，要注重运用法治来协调利益关系、保障改善民生，实现好、维护好、发展好人民群众的合法权益，引导人民群众通过合法渠道理性表达利益诉求,坚决防止和反对侵犯人民群众合法权益的行为。

全体党员和各级领导干部必须模范遵守宪法法律。党员干部是全面推进依法治国的重要组织者、推动者、实践者,在建设社会主义法治国家进程中担负重要责任,必须自觉在宪法法律范围内活动,以上率下,才能形成良好的法治风尚,影响和带动全社会形成办事依法、遇事找法、解决问题用法、化解矛盾靠法的良好法治环境。当前,一些领导干部法治意识不强,依法办事能力不足,知法犯法、以言代法、以权压法、徇私枉法的行为仍有发生。提高党员干部的法治思维和依法办事能力任重道远。各级领导干部必须高度重视宪法法律的学习,把熟练掌握宪法法律知识、法治理念、法治精神作为履职尽责的基本条件,不断提高运用法治思维和法治方式深化改革、推动发展、化解矛盾、维护稳定的能力。对法律要有敬畏之心,始终坚持法律面前人人平等、法律面前没有特权、法律约束没有例外的原则,牢固确立法律红线不能触碰、法律底线不能逾越的观念,不能以任何借口任何形式以权压法、以言代法、徇私枉法,确保权力行使不偏离法制轨道、不突破法律边界、不逃避法律责任。

(三)党的领导与社会主义法治是根本一致的

综上所述,社会主义法治必须坚持党的领导,党的领导必须依靠社会主义法治,两者是根本一致、内在统一的。一是性质上根本一致,中国特色社会主义伟大旗帜,既是党的领导的旗帜,也是社会主义法治建设的旗帜,我们必须始终不渝地高高举起这面旗帜。二是方向上根本一致,始终坚持人民主体地位、保证人民当家做主、维护人民合法权益,既是党的领导的方向,也是社会主义法治建设的方向,我们必须一以贯之、长期坚持。三是任务上根本一致,实现国家治理体系和治理能力现代化,既是党的领导的任务,也是社会主义法治建设的任务,我们必须紧盯不放、全力推进。四是机制上根本一致,坚持法律面前人人平等,广大共产党员既要和全体社会成员一起遵行宪法法律,又要恪守比国家法律更严格的党纪党规,这既是党运用法治思维和法治方式实施领导的机制、管党治党的机制,也是社会主义法治建设的机制,我们必须始终遵循、全面执行。

五、坚持党的领导,全面提高依法执政能力和水平

坚持党的领导,是社会主义法治的根本要求,是全面深化法治浙江建设最根本的保证。关键要做到中央提出的“把依法治国基本方略同依法执政基本方式统一起来,把党总揽全局、协调各方同人大、政府、政协、审判机关、检察机关依法依章程履行职能、开展工作统一起来,把党领导人民制定和实施宪法法律同党坚持在宪法法律范围内活动统一起来,善于使党的主张通过法定程序成为国家意志,善于使党组织推荐的人选通过法定程序成为国家政权机关的领导人员,善于通过国家政权机关实施党对国家和社会的领导,善于运用民主集中制原则维护中央权威、维护全党全国团结统一”。

(一)依法执政首先是依宪执政,必须确保在党的领导下全面贯彻实施宪法

要坚持依宪执政,严格遵守和维护宪法法律。宪法法律至上,是现代法治国家的重要标志,也是衡量现代社会文明进步的重要标准。坚持依法执政,首先要保证宪法法律在党内、在各级党组织和领导干部中的权威和尊严。全省各级党政机关、基层组织和社会团体、企事业单位都必须以宪法为根本活动准则,维护宪法法律权威,捍卫宪法法律尊严,追究和纠正一切违反宪法法律的行为,保证宪法法律实施。依法撤销和纠正违宪违法的规范性文件。落实宪法宣誓制度。开展宪法日活动。

为贯彻党的十八届四中全会精神和省委十三届六次全会精神,落实《全国人大常委会关于实行宪法宣誓制度的决定》,2015 年 7 月 30 日,省十二届人大常委会第二十一次会议表决通过了《浙江省组织实施宪法宣誓制度办法》(以下简称《办法》),规定从 2016 年 1 月 1 日起,全省各级人大和县级以上人大常委会选举或者决定任命的国家工作人员,以及地方

各级“一府两院”任命的国家工作人员，在就职时应当公开进行宪法宣誓。《办法》共十条，对我省组织实施宪法宣誓制度的范围、宣誓誓词、组织机关、组织形式等做出了规定。其中，《办法》对宣誓的组织工作，分三种情形做了规定：(1)地方各级人民代表大会选举的国家工作人员，在依照法定程序产生后，进行宪法宣誓，宣誓仪式由地方各级人民代表大会会议主席团组织；(2)县级以上地方各级人民代表大会常务委员会任命或者决定任命的国家工作人员，在依照法定程序产生后，进行宪法宣誓，宣誓仪式由县级以上地方各级人民代表大会常务委员会主任会议、人民法院、人民检察院等分别组织；(3)地方各级政府及其各部门、人民法院、人民检察院任命的国家工作人员，在就职时进行宪法宣誓，宣誓仪式由任命机关组织。

(二)坚持依法执政，必须完善党的领导方式和执政方式

必须坚持党领导立法、保证执法、支持司法、带头守法，统筹推进法治建设各领域工作。要善于使省委的重大决策经过法定程序成为全省人民的意志，善于使党组织推荐的人选经过法定程序成为地方各级国家政权机关的领导人员，善于通过地方各级国家政权机关实施党委对经济社会发展各项事业的领导，善于运用民主集中制原则维护中央权威、推动中央和省委决策部署贯彻落实、维护全省安定团结的良好局面。要坚持党委总揽全局、协调各方，把加强党的领导同人大、政府、政协、审判机关、检察机关依法依章程履行职能、开展工作统一起来，充分发挥这些组织中党组的领导核心作用，领导和支持工会、共青团、妇联等人民团体和社会组织在全面深化法治浙江建设中发挥作用。要深化党的建设制度改革，完善民主集中制各项制度，加快推进党内民主制度建设，完善党员民主权利保障制度。健全党委依法决策程序和机制，强化全委会决策和监督作用。科学配置党委部门及内设机构权力职能，继续开展地方党委权力公开透明运行试点。规范各级党委主要领导干部职责权限。全面实行党代表任期制，继续深化地方党代会常任制试点。围绕推进好班长、好班子、好梯

队建设,深化干部人事制度改革。要加强和改进党对政法工作的领导,政法委员会是党委领导政法工作的组织形式,必须长期坚持。进一步健全党委定期听取政法机关工作汇报制度。各级党委政法委员会要把工作着力点放在把握政治方向、协调各方职能、统筹政法工作、建设政法队伍、督促依法履职、创造公正司法环境上。建立健全政法机关党组织重大事项向党委报告制度、党组(党委)成员依照工作程序参与重要决策和重要业务制度。加强政法机关党的建设,在法治建设中充分发挥党组织政治保障作用和党员先锋模范作用。

党的十八大以来,省委坚持党委总揽全局、协调各方,支持人大、政府、政协、审判机关、检察机关依法依章程履行职能、开展工作。深入贯彻省委关于进一步加强人大工作和建设、充分发挥人大作用的意见,制定出台加强县乡人大工作和建设的若干意见。支持政府加快转变职能,全面推进依法行政,努力打造"审批事项最少、办事效率最高、投资环境最优"的省份。推进协商民主广泛多层制度化发展,研究制定关于加强社会主义协商民主建设的实施意见。支持政协发挥协商民主重要渠道和专门协商机构作用,围绕省委七次、八次全会重大决策及参与"一带一路"和长江经济带国家战略实施等开展专题政治协商。支持审判机关、检察机关履行宪法法律赋予的职责,规范司法行为,促进司法公正,制定我省司法体制改革试点方案;召开省委统战工作会议,出台《中国共产党浙江省委员会统一战线工作实施细则(试行)》;召开省委党的群团工作会议,出台《关于加强和改进党的群团工作的实施意见》。

(三)坚持依法执政,必须抓住领导干部这一关键少数,不断提高党员干部法治思维和依法办事能力

习近平总书记在我省视察工作时特别强调,要抓住领导干部这个"关键少数",加强对领导干部的法治教育,让法治成为领导干部想问题、做决策、办事情的基本准则。党的十八大以来,省委高度重视提高领导干部法治思维和依法办事能力建设:

一是健全多部门多层次施教机制，抓好学法关。加强各级党委组织部门、宣传部门与司法行政部门、国家公务员局、政府法制办、党校等的协作配合，推进领导干部学法用法常态化、规范化。制定我省国家工作人员学法用法制度，在各级党委（党组）中心定期组织开展以宪法法律为主题的学习活动，组织开展以学法为主题的领导干部报告会，将法治教育纳入党校中青班、县处级班等教学计划，积极依靠干部网络学院、公务员初任培训等，推进国家工作人员学法用法。2015 年举办的“法治政府建设”专题研讨班，对全省 90 个县（市、区）政府分管领导进行了集中培训。省政府常务会议坚持会前学法，在政府常务会议开始前，都要请法律专家讲解一部与议题有关的法律。

二是健全领导干部“提任必考”“以考促学”机制，抓好考核关。制定《浙江省选拔任用党政领导干部考察工作办法》，实现各级人大常委会任命领导干部任前法律考试全覆盖，探索开展非人大任命领导干部任前（职）法律考试。在监督、考核、责任追究上动真格，完善党政领导班子法治建设实绩考核标准，改进考核办法，对考核结果运用做出规定。2015年，在领导班子和领导干部年度考核中，首次将述法作为领导干部年度考核内容，与领导干部述职述德述廉一并进行。加强法治建设实绩考核评价，2015 年开始，把法治建设情况纳入各市党政领导班子实绩考核中。接下去，将进一步完善考核标准，改进考核办法，推动领导干部学法用法从“软任务”变成“硬指标”。

三是在推动工作中提高领导干部依法办事能力。坚持运用法治思维和法治方式深化改革、推动发展。近年来，我们把“三改一拆”“五水共治”“四换三名”“四边三化”等转型升级重点工作，作为法治浙江建设的实践平台，推动重点工作和法治建设相互促进。广大领导干部牢牢坚守“法律面前人人平等”，始终恪守“一把尺子量到底”，坚持从政策制定、普法引导、严格执法等环节入手，依法依规开展各项工作，使“三改一拆”“五水共治”全程贯穿鲜明的法治思维、法治方式，在弘扬公平正义的法治精神的同时，极大地促进了发展，树立了党委政府的权威。坚持运用法治思维和法治方式化解矛盾、维护稳定。一方面,抓好源头防范。完善信息收集研判预警机制和社会稳定形势分析机制,坚持省委常委会半年分析社会稳定形势制度,制定我省关于加强社会治安防控体系建设的实施意见,大力实施“五大网络”建设,推动重大决策社会稳定风险评估工作“扩面、提质、强效”,推进评估主体多元化、评估程序规范化、评估管理信息化、责任追究制度化,有效化解处置一批群体性事件、特殊群体非访活动、非法宗教活动等。另一方面,抓好事中依法化解处置。对重大涉稳问题,综合运用挂牌督办、项目化监管、领导包案等方法,压实主体单位和配合单位的责任,形成合力破解难题。健全常态化领导下访律师陪同制度。

(四)坚持依法执政,必须加强党内法规制度和工作体系建设,完善党内法规和规范性文件制定、备案审查、解释、评估、清理体制机制

党的十八大以来,中央高度重视党内法规制度体系建设。2012 年 5 月以来,中央先后印发《中国共产党党内法规制定条例》《中国共产党党内法规和规范性文件备案规定》《中共中央办公厅关于开展党内法规和规范性文件清理工作的意见》,这是我们党历史上第一次制定正式、公开的党内“立法法”,第一次制定党内法规和规范性文件的备案程序规定,第一次对党内法规进行集中清理。省委对此十分重视。结合我省实际,2013 年 7 月,省委制定下发了《中国共产党浙江省委员会党内法规制定细则》和《中国共产党浙江省委员会党内法规和规范性文件备案细则》。2013 年 10 月 18 日全省党内法规工作会议召开。这是新中国成立以来我省首次召开的党内法规工作会议。

省十三届六次全会以来,我省党内法规体系建设和备案审查工作成效显著。仅 2015 年就制定了《浙江省推进领导干部能上能下实施细则(试行)》等 11 件党内法规,共向中央报备党内法规和规范性文件 47 件,共审查规范性文件近 400 件,其中纠正 15 件,提醒 19 件。各市委办公室(厅)共收到报备件 1852 件,纠正 57 件,提醒 60 件。

（五）坚持依法执政，必须要各级党委担好责任，切实加强对法治建设工作的领导、监督与保障

全面深化法治浙江建设是一项复杂的系统工程，是治理领域一场广泛而深刻的革命，涉及方方面面，工作任务十分繁重。我省法治建设在全国走在前列，很重要的经验就是建立了“一把手”负总责的法治建设领导体制机制，把党的领导贯彻到了法治建设的全过程和各方面。党的十八大以来，省委召开了以法治为主题的十三届六次全会，出台了《中共浙江省委关于全面深化法治浙江建设的决定》，为我省法治建设指明了方向。为推进省委十三届六次全会确定的法治建设重点任务的落实，先后召开了省委建设法治浙江工作领导小组第十四、十五次会议，省委全面深化法治浙江建设工作交流会议，制定出台了《省委十三届六次全会重要工作任务实施规划（2015—2020年）》，梳理了188项重要工作任务，进一步明确了责任单位、改革目标路径、工作抓手、成果形式和时间进度。完善党政领导班子法治建设实绩考核标准和办法，调整考核内容，改进法治浙江建设群众满意度调查。各市和省有关部门坚持把法治建设放在“四个全面”战略布局中统筹谋划，对落实省委六次全会精神做出具体部署，细化工作举措。

各级党委要把全面深化法治浙江建设作为一项重要的政治任务，摆上重要日程，定期听取工作汇报，研究部署重要工作，协调解决重大问题。党政“一把手”是本地区、本部门法治建设工作的第一责任人，不仅要亲自抓好落实，统筹做好各项工作，真正负起应有责任，还要抓好责任分解。省委建设法治浙江工作领导小组负责我省年度法治工作要点落实的统筹协调，省委法治办要充分发挥组织协调、督促检查和参谋助手作用。各成员单位和有关部门制定完善本单位的计划书、作战图，把具体工作分解到机关各处室，细化目标、任务，明确责任处室、责任人、联络员，层层落实责任，形成一级抓一级、一级对一级负责、一级促一级落实的领导机制和工作机制。要抓好进度细节。把法治浙江建设中的每一项工作、每一件事情都做细做实，特别是要建立成员单位和牵头部门法治建设季度进展报

告制度，各有关单位要及时向省委法治办报告工作进展情况。要抓好督促指导。省委法治办要学习借鉴党的群众路线教育实践活动严督实导的经验，按照工作任务总台账，完善分级督办督查责任制，及时对工作要点落实情况进行督办检查，并把有关情况汇总报告省委建设法治浙江工作领导小组。对于任务落实不力的单位和地方，要及时提醒，坚决纠正。要抓好绩效考核。法治建设成效虽不像经济建设那样看得见摸得着，但也要坚持以实绩论英雄，注重用好考核这个指挥棒。继续坚持法治工作先进单位创建活动，不断完善法治建设指标评价体系和考核办法。特别是要坚持正确的用人导向，把能不能遵守法律、依法办事作为考察干部的重要内容，抓紧设计对领导干部推进法治建设实绩的考核制度，对考核结果运用做出规定。

专题2:加强党内规范性文件备案审查

“备案”一词最早出现于清代,意思是向主管机关报告事由存案以备查考。“备”字有预备、准备等含义,“案”字原意为长方形的桌子,引申为文书、案卷。我国的备案审查制度起步较早,但党内规范性文件备案审查工作则是一项全新的工作。2012年,中央印发《中国共产党党内法规和规范性文件备案规定》(以下简称《备案规定》),紧接着各地也相继出台了《备案细则》,党内法规和规范性文件备案审查工作全面展开。

一、党内规范性文件与备案审查制度

关于什么是规范性文件,《备案规定》进行了界定:“本规定所称规范性文件,是指中央纪律检查委员会、中央各部门和省、自治区、直辖市党委在履行职责过程中形成的具有普遍约束力、可以反复适用的决议、决定、意见、通知等文件,包括贯彻执行中央决策部署、指导推动经济社会发展、涉及人民群众切身利益、加强和改进党的建设等方面的重要文件。”《中国共产党浙江省委员会党内法规和规范性文件备案细则》则将党内规范性文件的制定主体扩大到市、县(市、区)党委和省、市党的纪律检查委员会和党委各部门。可见,党内规范性文件主要有四个基本特征,具体如下。一是规范性。规范性文件应当具有类似法律规范的结构和功能,能就某些类事项对某些类主体提出要求。比如,某省委发布的《关于进一步加快发展文化产业的若干意见》,规定了新时期加快发展文化产业的总体要求、重点任务、政策支持、金融保障、人才支撑和组织领导,这是一个典型的规范性文件。二是外部性。党内规范性文件是指各级党委和党委工作部门在履行职责过程中发布的管理外部事务的文件,不是管理自身人财物或进行内部工作安排的文件。例如某市《市纪委、市委组织部、市公安局、市监察局、市人力社保局、市商务局关于进一步加强党员干部出国(境)管理的通知》,对全市党员干部出国出境事项加以约束规范。三是普遍性。规范性文件针对非特定的人和事,具有普遍约束力。比如,某市委发布的《关于进一步转变工作作风密切联系群众的意见》,这个文件适用于市内各级党组织和广大党员干部,不是针对特定的党组织或党员干部,具有普遍性。四是反复适用性。规范性文件在一段时间内持续有效,可以反复适用。比如,某市纪委发布的《关于制止以革命传统和爱国主义教育为名组织公款旅游的通知》,就进一步规范有组织地到革命传统和爱国主义教育基地的学习参观活动与坚决制止借机公款旅游的行为提出了具体要求,这些要求在文件有效期间可以一直反复适用。

备案审查制度实质上是一种监督制度,就党内规范性文件备案审查制度而言,具有以下几方面的功能。

第一,可以保证中央决策部署的贯彻实施。保持党内规章制度的协调统一,是保证中央决策部署得以落实的重要保证,也是党的执政能力建设的制度保证。1938 年,毛泽东同志就在《中国共产党在民族战争中的地位》一文中指出,为使党内关系走上正轨,“须制定一种较详细的党内法规,以统一各级领导机关的行动”,首次提出了党内法规,并明确指出制定党内法规的目的是统一各级领导机关的行动。通过党内规范性文件备案审查,可以解决部分党内规范性文件不衔接、不协调、不适应、不一致等问题,保证各级党组织制发的规范性文件同党章和党的理论路线方针政策相协调衔接,确保党的建设和党的工作有序推进。

第二,可以推动法治中国建设。党依法执政,领导建设社会主义法治国家,这是我们党多年执政经验的科学总结,也是巩固执政地位的客观需要。党的十八大和习近平总书记关于法治建设的一系列新思想、新观点和新要求,为建设法治中国指明了方向。加强党内规范性文件备案审查制度建设,是法治建设的有机组成部分,是推进各级党委依法执政的迫切需要,是坚持依法治国、依法执政、依法行政共同推进,坚持法治国家、法治政府、法治社会一体建设的有效切入点，有利于促进党内法规制度的贯彻实施，使各级党组织的执政活动有规可依、有规必依、执规必严、违规必究；有利于提升党内法规质量，促进社会主义法律体系的完善，增强各级党组织和党员干部的法规意识和法治精神，提高运用法治思维和法治方式深化改革、推动发展、化解矛盾、维护稳定的能力，提升党领导经济社会发展的能力。

第三，可以提升党的软实力。软实力最早是一个国力概念，是相对于传统的国家硬实力而言的。全球化背景下，随着政党政治的不断发展，政党软实力越来越成为各个国家政党关注的焦点。重视和加强国家软实力建设，是增强我国综合国力的重大战略举措。中国共产党在国家中的特殊地位，决定了党的软实力本身就是国家软实力建设的一个重要方面，同时还可以引领和促进国家软实力的提高。完善党内规范性文件备案审查制度，加强党内法规制度建设，把党内法规制度工作贯穿于党的思想建设、组织建设、作风建设、反腐倡廉建设等各个方面，有利于党建工作沿着制度化轨道不断向前推进，以科学的党内法规来增强党的吸引力与影响力；有利于进一步发挥党内法规制度的"硬约束"作用，以党的先进性和纯洁性来增强党的凝聚力和战斗力；有利于各级党委和党员领导干部坚持依法执政，自觉践行在宪法和法律范围内活动的承诺，以民主进步、开放创新、诚实守信、依法办事、高效有序的政党形象，进一步赢得国际社会的尊重和认同。

第四，可以填补规范性文件备案工作的空白。党内规范性文件备案工作虽然是一项全新工作，但立法备案审查和行政备案审查工作已经开展了多年。实践中，由于体制原因，以党委(党委办)和政府(政府办)联合发文的规范性文件一直是报备的空白点，人大和政府都不能对党委和党委工作部门制定的文件进行备案审查监督。据统计，党委(党委办)和政府(政府办)联合发文的规范性文件占全部规范性文件的40%左右，且越是基层，党政联合发文的规范性文件越多，这些规范性文件一直游离于报备范围之外，而恰恰是这些文件最容易"出轨"。通过党内规范性文件备案审查制度，有利于有效弥补党内文件缺乏监督的不足，防止一些地方通过党政联合发文做出一些违反法律法规的规定。

此外，备案审查工作还有一些附加功能。比如，按照“有错必纠”原则，通过对“问题文件”的总结分析，整理出典型案例，在一定范围内发布提醒事项，既能够促使被建议纠正的文件制定机关吸取教训，也对其他制定机关起到警示作用。再如，通过规范包括党的各级机关的公文办理、会议活动服务、综合协调、信息报送、督促检查、法规服务等，有利于保障党委机关高效运转，为确保党发挥总揽全局、协调各方作用提供制度基础。

二、党内规范性文件常见问题分析

从近年来的备案审查情况看，各级党委制定的规范性文件质量较高，但也存在一定比例的“问题文件”，或违法违规，或“文件冲突”，或“政策打架”，严重影响了规范性文件的统一性和协调性。梳理各地报备文件中的违法违规问题，主要有以下几类。

（一）违反国家法律法规

主要如下：一是违反《中华人民共和国公务员法》（以下简称《公务员法》）及干部管理相关政策法规，在编制、领导职数等方面做出不适当规定。如某文件规定“建立离岗待退干部编外供养机制”“编外供养人员不再占行政编制”，这与《公务员法》中“本法所称公务员，是指依法履行公职、纳入国家行政编制、由国家财政负担工资福利的工作人员”的规定明显不一致。二是违反税收法律法规及相关政策，在营业税、增值税等方面违反规定出台税收优惠政策。如某文件规定“对省服务重点企业，按其上年实交税收……三年内每年增收超过10%部分给予适当奖励”，这一规定属于税收先征后返，根据现行税收管理体制，地方政府没有出台税收先征后返优惠政策的权限。三是违反土地管理政策法规，在土地出让金减免方面突破相关法律法规。如某文件规定“制定新区用地按年度纳税额度给予资金扶持的优惠政策，按企业所交纳土地出让金的一定比例给予资金扶持”，违反了《国务院办公厅关于规范国有土地使用权出让收支管理的通知》中关于“任何地区、部门和单位都不得以‘招商引资’‘旧城改造’‘国有企业改制’等各种名义减免土地出让收入，实行‘零地价’，甚至‘负地价’，或者以土地换项目、先征后返、补贴等形式变相减免土地出让收入”的规定。

（二）违反党内法规规定

比如，违反《评比达标表彰活动管理办法（试行）》，设立项目未遵循事先报批的前置程序。按照规定，评比达标表彰项目实行中央和省两级审批制度，省级以下评比达标表彰项目由省协调小组审核后报省委、省政府审批，并报全国评比达标表彰工作协调小组备案，评比达标表彰活动不搞层层表彰，下级单位不得自行配套开展上级机关举办的评比达标表彰活动。

（三）违反中央和省委文件精神

主要有如下几类。一是违反中央关于后备干部管理的相关规定。如某文件规定“党外代表人士的推荐安排使用一般应从后备队伍中产生”。2009年中央颁布的《2009—2020年全国党政领导班子后备干部队伍建设规划》，对后备干部工作提出了一系列新理念新要求，其中一条就是后备干部从“优先使用”调整为“同样使用”。二是违反干部提拔任用的相关规定。如某市文件规定“推进竞争性选拔干部工作常态化，逐步提高竞争性选拔干部比例”，这与中央强调的“公开选拔和竞争上岗的范围和规模要合理，不宜硬性规定竞争性选拔比例”的精神不符合。三是违反基层工会干部待遇的相关规定。如某市文件规定“乡镇（街道）专职工会主席、副主席任职期间，享受同级行政副职、中层正职待遇”，其中“乡镇（街道）专职工会副主席任职期间，享受同级中层正职待遇”的规定违反了《中共浙江省委办公厅浙江省人民政府办公厅关于进一步加强基层工会建设的意见》(浙委办发〔2013〕5号)。

(四)违反我国缔结的国际条约和协定

有的地方拟公开发布的文件规定将创新政策与政府采购优惠挂钩，涉嫌违反世界贸易组织“国民待遇”原则和我国就相关问题做出的承诺，也不符合《国务院办公厅关于深入开展创新政策与提供政府采购优惠挂钩相关文件清理工作的通知》的精神。如某文件规定：“应优先将自主品牌和自主创新的新能源汽车列入公务用车的选用车型目录，并鼓励各级党政机关优先采购、使用。”这违反了我国政府在2011年《中美联合声明》中“中国的创新政策与提供政府采购优惠不挂钩”的承诺。

三、进一步加强党内规范性文件备案审查工作

做好党内规范性文件备案审查工作，既要从备案审查制度本身的健全和落实来推动，也要“跳出备案看备案”，从与备案审查相关联的环节来促进和完善。

(一)提高规范性文件制定质量

备案问题本质上是办文问题，要提高备案工作水平，必须关口前移，源头把关。一要增强各级领导干部的法治素养。党内规范性文件是各级党的领导执政意识的体现，领导干部的法治意识对规范性文件的质量起到重要作用，从而直接影响到备案审查工作。要引导领导干部改变习惯性行政思维，增强依法执政、依法行政的意识和能力，自觉在宪法法律和党内规章制度的框架内活动。二要严格规范性文件的发文程序。把住了文件的制发程序一定程度上就是把住了规范性文件的源头，重点是要建立健全发文立项审批制度和发文前置审核制度，从源头上减少文件数量，提高文件质量，从程序上确保文件不“带病出生”。三要进一步完善规范性文件的制定审核机制。党委办公室(厅)是文件制发机关的主体，也是

文件审核的主体，对部门提交拟下发的文件，要注重把文件制发机构的全面审核和备案审查机构的专业审核结合起来，从实体上确保文件不“带病出生”。

（二）严格规范性文件报备标准

要坚持“有件必备、有备必审、有错必究”的基本原则，严格按照有关规定要求报送备案，不得迟报、漏报，杜绝不报或选择性报备。《备案规定》通过概括性规定与具体性规定、肯定性列举与排除性列举相结合的方式，界定了纳入备案范围的规范性文件。实践中，判断一个规范性文件是不是需要报备，不能简单以文件的形式为判断标准，而是要以“四个基本特征”为基本依据，凡是同时具备“规范性、外部性、普遍性、反复适用性”的规范性文件，都应当纳入备案审查范围，防止重要规范性文件漏报，出现应备未备现象。从实践看，党政制定、由党委或党委办公室（厅）发布的文件，一般属于备案范围。

（三）突出党内规范性文件审查重点

备案审查包括形式审查和实质审查。形式审查是审查上报的规范性文件是否属于报送备案范围且符合备案要求，是否自发布之日起 30 日内报送，报送材料是否齐全、是否符合规定格式，电子文本与纸质文本是否一致等。实质审查主要审查以下内容：一是有没有和《党章》及党的大政方针相抵触。“抵触”主要指规范性文件与上级党委的规定及精神背道而驰，其中最根本的就是不能与《党章》和党的基本理论、基本路线以及基本方针政策相抵触。二是有没有同宪法、法律相抵触。这是党在宪法和法律范围内活动的制度保证，也是规范性文件的内在要求。三是有没有同上位规范性文件相抵触。这是规范性文件制定工作统一性原则的基本要求。四是对同一事项的规定有没有与其他规范性文件的规定相冲突。这既直接影响规范性文件的顺利实施，也影响党内制度体系的协调统一。五是规范性文件规定的内容是不是有明显不适当规定。如规定的内容明显不适应社会现实需要，制定的动机和目的不合理，明显违反公平原则等。六是规范性文件的制定权限和程序有没有不适当，有没有规定了不应当由国家机关直接做出具体规定的事项，有没有规定了应当由上级党委或下级党委发布的规范性文件规定的内容。比如对下级党委的人事编制等事项，上级党委的文件不宜有硬性要求。

（四）完善党内规范性文件备案审查处理制度

按照《备案规定》，规范性文件备案结果可以有以下几种处理结果：予以备案、发函提醒、自行纠正、予以撤销。实践中，大多数文件都是“予以备案”，但也有不少规范性文件要“有错必纠”，常用的有以下几种情况。一是程序补正。针对存在程序性问题的报备文件，可以通过电话与报送机构直接沟通，提出修改完善的建议。如有些地方上报的规范性文件《制定说明》中没有反映文件征求意见情况，可以通过电话沟通的方式，要求补充相关材料，并重新进行报送。二是实施建议函。一些报备文件不存在实质性不适当问题，但在审查或征求意见过程中，发现报备文件在执行过程中可能会出现一些问题，可以通过发建议函的方式提醒报备机关予以注意，这种方式不会影响文件的继续适用。三是建议自行纠正。报备文件经审查发现存在实质性不适当问题，明显不符合宪法和法律、不符合上位或同位党内法规和规范性文件、不符合党的理论路线方针政策的，备案机关应当发建议函予以纠正。如某文件规定，“原则上将失独家庭作为特殊群体，全部纳入城镇职工基本养老保障范畴”，违反了《中华人民共和国社会保险法》对职工基本养老保险的参保范围和对象的相关规定，也容易引起其他群体的攀比，造成社会的不稳定。四是决定纠正或撤销。制定机关未在规定时间内对备案机关对有问题的党内规范性文件做出处理的，党委办公厅（室）可以提出予以纠正或撤销的建议，报请同级党委决定，同级党委做出予以纠正或撤销的决定后，制定机关必须执行。

（五）创新备案审查工作机制

机制问题是方法问题。党内规范性文件备案审查是党内法规制度建设的重要环节，也是法治建设的重要内容。要把党内法规制度建设工作与法治建设工作一起谋划一起部署，并作为法治建设的重要突破口加以推进。党内规范性文件备案审查工作又是覆盖面非常广的一项工作，要探索建立借梯登高、借力发展的工作载体，建立健全信息交流制度、专家咨询制度、联合审查制度，加强党内法规工作理论研究和专题调研，提高备案审查的专业性和说服力。同时，党内规范性文件备案审查与立法审查、行政审查相互联系、密不可分，要注重与人大机关和行政机关的衔接，加强制度设计，理顺工作流程。此外，为保证备案审查制度的顺利实施，还有必要制定违反备案审查规定的惩罚性措施，对出现问题的文件，要倒查出现问题的原因，通过一定方式进行追责。

(浙江省委办公厅信息处副处长　范良银)

第三章 坚持立法先行 健全具有浙江特色的法规规章

党的十八届四中全会提出,法律是治国之重器,良法是善治之前提。建设社会主义法治体系,必须坚持立法先行,发挥立法的引领和推动作用。近年来,我省地方立法坚持围绕中心、服务大局,按照形成和不断完善中国特色社会主义法律体系的总要求,立足浙江经济社会发展的特点和实际,加强探索创新,坚持立法先行,注重发挥立法对改革、发展的引领和推动作用,积极推进科学立法、民主立法,不断提高立法质量,制定了一批针对性强、实效性强、有影响、有特色的地方性法规规章,为建设两富浙江、两美浙江、法治浙江提供了有力的法制保障。

一、十八大以来浙江地方立法工作的实践

2013 年 1 月召开的浙江省第十二届人民代表大会第一次会议,产生了省十二届人大常委会及新一届省人民政府。截止到 2015 年 6 月,省十二届人大及其常委会共制定(修订)地方性法规 22 件(包含 4 件决定),修改 37 件,废止 8 件;批准杭州、宁波两市报批法规 25 件,批准景宁畲族自治县报批单行条例 1 件。① 省政府制定了地方政府规章 22 件,修改 10 件,废止 1 件。② 这些地方性法规规章内容涉及经济发展、政权建设、生态环境保护、社会治理和公民权利保护等各个方面,为进一步形成与国家法

① 具体法规名录见附件一。

② 具体规章目录见附件二。

律法规相配套、与我省经济社会发展相适应的具有浙江特色的法规规章谱写了新的篇章。

(一)坚持立法引领,确保重大改革于法有据

习近平总书记强调,凡属重大改革都要于法有据。改革中需要修改法律的可以先修改法律,先立后破,有序进行。在整个改革过程中,都要高度重视运用法治思维和法治方式,发挥法治的引领和推动作用,加强对相关立法工作的协调,确保在法治轨道上推进改革。十八届四中全会决定进一步明确提出,实现立法和改革决策相衔接,做到重大改革于法有据、立法主动适应改革和经济社会发展需要。实践证明行之有效的,要及时上升为法律。实践条件不成熟、需要先行先试的,要按照法定程序做出授权。对不适应改革要求的法律法规,要及时修改和废止。通过立法引领改革,确保在法治轨道上推进各项改革,是地方立法需要承担的时代使命。

1.做出促进全面深化改革决定

2013年12月,省人大常委会深入贯彻党的十八届三中全会和省委十三届四次全会精神,依法做出关于促进全面深化改革再创体制机制新优势的决定,动员全省人民积极响应省委号召,支持改革、参与改革、投身改革。进一步明确各级“一府两院”推进深化改革的责任,强化人大依法监督改革创新的职责,推动我省建立保障改革创新、宽容失败、允许试错的机制,为我省全面深化改革提供法治保障。

2.率先修法落实单独两孩政策

2014年1月省人大常委会通过了《关于修改〈浙江省人口与计划生育条例〉第十九条的决定》,在全国率先落实中央有关启动实施一方是独生子女的夫妇可生育两个孩子的政策。从十八届三中全会提出调整完善生育政策,到全国人大常委会出台相应决议,再到省人大常委会及时修改法规,浙江成为全国第一个全面施行单独两孩政策的省份,只用了短短两个月的时间。这是省人大常委会根据中央改革精神,结合浙江实际情况,及

时回应社会关切，以立法落实改革精神的具体实践。

3.依法推进行政审批制度改革

2013年以来，省政府着力深化我省行政审批制度改革，积极打造“审批事项最少、办事效率最高、投资环境最优”的省份，加快政府职能转变，陆续取消和下放多项行政审批事项，其中一些领域取消和下放行政审批事项需要修改相关地方性法规以获得支持。对此，省人大常委会积极回应，主动作为，组织开展了“查找不适应全面深化改革要求的法律法规条文”主题活动，发动各级人大代表和社会各方人士共提出意见建议近7000条。全面梳理178件现行有效的地方性法规，分批推进部分法规的集中修改，以“打包修改”[①]和个别修改相结合的方式，对《浙江省公路路政管理条例》等34件法规中的部分条款进行了修改，同时废止了《浙江省行政事业性收费管理条例》等8件已不适应深化改革要求的地方性法规。省政府也集中修改了《浙江省林地管理办法》等9件规章，废止了1件已不适应深化改革的规章。通过修改、废止法规规章，共取消和调整了70余项行政审批事项，进一步激发了市场、社会的创造活力。

4.做出授权决定推行居住证制度改革试点

2014年初，省委做出决策部署，适应新形势下户籍制度改革，推行居住证积分管理，建立完善以居住证为基础的流动人口公共服务供给制度。推进居住证制度改革，需调整现行的《浙江省流动人口居住登记条例》相关规定，考虑到流动人口管理服务工作涉及面广，全面修订该法规之前宜开展试点以积累经验。2014年5月，省人大常委会通过《关于授权省人民政府在部分市县暂时停止施行〈浙江省流动人口居住登记条例〉有关规定的决定》。这是浙江立法史上的一项创新，为局部改革试点扫除了法规障碍，也是地方立法授权暂停实施法规部分规定的一次有益尝试。

---

① “打包修改”，是指就多部法规的修改一并提出法规案的修改方式。本届省人大常委会先后做出了4个集中打包修改的决定，分别是关于修改《浙江省人才市场管理条例》等8件地方性法规的决定，关于修改《浙江省松材线虫病防治条例》等7件地方性法规的决定，关于修改《浙江省公路路政管理条例》等6件地方性法规的决定，关于修改《浙江省水利工程安全管理条例》等10件地方性法规的决定，共集中修改了31件法规。

(二)坚持围绕中心,加强重点领域立法

近年来,浙江对准制约经济社会发展的顽疾要害,打出了一套转型升级的"组合拳",积极推进"五水共治""三改一拆""修复振兴浙江渔场"等行动计划,打出了转型升级的一片新天地。在这一过程中,地方立法围绕中心、服务大局、及时跟进,出台配套的法规规章,起到了"及时雨"的效果。

1. 围绕省委重点工作立法

2013年初,省委省政府决定在全省深入开展"三改一拆"行动。其中违法建筑处置工作涉及面广、社会影响大、社会关注度高,亟须立法先行提供法制保障。2013年7月,省人大常委会制定了《浙江省违法建筑处置规定》。该规定依据《城乡规划法》《行政强制法》的规定,有针对性地设立即查即拆制度,对城镇违法建筑当事人经责令拒不停止建设的情形,规定行政机关有权采取拆除继续建设部分的措施,使制度设计实现法律效益最大化和社会效益最大化的统一,实现了"三改一拆"工作的有法可依、有序推进。2014年7月,省委省政府提出修复振兴浙江渔场行动,为使相关行动顺利推进,省人大常委会于2014年12月对《浙江省渔港渔业船舶管理条例》《浙江省渔业管理条例》两件涉渔法规做出修改,既增加了有关政府加大转产转业政策扶持力度,支持渔民减船转产,鼓励用人单位吸纳渔民就业等内容,同时也加大了打击"三无"渔船的力度,明确禁止任何单位和个人对涉渔"三无"船舶提供相关帮助,并规定相应法律责任,以切断"黑色产业链"。这两件法规的修改,确保在法制轨道上推动我省"三无"渔船专项执法行动,同时进一步规范了渔业生产活动。此外,为推进城市治堵工作有序进行,省政府于2013年9月制定了《浙江省城市交通管理若干规定》;为推进"五水共治"依法依规进行,省政府于2015年1月制定了《浙江省综合治水工作规定》,使"五水共治"专项行动成为依法行政的样本。

2. 围绕"四大国家战略举措"立法

2013年11月,省人大常委会通过了《温州市民间融资管理条例》。这

是全国首件规范民间融资行为的地方性法规，堪称地方金融法治的示范和样本，具有里程碑式的意义。这件法规从温州实际出发，注重顶层设计与基层实践的有机统一，发挥了立法“试验田”作用，为今后国家立法提供了地方经验。此外，省人大常委会已启动了义乌市国际贸易综合改革促进立法的调研起草，并将浙江省舟山群岛新区条例列入立法调研项目，争取以立法方式推动“四大国家战略”举措落地生根。

3.围绕生态文明建设立法

2013年5月，针对我省畜禽养殖业带来的部分地区环境污染、动物疫情隐患增多等突出问题，特别是黄浦江漂浮死猪事件再次敲响了警钟，省人大常委会做出了关于加强畜禽养殖污染防治、促进畜牧业转型升级的决定。2013年11月，积极回应人民群众关切的大气污染治理问题，制定了《浙江省机动车排气污染防治条例》，明确和强化管理部门职责、源头管理、排放标准、排气污染检测等强制规范，推动了大气污染防治的法治化。2014年7月下旬，省人大常委会落实省委全会精神，通过了关于保障和促进建设美丽浙江、创造美好生活的决定，使党的主张通过法定程序成为国家意志，依法保障和促进建设美丽浙江、创造美好生活，为全社会共同参与和推进美丽浙江建设提供制度保障。

4.围绕保障和改善民生立法

2014年5月，省人大常委会主动回应城镇化进程中的利益平衡问题，制定了《浙江省国有土地上房屋征收与补偿条例》，规定旧城区改建需征得90％以上被征收人的同意，且补偿协议签约比例不低于80％，切实保障被征收人的合法权益和城乡建设有序推进。2014年7月，主动适应经济社会发展新需要和人民群众新期待，着眼于保障人民群众的基本利益诉求，广泛征求意见，历经三次审议，在全国率先制定了《浙江省社会救助条例》，明确各方面各层次救助的对象、标准和程序，首次将低保边缘家庭纳入社会救助范围，在制度上构筑了保民生、托底线、救急难、促公平的大救助网络。2015年1月，为积极应对我省老龄化的严峻挑战，省人大常委会经过三次会议审议之后，提请省人代会通过了《浙江省社会养老服务促进条例》，率先在全国对社会养老服务体系进行立法规范和促进，进一步明确政府主导、社会参与和市场运作等基本原则，支持和保障社区居家养老服务、机构养老服务有序发展，切实维护全省 900 万老年人的合法权益。

5.围绕经济转型升级立法

2013 年以来，省人大常委会先后制定了《浙江省计量监督管理条例》，针对群众最关注的民生计量问题，对水、电、气、热能、燃油（气）、通信、房地产等商品和服务的计量监督管理做了规定，维护公民、法人和其他组织的切身利益；制定了《浙江省电网设施建设保护和供用电秩序维护条例》《浙江省石油天然气管道建设和保护条例》《浙江省防震减灾条例》，维护重大公共设施安全，切实保护人民生命和财产安全。

（三）坚持创新机制，推进科学立法民主立法

提高立法质量是加强和改进立法工作的重中之重，根本途径在于推进科学立法、民主立法。省人大常委会进一步创新立法工作机制，出台了《关于完善科学立法 民主立法工作机制的若干意见》等多项立法工作制度，建立了覆盖立法工作各个方面和环节的较为完整的“制度链条”，有力推进科学立法、民主立法。

1.加强立法组织协调

2013 年 10 月，省人大常委会编制完成《浙江省第十二届人大及其常委会立法调研项目库》①，确定了一类项目 70 件、二类项目 50 件以及三类项目若干件，由省人大常委会党组报省委同意后批转各地各部门执行。在编制立法项目库工作中，积极创新编制方法，广泛征求各方意见。除向各级人大代表，省（市、自治区）人大各专（工）委，省（市、自治区）有关单位，各设区的市人大常委会，各市县区党委、人大、政府，有关科研院校以及社会公众征集立法项目建议外，还通过召开专题座谈会、专家论证会、

① 从全国人大常委会和各省级人大常委会来看，不少地方称之为五年立法规划。我省在十届人大常委会之后，将“五年立法规划”改为“立法调研项目库”。

人大代表座谈会，开展媒体和网络互动，委托省政府咨询委论证等，多渠道、多角度地征求各方意见。在认真梳理各地各方面意见建议的基础上，提出预备项目名单，以勾选方式征求副省级以上领导干部，全体省（市、自治区）人大代表，常委会组成人员和地方立法专家库成员的意见，努力提高立法选项的精准度、前瞻性。在此基础上，精心编制了每年的年度立法计划，确定年度立法一类项目和二类项目，推进立法工作有序进行。

2. 推进科学立法

省人大常委会进一步完善了立法起草、调研、论证、协调、审议机制，制定关于加强立法调研统筹协调工作的实施意见，对重要法规加大提前介入调研的力度和深度，在法规项目选项、起草和修改过程中把握立法主动权。普遍推行立法起草小组制度，重要法规草案由省人大专门委员会组织起草。2013 年以来，已有 5 部法规由省人大专门委员会直接组织起草①。试行了立法前评估制度，先后对《浙江省电网设施建设保护和供用电秩序维护条例》《浙江省防震减灾条例》等 4 件法规召开表决前评估会，就条例草案修改稿出台的时机、实施后可能产生的社会效果以及实施中可能会出现的问题等进行评估。坚持二审和隔次审议制度，对涉及面广、利益关系复杂的法规草案实行多次审议，保障常委会组成人员有充分时间进行调查研究，保障法制委员会有充分时间进行统一审议。省政府法制办制定了政府立法项目前评估规则，对科学确定立法项目，提高立法草案起草质量发挥积极作用。

3. 深化民主立法

省人大常委会坚持开门立法，拓宽公众有序参与立法渠道，通过网络、报纸等媒体将所有法规规章草案向社会公开征求意见，通过新闻媒体开展价格、计量监督管理等条例草案问卷调查，稳步推进立法公开进程。2014 年 3 月出台立法基层联系点工作制度，根据地域的代表性、突出基层性的要求，从县级以下国家机关、基层自治组织以及其他符合条件的社会

---

① 这 5 部法规分别是《浙江省国有土地上房屋征收与补偿条例》《浙江省水土保持条例》《浙江省社会养老服务促进条例》《浙江省军人军属权益保障条例》。

机构中选择确定27个立法基层联系点，依托联系点开展立法调研、征集群众意见，不断扩大人民群众对立法活动的有序参与。2014年12月，就《社会养老服务促进条例草案》首次召开由政协委员、各民主党派、工商联等各界代表人士参加的立法协商会，扩大了立法工作的群众基础和社会基础。

4.增强代表参与立法实效

省人大常委会按照“加强人大常委会同人大代表的联系，充分发挥代表作用”的要求，于2014年在全国率先出台关于省人大代表分专业、有重点参与立法工作的若干规定，要求代表根据自身的兴趣爱好、职业专长等因素，结合立法工作需要，主动选择希望并能够参与的立法项目，并全程深度参加所选法规项目的各阶段各项立法活动，进一步调动代表参与立法的主动性和积极性，更好地发挥代表的特点、优势和作用，使代表更加深入、全面、有效地参与立法工作。

5.注重发挥专家作用

省人大常委会注重发挥专家学者的优势，不断探索专家论证机制，2005年就在全国率先组建了由法学、经济学、政治学、社会学等方面专家组成的地方立法专家库，之后还出台关于专家参与立法工作的若干规定、地方立法专家库工作规则。2013年又制定了关于本届立法工作中发挥社会机构作用的若干实施意见，在立法选项和法规草案起草、调研、论证等环节更多地吸收社会机构参与，发挥好专家学者的智囊作用，实现了专家参与地方立法的常态化、制度化和规范化，为保障科学决策提供了可靠的智力支持和专业保障。

6.加强规范性文件备案审查

备案审查工作既是人大法律监督工作的重要形式，也是人大立法工作的重要环节。省人大常委会出台关于加强规范性文件备案审查工作的意见等文件，确定“全面审查与重点审查相结合，进行有重点的主动审查”的审查模式，研究规范完善审查工作流程，设计改进审查工作文书，推进规范性文件备案审查工作的规范化、制度化建设。2013年省人大常委会制定了规范性文件备案审查工作程序，督促省政府及时制定与法规相配套的规范性文件；截至 2014 年底，共备案审查规范性文件 270 件，纠正 3 件。同时，加强对市、县、区人大规范性文件备案审查工作的指导，进一步完善工作机制，突出审查重点，加大审查力度，提高备案审查工作的实效。

十八大以来，浙江地方立法工作又有新进展、取得新成效。但仍存在一些不完善、不健全、不适应的地方，如立法的针对性、及时性还需增强，人大的立法主导作用还需充分发挥，立法质量有待进一步提高。省委十三届四次会议做出的《中共浙江省委关于全面深化法治浙江建设的决定》(以下简称《省委决定》)提出，全面深化法治浙江建设的目标之一，就是紧紧围绕科学立法，在健全地方法规规章方面走在前列。遵循法定程序，完善立法体制机制，推进科学立法、民主立法，统筹推进法规规章制定、评估、清理、修改、废止、解释等各项工作，形成更加完备的与法律、行政法规相配套，与经济社会发展要求相适应，具有浙江特色的地方法规规章体系。这是今后一段时期浙江省地方立法工作的目标和方向。浙江的立法工作要按照“走在前列要谋新篇”的新使命，朝着这个目标不懈努力。

二、进一步完善地方立法体制机制

立法体制是关于立法主体和立法权限划分的制度，是国家法律制度的重要组成部分。我国是统一的、单一制的国家，各地方的经济和社会发展很不平衡。与这一国情相适应，在最高国家权力机关集中行使立法权的前提下，为使法律既能通行全国，又能适应各地方不同情况与现实的需要，在实践中能够贯彻实施，2000 年我国制定《立法法》时，根据宪法确定的“在中央的统一领导下，充分发挥地方的主动性、积极性”的原则，确立了我国统一而又分层次的立法体制。全国人大及其常委会行使国家立法权，制定法律；国务院制定行政法规；有立法权的地方人大及其常委会制定地方性法规；民族区域自治地方的人大制定自治条例和单行条例；有立法权的地方政府制定政府规章。具体到地方立法体制，省、自治区、直辖市的人大及其常委会，根据本行政区域的具体情况和实际需要，在不同宪法、法律、行政法规相抵触的前提下，可以制定地方性法规。省、自治区人民政府所在地的市、经济特区所在地的市和经国务院批准的较大的市的人大及其常委会，根据本市的具体情况和实际需要，在不同宪法、法律、行政法规和本省、自治区的地方性法规相抵触的前提下，可以制定地方性法规，报省、自治区的人大常委会批准后施行。省、直辖市、自治区的人民政府可以根据法律、行政法规和本省、自治区的地方性法规，制定规章；省、自治区的人民政府所在地的市和经国务院批准的较大的市的人民政府，可以根据法律、行政法规和本省、自治区的地方性法规，制定规章。2015年3月15日，十二届全国人大三次会议审议通过《关于修改〈中华人民共和国立法法〉的决定》（以下简称《立法法修改决定》），明确规定将地方立法权扩大到所有设区的市①，对我国地方立法体制进一步做了调整和完善。

当前完善地方立法体制机制的主要任务是，贯彻全面深化依法治国和全面深化法治浙江建设的决策部署，认真落实《立法法修改决定》；重点是进一步加强和改善党对地方立法工作的领导，发挥人大在立法中的主导作用，依法有序落实设区的市的地方立法权。

（一）加强和改进党委对地方立法工作的领导

坚持党的领导是社会主义法治的根本要求，是确保立法工作沿着正确方向发展的根本保证，也是做好地方立法的首要条件。《省委决定》中提出，加强党对立法工作的领导，完善党委对地方立法工作中重大问题决策的程序。有立法权的地方人大制定五年立法规划，报同级党委批准。地方立法涉及本行政区域内重大体制和重大政策调整的，必须报同级党委讨论决定。地方性法规制定和修改的重大问题，人大常委会党组应向

① 从《立法法修改决定》来看，除了设区的市之外，还把地方立法权赋予了自治州以及不设区的四个地级市（广东省东莞市、中山市，甘肃省嘉峪关市，海南省三沙市），实际上所有行政层级为地级的城市都赋予了立法权。相应地，所有地级市的政府同步享有规章制定权。

同级党委报告。坚持党委研究重要法规、规章草案制度。

1.正确理解在立法中加强党的领导的内涵

加强和改善党对立法工作的领导,在立法中发挥党总揽全局、协调各方的作用,维护宪法法律权威。党对立法的领导应当是宏观的领导,重点放在立法规划编制方面,各级党委应当提出意见和建议,把握立法全局,贯彻党的意志,实现党的主张。党对地方立法工作的领导主要体现在政治、思想、组织以及重大决策等方面的领导,是原则的、大方向的领导和把握,而不是对具体立法事务的事必躬亲。

2.准确把握党领导立法的具体要求

一方面,就党委而言,主要是完善党委对地方立法工作中重大问题决策的程序和机制,坚持党委研究重要法规、规章草案制度,使党的主张通过法定程序成为国家意志。同时,党委要尊重法律,尊重人大的立法权,依照宪法法律行使权力或权利、履行职责或义务,不得有超越宪法法律的特权。另一方面,就人大而言,人大在立法中要围绕党委重大决策部署的贯彻实施,主动对接重大发展战略举措,同步考虑改革涉及的立法问题,实现立法和改革决策相衔接,确保改革于法有据。每届人大常委会关于立法的工作意见和立法规划应当报同级党委批准。对党委提出的关系经济社会发展全局和人民群众根本利益的立法建议和要求,抓紧调研论证,及时制定相关地方性法规。地方立法涉及本行政区域内重大体制和重大政策调整的,必须报同级党委讨论决定。重要地方性法规制定和修改的重大问题,人大常委会党组应向同级党委报告。从省人大常委会的实践看,除了每届初召开一次立法工作会议,提出本届人大及其常委会立法工作意见和立法项目调研库报经省委同意批转外,在制定年度立法计划时与省委办公厅及时沟通,由省委确定若干重大立法项目。在相应立法项目提请省人大常委会审议通过前,由省人大常委会党组将制定法规的情况和主要制度报告省委,由省委常委会研究,提出意见。省委常委会会上提出的意见,省人大常委会予以认真研究落实。

3.改进和完善党对立法工作的领导方式

完善党对立法工作中重大问题决策的程序，使党对立法工作的领导统一落实到政治领导、思想领导和组织领导上来。制定大政方针，确立立法指导思想、指导理念以及立法工作基本原则；审查同意立法机关制定的立法规划或者立法工作意见，加强统筹协调；在谋划改革决策时与立法决策相衔接，适时向立法机关提出重大立法建议项目；对立法过程中涉及的重大、疑难问题的请示做出决策、决定。在党的领导下，建立健全人大主导立法工作的体制机制，尊重、信任和维护立法机关的法定程序和立法权威。要科学合理划分党内立法与国家立法的界限，不以党的政策代替国家立法。党在立法方向和原则已确定的前提下，加强和改善对立法机关的领导，支持和保证立法机关依法行使职权、开展工作，充分发挥立法机关的立法主动性和能动性，充分发挥人大代表立法主体作用，集思广益，最终将党的政策经过法定程序，贯彻和体现在每件法律当中。在立法的具体程序中，党的领导应当体现为在立法机关担任代表、委员和领导职务的党员拥护和贯彻党的主张和意志，确保立法过程的顺利进行。即使出现重大的立法分歧意见，也应当在立法程序中解决，党委不宜从中协调定案。否则，就会影响立法的民主性和科学性，也会使党委陷入具体的立法细节和技术之争，不利于党的领导。

（二）发挥人大及其常委会在立法工作中的主导作用

从我国立法体制安排来说，人大及其常委会在立法中起主导作用是毫无疑义的。但由于受到各方面因素制约，人大在立法中的主导作用发挥得还不够到位，特别是在“立什么法”上，往往是“政府报什么，人大审什么”，成为沿袭多年的模式，从而也导致一些法规部门利益色彩比较浓、法规质量不高等问题。党的十八届四中全会决定要求，健全有立法权的人大主导立法工作的体制机制，发挥人大及其常委会在立法工作中的主导作用。这是从体制机制和工作程序上有效防止部门利益和地方保护主义法律化的有效途径，也是新形势下坚持和完善人民代表大会制度，全面推进依法治国，全面深化改革，推动国家治理体系和治理能力现代化的应有之义。立法是一项综合性很强的工作，历经立项、起草、审议、修改等各个环节，需要各相关方面共同配合，也不可避免地会受到各方利益的影响。因此，人大及其常委会的主导作用应当体现在法规的立项、起草、审议、修改、表决等各个环节，重点要把握以下几个方面。

1.把握法规立项的主导

在每届人大及其常委会的立法规划、年度立法计划的编制过程中，要坚持人大主导，加强对立法工作的通盘考虑和统筹安排，摆脱通行的“拼盘式”立法计划，实现“选米下锅”。增强人大在立项各个工作环节的主导力度，在广泛征求各方面意见的基础上，站在顶层设计的高度，厘清地方立法的工作思路和重点，合理分配立法资源，科学把握地方立法的节奏和进程。要认识到立法资源的有限性和稀缺性，地方立法必须“有所为有所不为”，突出重点，分清轻重缓急，将社会关切度高、事关地方经济社会发展全局和人民群众最关心最直接最现实的问题，作为重点考虑的立法项目。要把人民群众迫切需要的、化解社会难题迫切需要的立法项目优先列入计划，使有限的立法资源更好地回应公共需求，切实保障“好钢用在刀刃上”。

2.把握好立法进度的主导

在法规草案的起草环节，要全面落实法规草案起草小组制度，确定法规草案起草牵头单位、责任人和时间进度要求。加大有关专门委员会和常委会工作机构牵头起草或提前介入起草的力度，督促起草工作有序进行，确保立法计划顺利实施。对涉及综合性、全局性、基本性的法规草案的起草，由人大专门委员会、人大常委会法制工作机构组织有关部门参与起草，进一步形成常态化制度。对专业性较强的法规，可以吸收相关领域的专家参与起草工作，或者探索委托有关专家、教学科研单位、社会组织等第三方起草。在法规的审议修改阶段，加强立法协商沟通，有利于意见建议在充分发表、交流的基础上达成共识，及时化解分歧，有效促进立法项目的修改完善和审议通过。

3. 把握立法决策的主导

要抓住每一部法规中“关键的那么几条”，积极督促有关部门下决心、想办法解决。要善于并敢于在矛盾的焦点上划杠杠，重点解决制约重要立法项目和重大制度设计顺利推进的难点问题。对于存在重要分歧意见的法规，可以引入第三方评估，在充分研究论证、统筹协调各种利益关系的基础上，及时果断做出决策，不能久拖不决。法规草案审议过程中有关问题具有较强专业性或者需要进行可行性评价的，应当召开论证会，听取专家、有关部门等方面的意见；有关问题存在重大分歧或者涉及利益重大调整的，应当召开听证会，听取利害关系人、有关部门、专家等方面的意见；对于个别有重大意见分歧的条文，可以单独先予表决，避免久议不决。

4. 发挥人民代表大会和代表在立法中的作用

发挥人大在立法中的主导作用，既要发挥人大常委会的作用，更要发挥人民代表大会和代表的作用。人民代表大会是由人民选举产生的各方面代表组成的具有广泛代表性的国家权力机关，是党和国家联系群众的重要桥梁，也是人民群众表达意愿、实现有序政治参与的重要渠道。充分发挥人大代表在立法中的作用，可以通过扩大公民有序参与立法等各项工作，并通过全省8万多名各级人大代表密切联系群众，了解民意诉求，充分保障和发展人民民主，扩大公民有序政治参与，推进国家治理体系和治理能力现代化。因此，要逐步增加提请人民代表大会审议通过的法规数量，行使人民代表大会立法职能，让代表能够直接参与立法过程、行使地方立法权。

（三）依法有序落实设区的市地方立法权

从十八届三中全会提出“逐步增加有地方立法权的较大的市数量”到十八届四中全会进一步要求“依法赋予设区的市地方立法权”，再到《立法法修改决定》明确赋予所有设区的市地方立法权，充分体现了中央积极稳妥地推进地方立法体制的调整和完善的思路。《立法法》的这一修改是全面推进依法治国的重大举措，也给地方立法带来了新的挑战和机遇。

1. 正确认识赋予设区的市立法权的重要意义

《立法法》修改前，全国只有49个有地方立法权的“较大的市”[①]。多年来，随着经济社会发展，越来越多的地方希望能够根据本地实际制定地方性法规，如我省温州市为争取获批“较大的市”已经努力了27年。各地的实践经验充分证明，地方立法权是地方改革发展的制度竞争力。为发挥地方积极性，并适应我国不平衡的法治环境，逐渐放开地方立法权是大势所趋。《立法法修改决定》赋予设区的市行使地方立法权，是完善国家立法体制、全面推进依法治国的重要举措。有序推进我省设区的市行使地方立法权，是贯彻落实党的十八届三中、四中全会和省委十三届六次全会精神的具体体现，是全面推进法治浙江建设的必然要求，也是全面深化改革、更好地引领和推动全省改革发展的迫切需要。

在《立法法》修改过程中，对于如何赋予设区的市地方立法权经历了一个逐渐完善的过程。[②] 考虑到赋予所有设区的市地方立法权，既要适应地方的实际需要，又要相应明确其地方立法权限和范围，避免重复立法，维护国家法制统一，《立法法修改决定》在依法赋予所有设区的市地方立法权的同时，对设区的市的立法权限做了限制性规定，即可以对“城乡建设与管理、环境保护、历史文化保护等方面的事项”制定地方性法规，法律对设区的市制定地方性法规的事项另有规定的，从其规定。考虑到设区的市、自治州等地级市数量较多，地区差异较大，这一工作需要本着积极稳妥的精神予以推进。为此，《立法法修改决定》规定，由省、自治区的人大常委会综合考虑本省、自治区所辖的设区的市、自治州的人口数量、地域面积、经济社会发展情况以及立法需求、立法能力等因素，确定其他设区的市、自治州开始制定地方性法规的具体步骤和时间，并报全国人大

---

① 包括27个省会市、18个经国务院批准享有地方性法规制定权的较大的市以及4个经济特区所在的市。

② 在2015年3月提请十二届全国人大三次会议审议的《立法法修正案草案》中，对原有较大的市和设区的市是分别表述的。根据代表的审议意见，取消了“较大的市”的表述，统一为“设区的市”。同时，对设区的市立法权限的表述也从原先的“城市建设、城市管理、环境保护”修改为“城乡建设与管理、环境保护、历史文化保护”。

常委会和国务院备案。因此,《立法法修改决定》通过后,并不是一夜之间所有设区的市都可以直接行使立法权。具体到我省来说,除了杭州、宁波之外的其他九个设区的市如何行使地方立法权,需由省人大常委会根据相应条件来确定开始行使立法权的时间,有序分批落实。

2.厘清设区的市立法权限边界

正确理解和把握《立法法》规定的有关设区的市地方立法的权限范围,厘清权力边界,是做好设区的市地方立法工作的前提和基础。根据《立法法修改决定》,对"城乡建设与管理、环境保护、历史文化保护等方面的事项"的理解是把握设区的市地方立法权限边界的关键。

全国人大法律委员会《关于〈中华人民共和国立法法修正案(草案)〉审议结果的报告》[①]中,对此问题做了专门解释:"法律委员会经研究认为,'城乡建设与管理、环境保护、历史文化保护等方面的事项',范围是比较宽的。比如,从城乡建设与管理看,就包括城乡规划、基础设施建设、市政管理等;从环境保护看,按照环境保护法的规定,范围包括大气、水、海洋、土地、矿藏、草原、湿地、野生生物、自然遗迹、人文遗迹等;从目前49个较大的市已制定的地方性法规涉及的领域看,修正案草案规定的范围基本上都可以涵盖。"全国人大法律委员会的解释是权威解释,为我们正确理解设区的市立法权限边界指明了方向,在确定具体立法事项时,可以对三类事项的理解从宽把握。

(1)关于城乡建设与管理。其内涵可做宽泛理解,不仅包括城乡基础设施的建设与管理,也包括提供公共产品、公共服务在内的建设与管理。具体包括:城乡规划、城乡基础设施建设与管理、城市市政、交通秩序管理、市容环境管理、城乡绿化等,以及文明行为促进、信息经济促进、绩效管理、职业技能培训等内容。

(2)关于环境保护。其内涵可以理解为污染防治、生态保护、自然资源保护等。具体包括:水污染防治、大气污染防治、固体废弃物污染防治、

① 见《中华人民共和国立法法(最新修正本)》,中国民主法制出版社2015年版,第83页。

噪声防治、水资源管理、土地管理、湿地保护、饮用水源保护、生态建设等。

(3)关于历史文化保护。其保护范围可以理解为文物、历史文化名城名镇名村、历史街区、历史建筑、非物质文化遗产等。

3.明确设区的市行使立法权的基本条件和程序

设区的市数量较多,地区差异较大,立法权一旦全部放开,很有可能出现一哄而上、普遍开花的现象,导致重复立法,立法质量不高,影响法治统一。为此,《立法法》的修改决定规定,对设区的市开始制定地方性法规的具体步骤和时间,需要综合考虑“人口数量、地域面积、经济社会发展情况以及立法需求、立法能力等因素”。这一理性的制度设计,显示了渐进、稳妥推动地方立法权扩容的思路,并能够有效防止有些地方不顾立法能力、立法需求以及城市发展水平一哄而起、普遍开花的乱象。如何落实好立法法这一规定,是设区的市开展地方立法的核心。

(1)关于人口数量和地域面积。从理论上讲,由于地方立法权是基于国家和地方的事权划分,其本质在于地方事务的自主管理。从这一角度而言,授予地方立法权的标准以人口及经济规模等非法律指标为依据不甚合理。而且,从各国实际看,无论是单一制国家的授予,还是联邦制国家的宪法保留,均实行普惠制,不以人口数量、地域面积等自然环境条件为标准对立法权做出限制。因此,这一因素不能作为行使立法权的主要标准。

(2)关于经济社会发展情况。从这项标准看,不能说经济社会发展程度低,就不需要立法,或者说经济社会发展程度较高,也不需要立法。恰恰相反,在强调发挥立法引领和推动作用的时代,无论经济社会发展程度如何,都需要通过立法来进一步推动和提升。因此,经济社会发展情况也不能成为限制立法权的主要考虑理由。

(3)关于立法需求。从地方角度来看,任何一个地方都有自然的立法需求,更何况在全面推进依法治国的背景下,立法的地位更加重要,立法的需求也更为迫切。从实然角度,就需要一个明确而具体的立法要求指向,体现出地方对立法的强烈的主观意愿。各设区的市应该对开展地方立法有一个总体的安排，明确近期可以开展哪些立法工作任务。从这一角度考虑，立法需求是衡量设区的市行使地方立法权的一个重要指标。

(4)关于立法能力。立法能力是行使立法权的前提，是保证立法质量、正确有效发挥立法作用的基础条件。立法能力涉及立法工作机构建设、人员配备、立法工作制度完善、经费保障等多个方面，这也是可以量化、有具体指标可以衡量的一项标准，应当作为确定设区的市开始立法的时间的基本条件。

综上所述，确定设区的市开始立法的时间，应当主要以立法能力基本条件的具备情况作为标准。为确保设区的市正确有效地行使好地方立法权，结合我省实际，在立法能力的基本条件方面，可以先由省人大常委会提出设区的市制定地方性法规必须达到的立法机构、人员配备等立法能力标准①，明确有关立法需求的相关要求，再由设区的市根据要求抓紧准备落实。符合条件的，向省人大常委会提出书面报告。省人大常委会组织对申报的市是否符合相关条件进行评估论证，按照“符合一个确定一个”的原则，及时提请常委会会议审议并做出决定，确定设区的市开始制定地方性法规的时间。

三、深入推进科学立法、民主立法

科学立法、民主立法是对立法工作的总要求。习近平总书记指出，推进科学立法、民主立法，是提高立法质量的根本途径。科学立法的核心在于尊重和体现客观规律，民主立法的核心在于为了人民、依靠人民。在我

---

①　根据《立法法》和《浙江省地方立法条例》的规定，法规案在交付人大常委会会议表决通过前必须经过人民代表大会法制委员会负责统一审议。因此，设区的市人民代表大会应当设立法制委员会作为依法统一审议法规案的专门委员会。同时，根据全国人大及地方立法实践，设区的市人大常委会应当设立立法工作机构，作为常委会专门承办立法具体事务的工作机构，并配备一定数量的具备立法专业知识或经验的人员。考虑到设区的市制定地方性法规的草案主要将由政府起草并提出，同时设区的市政府也将同步开始制定政府规章，政府法制部门的立法力量应同步配备。

省多年的立法实践中，已经探索总结出了一大批行之有效的立法工作机制，有力推进了我省的科学立法、民主立法工作。但实践发展永无止境，法治建设也永无止境。全面建成小康社会、全面深化改革、全面推进依法治国、全面从严治党战略部署的新形势，人大制度与时俱进的新要求和人民群众对法治的新期待，特别是新修改的《立法法》，都对地方立法提出了新的更高更具体的要求。适应新的形势和任务，必须以提高立法质量为核心，解放思想、开拓创新，不断健全完善更加科学、更加民主的立法体制机制，推动立法更好地体现规律、反映人民意愿。根据省委的要求，深入推进科学立法、民主立法要着力完善以下机制。

（一）完善立法选项机制

地方立法必须紧跟时代要求，紧贴社会实践，选好选准立法项目，抓住"牛鼻子"，运用好有限的立法资源，充分发挥立法对改革发展的引领和推动作用。

1.进一步明确立法理念

从地方立法角度而言，就是要充分把握好地方立法的权限，凡政策可调控的事应先由党政部门制定政策；凡政府规章能处理的问题，就应先由政府规章去处理，只有社会利益矛盾比较突出或者特别应予引导、推动某些社会公共利益，普通的行政手段难以有效调整时，才有必要在立法层面予以制度化。

2.进一步强化筛选论证

在不断扩大立法建议项目的来源渠道的基础上，重点强化立法项目的筛选论证机制。要深化论证程度，对重点立法建议项目的必要性、可行性等，实行课题化研究或者委托社会机构进行专题论证，并建立立项分析评价机制，从立法成本、执法成本、社会成本以及立法效益等方面对法规项目进行评估，客观分析法规可能对经济社会产生的影响。

3.进一步加强立法预测

在全面深化改革、全面依法治国的新时期，积极开展立法预测，加强立法规划计划编制的前瞻性，具有重要的现实意义。要组织有关专家学者和相关力量开展超前研究，通过实际调查、信息研究、资料分析等方法，对立法的未来状况和发展趋势进行研究和测算。立法预测要侧重对所处的社会经济政治文化背景、对立法的社会需求等方面开展研究，从而为编制立法规划（调研项目库）和年度立法计划提供科学依据，使得立法选项和立法决策能够紧密地契合社会发展实际，真实地反映客观规律，提高立法对社会问题的回应和引领。

（二）完善法规起草、调研、审议等机制

加强立法的实效性，就是要使制定出来的法规“立得住、行得通、能管用”，发挥好法的指引、评价、预测、教育、强制等功能。具体到工作层面，就是要求在立法工作机制建设中树立精细化立法的思维，以解决我省地方实际问题为导向，完善法规起草、调研、审议等机制，注重法规的可操作性和可执行性，确保法规更好地“识民情、接地气”，在实施中有效“落地”。

1. 树立精细化立法理念

习近平总书记强调，不是什么法都能治国，不是什么法都能治好国；越是强调法治，越是要提高立法质量。人民群众对立法的期盼，已经不是有没有，而是好不好、管用不管用、能不能解决实际问题。[①] 这就要求在立法工作中引入精细化的理念和思维，走精细化的立法道路。实行精细化立法，要从立法过程和立法内容两个方面着手，建立健全符合精细化立法要求的立法工作机制。立法工作流程方面，要改进立法的立项、起草、调研、审议工作机制，在立法过程中做到细致、具体、周到、严格；立法内容方面，要减少地方性法规中重复上位法和宣誓性、授权性、兜底性条款，减少自由裁量权的设定，从实际出发，对权利义务进行精细化的规定，使得法律规范在细节上经得起推敲，增强针对性和可操作性，实现公平合理、有效管用、精益求精。

---

① 习近平在十八届中央政治局第四次集体学习时的讲话（2013 年 2 月 23 日），引自《习近平关于全面依法治国论述摘编》，来源：2015 年 05 月 12 日，人民网—中国共产党新闻网。

2.健全立法起草机制

不断改进法规起草机制，充分调动和发挥各方能力和优势，形成法规起草的工作合力，为提高立法质量打好基础。要全面推行法规草案起草小组制度，普遍实行由省人大有关专门委员会、常委会有关工作委员会，省政府法制办公室、有关部门，省人大代表及专家学者共同参与的法规草案起草小组制度，构建“立法工作者、实际工作者、专家学者”三结合的起草模式，将立法工作者熟悉立法业务的优势、政府部门了解实际情况的优势和专家学者具有的专业理论优势紧密结合起来，提高法规草案起草工作质量。探索委托起草工作机制，选择专业性较强的法规项目委托专家研究起草，更好地防止部门倾向。

3.改进立法调研机制

创新调研方式方法，提高调研的实效性，根据立法项目的特点和需要来确定立法调研的形式和范围，避免立法调研的程序化、形式化倾向。认真落实加强立法调研统筹协调工作的实施意见，在充分沟通协调的基础上拟定法规起草、先行审议和统一审议各个阶段的调研工作方案，合理确定调研的时间、方式、地点、对象和内容，减少重复调研，降低立法成本，提高立法工作实效。同时，健全人大常委会组成人员参与立法调研工作制度，对于与人民群众利益密切相关、涉及面广、社会关注度高的法规项目，应组织常委会组成人员集中进行实地视察和调研，为其提前熟悉情况、提高审议质量做好服务工作。坚持在以书面方式普遍征求下级人大法规草案意见方式的基础上，进一步健全向下级人大征询立法意见制度，根据法规草案调整对象，对法规草案修改稿实行有重点的二次征询意见，建立健全意见沟通反馈机制。

4.健全立法沟通协调工作机制

加强立法工作组织协调，整合各方资源，形成立法工作的整体合力。一是深化横向沟通协调，完善人大常委会法制工作机构与政府法制办公室的沟通协调工作机制，及时通报、磋商、研究立法工作中的重大问题，协调落实立法计划的组织实施。二是加强人大内部沟通协调，完善人大有关专门委员会、常委会有关工作委员会之间的沟通协调配合工作机制，提高法规立项、起草、调研、审议工作质量和效率，推动立法重大问题的协商解决。三要加强纵向沟通协调，建立健全省人大常委会与设区的市及景宁县立法工作联席会议等制度，保证立法工作的有序、协调运转。

5.完善法规审次制度

在实行“二审制①”的基础上，综合考虑法规草案的难度、社会关注度、常委会组成人员审议意见等因素，进一步增加“隔次审议②”和“三审制③”的运用，保障常委会组成人员有充分的时间进行调查研究，保障法制委员会有充分的时间进行统一审议。推行法规草案审议辩论制度，常委会组成人员对法规草案中的一些重大问题存在较大分歧意见的，应当召开联组会议或全体会议进行辩论，让不同观点、意见进行充分的交流和碰撞，提高审议深度。建立并实行个别条款表决制度，常委会组成人员对拟交付表决草案中的个别条款有重大分歧的，可以先就该条款单独表决，以便更好地促进立法决策的科学性。

6.完善立法技术规范

进一步完善《浙江省地方立法技术规范》，在立法体例结构上，要以问题引导立法取代结构完整的常规立法形式，抓住“关键的那么几条”，走“小而精”的道路，需要几条规定几条，对上位法已有明确规定的内容，不做重复性规定，切实改变“大而全”“小而全”的状况，切实提高立法的针对性和可操作性。在立法内容上，要科学严密设计法律规范，能具体就尽量具体，能明确就尽量明确，力求使法规确立的制度和设定的规范具体清晰、便于操作。在立法语言上，要准确、肯定、严谨、规范，力戒歧义，以严密周详的立法语言准确地表述和记载立法者的意图与目的，从而确保法规有效实施和普遍遵守，增强立法的实效性。

① 即一部法规草案要经过人大常委会会议两次审议再提交表决通过的制度。

② 即一部法规草案经过人大常委会会议第一次审议后，至少间隔一次常委会会议再提交审议的制度。

③ 即一部法规草案要经过人大常委会会议三次审议再提请表决通过的制度。

（三）完善利益表达和协调协商机制

十八届四中全会提出，要恪守以民为本、立法为民理念，贯彻社会主义核心价值观，使每一项立法都符合宪法精神、反映人民意志、得到人民拥护。为保证立法能够贯彻人民的意愿，防止立法的供需过程被不当操纵，出现立法失衡，导致社会利益部门化和部门利益法制化，就必须改进立法选择机制，使立法成为开放的公共选择过程。张德江委员长在全国立法工作会议上指出，要“进一步健全民主开放包容的立法工作机制”，“完善法律起草、审议的协调协商机制，最大限度地凝聚共识、凝聚智慧”，正式对推进立法的民主化，完善利益表达和协调协商机制提出了明确要求。

1.完善公众参与立法机制

拓宽公众参与立法渠道，提高立法工作透明度，让人民群众更多地参与立法，让人民群众的意见更多地反映到立法中。深入推进立法公开机制，进一步完善立法建议项目公开征集意见、法规草案公开征求意见、审议意见公开、公民旁听立法会议等制度，探索运用微博、微信等新媒体，使公众更快捷地了解地方立法动态。进一步深化社会公众意见评估、处理和反馈机制，改进吸收采纳和回应社会公众意见工作，重视公开征集意见的反馈，充分调动公众参与立法的积极性。总结开展立法协商的经验，继续开展立法协商，充分发挥政协委员、民主党派、工商联、无党派人士、社会组织在立法协商中的作用，探索建立有关国家机关、社会团体、专家学者等对立法中涉及的重大利益调整论证咨询机制。建立健全立法基层联系点工作制度，发挥联系点扎根基层、贴近实际、面向群众的优势，不断扩大人民群众对立法活动的有序参与，使立法更好地集中民意、汇聚民智、凝聚共识，更好地发挥立法在公平分配利益、妥善化解纠纷、维护社会和谐、促进经济发展方面的积极作用。

2.健全发挥社会力量机制

由于个体的分散性和法律知识的局限性等因素，公民个人在民意表达上可能存在不准确、不全面、不到位等问题。因此，在扩大公众直接参与立法途径的同时，还要健全社会力量参与立法的机制，从而更好地在立法过程中开展利益表达和协调协商。加大省内外科研院校、行业协会、社会团体等社会机构参与立法工作力度，通过课题研究、立法评估、专题论证或者直接参与立法活动等形式，进一步规范、引导社会机构参与立法工作。进一步发挥立法研究机构作用，组建专门的地方立法研究中心，就立法工作遇到的具体问题或者立法基础理论、立法工作体制机制、具体社会问题等开展相关研究，提出立法对策或者建议。进一步完善地方立法专家库制度，发挥好地方立法专家库的智囊作用。同时，探索在高等院校和科研院所建立立法咨询基地，提高专家学者在立法论证、咨询、课题研究、立法评估工作中的参与度和实效。探索建立立法工作购买服务制度，对法规草案起草、专项问题研究、语言文字审校以及报批法规合法性审查和规范性文件备案审查等事项，向社会购买服务。

3.强化发挥人大代表作用机制

人大代表直接来自人民群众，是各个行业、各个领域的精英，也是党和政府与人民群众之间的桥梁。发挥人大代表深入了解民情、充分反映民意、广泛汇集民智的优势，对于完善利益表达和协调协商机制具有重要意义。落实人民代表大会立法制度①，每年选择至少一件关系全省地方经济发展大局和人民群众切身利益的法规草案，提交代表大会审议通过，充分发挥人民代表大会的立法职能。加强对代表提出议案工作的协助，把审议代表议案、办理代表建议同制定和修改法规紧密结合起来，把代表提出的立法项目建议作为立法规划、立法计划项目的主要来源之一。认真执行省人大代表分专业有重点地参与立法工作的若干规定，深化代表分专业有重点地参与立法工作制度，根据立法项目的内容和特点，结合代表专业特长及履职条件等情况，确定部分代表为相关立法项目的重点参与代表，并采取专人联系、定向服务等措施保障落实，充分发挥代表的专

---

① 《立法法》第七十六条规定："规定本行政区域特别重大事项的地方性法规，应当由人民代表大会通过。"

业优势和特长，增强代表参与立法的实效。

（四）完善立法评估、清理和备案等机制

地方立法和国家立法整体上是一个完整的系统，必须注重体系化，强调协调性和系统性。同时，法律的稳定性与调整对象的变动性之间存在永恒的矛盾，法律体系作为一个开放的、不断发展和完善的体系，必须根据经济、政治、社会、文化各方面的要求及时做出修正和补充，立法的及时性尤显重要。

1.完善“立、改、废、释”并举工作机制

由于历史原因，过去立法的主要任务是“立”，解决无法可依的问题。法律体系形成之后，提高法律质量、解决法律滞后性问题成了主要任务，法律法规的“改”和“废”将扮演更为重要的角色，而且地方性法规解决的问题更具体，受上位法变动影响大，修改和废止的任务更艰巨。因此，要从立法工作新起点出发，适应当前立法任务繁重、各方面立法要求迫切的实际情况，综合运用制定、修改、废止、解释等手段，做到多种方式衔接协调，及时制定适应新时期的法规，及时修改和废止不适应经济社会发展需要的法规，特别是一些制定年代较早、已明显不适应我省全面深化改革需要的法规，以及作为上位法依据的法律、行政法规做出修订（修改）的法规，保障法律体系的科学和谐统一。

2.建立健全法规实施情况报告机制

及时了解法规的实施情况，提出进一步完善法规的意见建议，是增强立法的协调性、及时性、系统性的重要手段。建立健全法规实施情况报告制度，在法规实施满一年后，由法规确定的实施主体就法规主要制度的实施情况、实施效果、实施中存在的问题以及立法完善建议等向省人大常委会做专题报告。同时要改进督促制定法规配套规范性文件工作制度，健全督促反馈制度，推动法规配套规范性文件与法规同步起草、同步出台、同步实施，确保法规正确有效实施。

3. 建立健全立法评估评价机制

推进立法后评估工作的制度化和规范化。对实施一段时间之后的法规制度进行评估，对法规制度的科学性、规定的可操作性、执行的有效性等做出客观评价，为修改完善法规、改进立法工作提供参考依据，有利于进一步加强和改进立法工作，不断提高立法质量，促进法规的有效实施。从全国人大和我省的工作实践[①]来看，立法后评估的主体是人大有关专门委员会和人大常委会工作机构；评估的对象可以是一部法规中的几项具体制度，也可以对整部法规进行评估，或者同时对多部法规进行全面评估，以综合判断这一类法规制度设计是否合理、制度是否健全、执行是否到位及存在哪些问题，便于了解相关法规之间是否协调和配套，是否有法规尚未规定的空白等。建立法规草案通过前评估机制，在法规草案提请表决前，就法规草案中主要制度规范的可行性、法规出台时机、法规实施的社会效果和可能出现的问题等进行评估。法规前评估的对象是拟提请常委会会议表决通过的法规草案，开展评估的时间是在法制委员会提出审议结果报告前。

4. 强化法规清理机制

在法治建设的起步阶段，立法在一定程度上存在部门化倾向和应时应急的特征，法律体系不协调的问题客观存在，需要及时进行梳理清理。同时，全面深化改革对立法工作又提出了许多新要求，对现有法律法规进行清理，确保法律体系内部和谐统一并能够适应经济社会发展需求，将是今后一段时期立法工作的重点内容。推进法规清理工作的常态化和及时性，根据全国人大常委会的部署或者经济社会发展情势，及时启动地方性法规清理工作，并提出修改、废止的建议。

5. 完善备案审查机制

备案审查是立法监督制度的一个重要环节，是维护法制统一、消除规

---

① 浙江省人大常委会法工委曾于 2006 年开展了《浙江省殡葬管理条例》立法后评估工作。全国人大常委会法工委从 2010 年到 2012 年，先后对《科学技术进步法》《农业机械化促进法》和《中小企业促进法》三部法律的有关制度进行评估。

范性文件之间冲突的制度安排。根据十八届四中全会提出的“加强备案审查制度和能力建设”的要求,进一步完善备案审查工作机制,加强督促报备工作,组织开展有重点的主动审查,加大审查纠正工作力度。按照“谁审查、谁反馈”的原则,建立将审查研究情况向提出审查建议的国家机关、社会团体、企业事业组织以及公民反馈的制度。探索建立备案审查情况向社会公开制度,提高社会公众对备案审查工作的关注度和参与度,发挥备案审查制度的实效。

(五)完善人大常委会组织制度和运行机制,加强立法工作队伍建设

加强立法机关和立法干部队伍建设,培养高素质的立法工作人才,既是当前的紧迫需要,也是长远的战略任务。党的十八大提出,要“健全国家权力机关组织制度,优化常委会、专委会组成人员知识和年龄结构,提高专职委员比例,增强依法履职能力”。十八届四中全会决定进一步提出,“增加有法治实践专职常委比例”,“加强立法队伍建设”。因此,必须完善人大常委会的组织制度和运行机制,加强立法队伍建设,才能发挥好人大及其常委会在立法工作中的主导作用,不断提高地方立法质量和水平,保障我省立法工作走在前列。

1. 提高常委会组成人员履职能力

完善相关制度,进一步明确人大常委会委员和专门委员会委员的任职资格、选任程序、工作职责、任职保障等。推行常委会组成人员的“专职化”制度,逐步提高有法治实践经验的专职委员比例。要提名和选举更多的精通法律、经济、财政知识的专业人士担任人大常委会委员和专门委员会委员,并增加中青年委员的比例,逐步优化委员的知识结构和年龄结构。通过组织常委会组成人员参加立法调研等立法活动,邀请专家学者针对法规审议内容以及立法背景、立法趋势等举办法制讲座,开展法律知识培训等形式,增强常委会组成人员对拟审议法规的感性认识,提高审议能力。

2.提高立法工作者综合素质

把立法干部队伍建设放在我省社会主义民主法制建设的基础地位来抓，坚持在省委的领导下，全面规划和加强立法工作机构及队伍建设，有目标、有重点、有步骤地推进实施。通过培训进修、挂职锻炼、考察学习、交流任职、引进人才等多种形式，不断提高立法工作者的业务能力和综合素质。畅通立法、执法、司法部门干部和人才相互之间以及与其他部门具备条件的干部和人才的交流渠道。按照政治坚定、业务精通、务实高效、作风过硬、清正廉洁的要求，打造一支由地方立法领军型专家、地方立法骨干人才、地方立法专业人才组成的高素质的立法队伍。

3.加强立法工作机构建设

加强人大常委会和政府立法工作机构建设，抓紧健全与立法工作任务相适应的机构，配齐配强专业人才。同时，还要探索建立立法辅助机构，成立专门的立法调研机构和立法征求意见部门，实行立法秘书或者专职工作助手制度，为人大常委会和专门委员会组成人员更好地履行立法职能提供专业服务。

四、加强重点领域地方立法

围绕中心、服务大局，及时出台相关法规规章，提高立法质量，切实发挥立法的引领和推动作用，是省委决定对我省地方立法工作提出的总体要求。在全面深化改革、全面依法治国的新形势下，需要立法调整的领域涉及各个方面，如何突出立法重点，把有限的立法资源用到关键的地方，这就要求地方立法坚持从国情、省情的实际出发，适应经济社会发展和全面深化改革的要求。

（一）加强重点领域立法的总体要求

思路决定方向，方向决定结果。新形势下加强重点领域立法应当进一步更新工作思路，厘清工作方向，明确总体要求。一是坚持顶层设计原则，强化系统思维和整体意识，从全局高度和宏观层面出发，增强立法的全面性、系统性和协调性。二是坚持问题导向原则，地方立法必须坚持问题导向，“针对问题立法，立法解决问题”，不断增强立法的可操作性、针对性和实效性。三是坚持与时俱进原则，进一步加强立法相关的理论研究，围绕立法工作的新任务、新要求，站在时代发展前列和立法实践前沿，坚持解放思想、实事求是和开拓进取，以提高立法质量为核心，深入推进科学立法、民主立法。具体而言，要把握三个方面的总体要求。

1. 把握正确方向，增强政治意识、政权意识

推进重点领域地方立法，必须始终坚持以中国特色社会主义理论体系为指导，全面贯彻习近平总书记系列重要讲话精神，坚持正确政治方向，在国家统一的法制框架下，从法律制度上保障党的理论和路线、方针、政策在我省的贯彻实施，科学调整规范我省经济社会发展中的各种关系，正确处理改革开放和现代化建设中的各种矛盾和问题。坚持立法决策与改革决策相统一、相衔接，重大改革于法有据，立法主动适应改革需要，改革与法治同步推进。

2. 突出地方特色，真正立足浙江、服务浙江

地方立法要在法定的权限内，总结地方经验，反映地方需求，推动地方发展，体现出服务地方的鲜明特点。强化法律特别是重要法律的配套性、实施性立法。在坚持“不抵触”的前提下，根据浙江实际，及时对国家法律做出细化、补充规定，避免因配套性、实施性法规滞后而影响法律的有效实施。坚持从浙江的具体情况和实际需要出发，利用有限的立法资源有效地解决我省经济社会发展中最为突出的矛盾和问题。要加快制定和完善我省经济社会发展迫切需要的法规，保障和推动省委、省政府重大决策部署的贯彻落实。

3. 发出改革强音，大力先行先试、大胆探索

立法要主动适应改革和经济社会发展，找准改革重点，针对经济社会发展的问题和矛盾，更加重视制定先行先试的地方性法规，通过立法着力解决社会普遍关注、涉及人民群众切身利益的难点焦点问题，正确反映和

统筹兼顾不同方面的群众利益，增进社会认同的最大公约数。巩固改革成果，把改革探索取得的宝贵经验，用地方性法规及时固定下来，为我省全面深化改革再创体制机制新优势提供强有力的法制保障，也为国家相关立法提供经验，发挥“试验田”作用。

（二）加强重点领域立法的具体内容

根据上述指导思想和浙江实际，今后一段时期，围绕转变经济发展方式、推进政治体制改革、保障和改善民生、加强和创新社会治理、推动社会主义文化大发展大繁荣、推进生态文明建设等方面，是我省地方立法的重点。

1.推进经济转型发展

按照完善社会主义市场经济法律制度的要求，以保护产权、维护契约、统一市场、平等交换、公平竞争、有效监管为基本导向，加强经济领域立法。重点是加强开发区、电子商务、舟山群岛新区、促进科技成果转化、集体土地流转、农村集体资产管理、专利保护、旅游管理、清洁生产促进、绿色建筑、基础设施和公用事业特许经营等方面的立法。

2.促进民主政治建设

按照推进社会主义民主政治制度化、规范化、程序化的要求，加强民主政治领域立法。重点加强预算审查监督、审计、政府信息公开、行政程序、重大行政决策、综合执法、乡镇人大工作等方面的立法。

3.发展教育文化事业

按照坚持社会主义先进文化的前进方向，遵循文化发展规律、有利于激发文化创造活力、保障人民基本文化权益的要求，加强文化领域立法。重点加强民办教育、学前教育、公共文化服务保障方面的立法，发展文化产业，繁荣文化事业，加快建设文化强省。

4.加强和改善民生保障

按照加快保障和改善民生、推进社会治理体制创新的要求，加强社会民生领域立法。重点加强食品安全、平安建设、社会保险、农村合作医疗、慈善事业、医疗纠纷预防与处置、社区矫正、流动人口、特殊群体权益保护等方面的立法，加快建设平安浙江。

5.保护生态资源环境

按照有效约束开发行为和促进绿色发展、循环发展、低碳发展的生态文明的要求，加强生态环境保护立法。重点加强大气污染防治、水污染防治、海洋环境保护、生态补偿、生态公益林管理、水资源管理等方面的立法，加快建设生态浙江。

附件一：

2013年以来省十二届人大及其常委会立法统计①

一、省法规制定、修改、废止情况

序号	法规名称	通过日期	常委会公告号
1	《浙江省水文管理条例》	2013-05-29	第1号
2	《浙江省人民代表大会常务委员会关于修改〈浙江省人民代表大会常务委员会任免国家机关工作人员条例〉的决定》	2013-05-29	第2号
3	《浙江省人民代表大会常务委员会关于政府规章设定罚款限额的规定》	2013-05-29	第3号
4	《浙江省违法建筑处置规定》	2013-07-26	第4号
5	《浙江省计量监督管理条例》	2013-07-26	第5号
6	《浙江省人民代表大会常务委员会关于修改〈浙江省地方立法条例〉的决定》	2013-07-26	第6号
7	《浙江省实施〈中华人民共和国献血法〉办法》	2013-09-27	第7号
8	《浙江省机动车排气污染防治条例》	2013-11-22	第8号
9	《浙江省价格条例》	2013-11-22	第9号
10	《温州市民间融资管理条例》	2013-11-22	第10号
11	《浙江省人民代表大会常务委员会关于修改〈浙江省人才市场管理条例〉等八件地方性法规的决定》②	2013-12-19	第11号
12	《浙江省人民代表大会常务委员会关于修改〈浙江省人口与计划生育条例〉第十九条的决定》	2014-01-17	第12号
13	《浙江省电网设施建设保护和供用电秩序维护条例》	2014-03-27	第13号

① 时间截止到2015年6月。

② 这8件法规分别是：《浙江省人才市场管理条例》《浙江省矿产资源管理条例》《浙江省水污染防治条例》《浙江省固体废物污染环境防治条例》《浙江省特种设备安全管理条例》《浙江省广播电视管理条例》《浙江省渔业管理条例》《浙江省测绘管理条例》。

续 表

序号	法规名称	通过日期	常委会公告号
14	《浙江省国有土地上房屋征收与补偿条例》	2014-05-28	第 14 号
15	《浙江省防震减灾条例》	2014-05-28	第 15 号
16	《浙江省人大常委会关于修改〈浙江省燃气管理条例〉的决定》	2014-05-28	第 16 号
17	《浙江省人大常委会关于修改〈浙江省松材线虫病防治条例〉等七件地方性法规的决定》①	2014-05-28	第 17 号
18	《浙江省社会救助条例》	2014-07-31	第 18 号
19	《浙江省石油天然气管道建设和保护条例》	2014-07-31	第 19 号
20	《浙江省水土保持条例》	2014-09-26	第 20 号
21	《浙江省土地整治条例》	2014-09-26	第 21 号
22	《浙江省人大常委会关于废止〈浙江省机关、团体、企业、事业单位治安保卫工作条例〉等八件地方性法规的决定》②	2014-11-28	第 22 号
23	《浙江省人大常委会关于修改〈浙江省公路路政管理条例〉等六件地方性法规的决定》③	2014-11-28	第 23 号

① 这 7 件法规分别是:《浙江省松材线虫病防治条例》《浙江省蚕种管理条例》《浙江省实施〈中华人民共和国档案法〉办法》《浙江省实施〈中华人民共和国人民防空法〉办法》《浙江省招标投标条例》《浙江省实施〈中华人民共和国节约能源法〉办法》《浙江省安全生产条例》。

② 被废止的 8 件法规分别是:《浙江省机关、团体、企业、事业单位治安保卫工作条例》《浙江省中等职业技术教育条例》《浙江省行政事业性收费管理条例》《浙江省文化市场管理条例》《浙江省城市房屋产权产籍管理条例》《浙江省村镇规划建设管理条例》《浙江省人才市场管理条例》《浙江省劳动力市场管理条例》。

③ 这 6 件法规分别是:《浙江省公路路政管理条例》《浙江省建筑业管理条例》《浙江省建设工程监理管理条例》《浙江省实施〈中华人民共和国道路交通安全法〉办法》《浙江省艾滋病防治条例》《浙江省政府非税收入管理条例》。

续　表

序号	法规名称	通过日期	常委会公告号
24	《浙江省人大常委会关于修改〈浙江省水利工程安全管理条例〉等十件地方性法规的决定》①	2014-11-28	第24号
25	《浙江省人大常委会关于修改〈浙江省渔港渔业船舶管理条例〉的决定》	2014-12-24	第25号
26	《浙江省人大常委会关于修改〈浙江省渔业管理条例〉的决定》	2014-12-24	第26号
27	《浙江省社会养老服务促进条例》	2015-01-25	十二届人大三次会议主席团公告　第3号
28	《浙江省审计条例》	2015-03-27	第27号
29	《浙江省军人军属权益保障条例》	2015-03-27	第28号
30	《浙江省水上交通安全管理条例》	2015-05-27	第29号

二、批准杭州、宁波及景宁畲族自治县报批法规统计

序号	批准法规标题	批准日期
1	《杭州市公共汽车客运管理条例》	2013-03-28
2	《杭州市历史文化街区和历史建筑保护条例》	2013-03-28
3	《宁波市人民代表大会常务委员会关于修改〈宁波大榭开发区条例〉的决定》	2013-05-29
4	《宁波市人大常委会关于修改〈宁波市宗教活动场所管理办法〉的决定》	2013-05-29
5	《宁波市市容和环境卫生管理条例》	2013-05-29
6	《杭州市城市河道建设和管理条例》	2013-07-26
7	《杭州市良渚遗址保护管理条例》	2013-11-22

①　这10件法规分别是：1.《浙江省水利工程安全管理条例》《浙江省测绘管理条例》《浙江省盐业管理条例》《浙江省风景名胜区条例》《浙江省宗教事务条例》《浙江省文物保护管理条例》《浙江省发展新型墙体材料条例》《浙江省建设工程勘察设计管理条例》《浙江省实施〈中华人民共和国体育法〉办法》《浙江省全民健身条例》。

续 表

序号	批准法规标题	批准日期
8	《杭州市交通建设工程监督管理条例》	2013-11-22
9	《杭州市物业管理条例》	2013-11-22
10	《杭州市燃气管理条例》	2014-03-27
11	《杭州市渔业资源保护管理规定》	2014-03-27
12	《杭州市企业工资集体协商条例》	2014-03-27
13	《杭州市征收集体所有土地房屋补偿条例》	2014-03-27
14	《杭州市户外广告设施和招牌指示牌管理条例》	2014-03-27
15	《宁波市燃气管理条例》	2014-03-27
16	《宁波市甬江奉化江余姚江河道管理条例》	2014-03-27
17	《宁波市企业工资集体协商条例》	2014-03-27
18	《杭州市院前医疗急救管理条例》	2014-09-22
19	《杭州市民用建筑节能条例》	2014-11-28
20	《杭州市人大常委会关于修改〈杭州市城市供水管理条例〉的决定》	2014-11-28
21	《杭州市人大常委会关于修改〈杭州市公园管理条例〉的决定》	2014-11-28
22	《宁波市终身教育促进条例》	2014-11-28
23	《杭州市人民代表大会常务委员会关于授权市人民政府在滨江区暂时停止施行〈杭州市流动人口服务管理条例〉有关规定的决定》	2015-03-27
24	《杭州市科学技术普及条例》	2015-03-27
25	《宁波市杭州湾新区条例》	2015-03-27
26	《宁波市人民调解条例》	2015-03-27
27	《宁波市历史文化名城名镇名村保护条例》	2015-05-27
28	《景宁畲族自治县城市管理条例》	2015-05-27

三、有关决定

1.《浙江省人大常委会关于加强畜禽养殖污染防治促进畜牧业转型升级的决定》

(2013 年 5 月 29 日浙江省第十二届人民代表大会常务委员会第三次

会议通过）

2.《浙江省人大常委会关于促进全面深化改革再创体制机制新优势的决定》

（2013 年 12 月 19 日浙江省第十二届人民代表大会常务委员会第七次会议通过）

3.《浙江省人大常委会关于授权省人民政府在部分市县暂时停止施行〈浙江省流动人口居住登记条例〉有关规定的决定》

（2014 年 5 月 28 日浙江省第十二届人民代表大会常务委员会第十次会议通过）

4.《浙江省人大常委会关于保障和促进建设美丽浙江创造美好生活的决定》

（2014 年 7 月 31 日浙江省第十二届人民代表大会常务委员会第十一次会议通过）

附件二：

2013 年以来省政府规章统计

序号	规章名称	发布日期	浙政令号
1	《浙江省企业国有资产监督管理办法》①	2013-01-11	311
2	《浙江省无居民海岛开发利用管理办法》	2013-03-18	312
3	《浙江省高层建筑消防安全管理规定》	2013-05-13	313
4	《浙江省福利企业管理办法》	2013-05-07	314
5	《浙江舟山港综合保税区管理办法》	2013-09-27	315
6	《浙江省城市交通管理若干规定》	2013-09-26	316
7	《浙江省实施〈公共机构节能条例〉办法》	2013-12-10	317
8	《浙江省人民政府关于废止〈浙江省公共安全技术防范管理办法〉的决定》	2014-02-13	318
9	《浙江省出口产品反倾销应对办法》	2014-02-13	319

① 严格按照届次来说，本件规章不属换届后的新一届人民政府制定的，但发布时间属于 2013 年，故统计在内。

续 表

序号	规章名称	发布日期	浙政令号
10	《浙江省林木采伐管理办法》	2014-02-14	320
11	《浙江省人民政府关于修改〈浙江省林地管理办法〉等9件规章的决定》	2014-04-04	321
12	《浙江省活禽交易管理办法》	2014-05-30	322
13	《浙江省残疾人就业办法》	2014-06-25	323
14	《浙江省民用机场管理办法》	2014-07-17	324
15	《浙江省科学技术奖励办法》	2014-07-28	325
16	《浙江省游泳场所管理办法》	2014-09-01	326
17	《浙江省国家安全技术保卫办法》	2014-10-15	327
18	《浙江省企业权益保护规定》	2014-11-13	328
19	《浙江省综合治水工作规定》	2015-01-22	329
20	《浙江省人民政府关于修改〈浙江省军人抚恤优待办法〉的决定》	2015-01-28	330
21	《浙江省实施〈农业保险条例〉办法》	2015-01-23	331
22	《浙江省行政处罚结果信息网上公开暂行办法》	2015-01-24	332
23	《浙江省大型群众性活动安全管理办法》	2015-02-18	333
24	《浙江省县级以上人民政府市场监督管理部门行政执法工作若干规定》	2015-05-14	334
25	《浙江省行政处罚裁量基准办法》	2015-05-14	335

专题3:立法后评估的浙江实践

党的十八大以来,提高立法质量,推进科学立法、民主立法已成为新形势下加强和改进立法工作的主题。张德江委员长在十二届全国人大常委会第二次会议上的讲话指出,立法评估是提高立法质量的有效措施。开展立法工作,要把正向思维和逆向思维有机结合起来,既要认真考虑法律执行部门的需求,贯彻好立法意见,也要重视社会对法律的反应,广泛听取并认真评估法律的适用对象、专家学者等方面的意见。浙江在全国比较早地实施了地方立法的评估制度,积累了诸多有益的经验,本专题围绕提高立法质量这一主题,结合浙江省的立法后评估实践,探讨立法评估的意义与价值。

一、立法后评估的时代背景与基础

历史的时代进程表明,每一个时代都有自己独特的法律现象或法律问题,各个时代的法学都必须针对这些现象或问题提供新的解释或解决方案;各时代的法学思考者和法律解释者的经验和知识不同,其所依赖的语言和思维情境不同,就可能使他们回答法律问题的方式、姿态乃至其运用的话语体系存在差异。我们可能永远无法挣脱历史传统和现实情境条件对研究者的视域、问题意识、方法和论证能力的影响。迄今为止,通过历届党代会的政治报告梳理可以发现“法治”这一主线的逐步发展过程,从党的十三大报告中提出的“建设有中国特色的社会主义法律体系”到十四大报告中的“建设社会主义市场经济法律体系”、十五大报告中明确的“依法治国,建设社会主义法治国家”,强调依法治国是党领导人民治理国家的基本方略,是发展社会主义市场经济的客观需要,是社会文明进步的重要标志，是国家长治久安的重要保障。党的十六大提出，发展社会主义民主政治，最根本的是要把坚持党的领导、人民当家做主和依法治国有机统一起来。党的十七大提出，依法治国是社会主义民主政治的基本要求，强调要全面落实依法治国基本方略，加快建设社会主义法治国家。党的十八大强调，要更加注重发挥法治在国家治理和社会管理中的重要作用。到现在，经过几十年的努力，“一个立足中国国情和实际、适应改革开放和社会主义现代化建设需要、集中体现中国共产党和中国人民意志，以宪法为统帅，以宪法相关法、民法商法等多个法律部门的法律为主干，由法律、行政法规、地方性法规等多个层次法律规范构成的中国特色社会主义法律体系已经形成”。2011 年 10 月 27 日国务院新闻办公室发表的《中国特色社会主义法律体系》白皮书也指出，截至 2015 年 9 月底，除现行宪法外，我国现行有效的法律共 244 件，行政法规共 746 件，地方性法规共 9540 件，涵盖社会关系各个方面的法律部门已经齐全，各个法律部门中基本的、主要的法律已经制定，相应的行政法规和地方性法规比较完备，法律体系内部总体做到科学和谐统一，中国特色社会主义法律体系已经形成。中国特色社会主义法律体系，是以宪法为统帅，以法律为主干，以行政法规、地方性法规为重要组成部分，由宪法相关法、民法、商法、行政法、经济法、社会法、刑法、诉讼与非诉讼程序法等多个法律部门组成的有机统一整体。如果说，“以 1979 年 7 月同时公布七部基本法律为标志，中国迈进了‘立法者的时代’”的话，那么我们也有理由认为在 2011 年中国特色社会主义法律体系形成之后，立法学迈向了“后体系时代”。与此同时，我们也面临着这样一个现实局面，“自 1979 年到 2007 年底，全国人大及其常委会共颁布了 409 部法律，其中修改了 147 部，占通过法律的 35.94%。而在历年的立法中，修改过的有 84 部，2 次的有 11 部，3 次的有 4 部，4 次的有 3 部”。以 1997 年的《刑法》为例，截止到 2010 年，已经修改了 8 次，这其中还不包括全国人大常委会于 1998 年制定的《关于惩治、骗购外汇罪的决定》，平均不到 1.5 年就修改一次，连我国的根本大法《宪法》从颁布实施到现在也修改了 4 次，特别是进入了 2000 年以后，从全国人大及其常委会通过的法律来看，法律修改的数量已经远远超过法律创制的数量，而且这个比例还在进一步扩大，以 2004 年为例，该年度通过的 20 部法律中，属于修改的就达 18 部，占总数的 90％，再以 2009 年为例，该年度通过的 12 部法律中，属于修改的达到 7 部，占总数的 58.33％。因此，有学者指出我国立法已经进入了“后立法时代”。全国人大常委会在其 2010 年度的立法工作计划中提出加强立法调研和论证，进一步提高立法质量。加强立法技术规范研究和应用工作，不断提高法律案审议的质量。结合常委会执法检查中发现的问题和法律实施中出现的新情况新问题，有针对性地选择一到两件事关群众切身利益的法律，开展立法后评估试点工作，探索建立立法后评估工作机制。并且启动了对《中华人民共和国科学技术进步法》的立法后评估试点工作以及对《中华人民共和国妇女权益保障法》的执法检查工作，此后全国人大常委会法工委又相继开展并完成了《农业机械化促进法》的立法后评估工作，全国人大内司委对《中华人民共和国残疾人保障法》开展了立法后评估工作，这些都可以视为立法后评估从理论到实践，从制度设计到实践操作的具体检验。因此，从这个层面上来说，认为立法及其立法学研究迈向“后体系时代”是有理论与实践依据的，并不是捕风捉影的臆测。

立法迈向“后体系时代”具有何种语境前设，需要我们搞清楚，虽然是“后体系时代”，但并不意味着我们的法律体系就完美无缺了。相反，法律体系只是基本形成，离完善的社会主义法律体系还有很大的差距。如郭道晖先生认为，“中国特色社会主义法律体系”至少应该包括这样三个关键词：中国特色、社会主义、法律体系。其中，最实在的硬件是能否构成一个纲目有序、门类齐全、和谐统一的法律体系，这是这个体系的骨架；而社会主义思想、理念和原则，是它的灵魂；适合国情、有中国特色则是它的血脉。三者缺一，都不能说是完整的、有生命力的体系。以这三要素来衡量，则现有立法的“体系”还有较大的，甚至是带本质性的差距。即使说它已基本建成，也还远未完善，有待通过新的立法和认真修法予以改进。完整的体系不只是有一大批法律的量的堆积，而且不仅要表现在整个体系的结构上，更要体现在法律体系的质量上。

二、立法后评估的制度建构与指标体系设计

依法治国，建设社会主义法治国家的前提不仅是有法可依，要建设法治国家、实行法治，还必须有良法可依。没有谁敢保证制定时的良法就会一成不变，随着经济发展、社会进步，正处于转型期的中国，出现许多新情况需要解决新问题。因此立法者除了要创制法律之外，还有一项极其重要的、经常的任务，就是尽最大努力保证依法治国所依的法是良法，而问题的关键在于如何保证。立法后评估的根本出发点与落脚点就是为了保障“良法”这一法治前提，其主要功能是在立法实施一段时间之后针对立法本身的“问诊看病”的过程。因此，构建科学合理的立法后评估制度与评估指标体系则是立法后评估工作的前提和基础。从历史进程来看，立法后评估是我国法治建设进程中的必然产物和重要环节。立法后评估的制度建构与评估指标体系的设计应当站在中国问题、世界经验的立场上，搜集、梳理和研究国内外有关立法后评估的立法现状，同时批判性地借鉴、吸收国内外理论界的最新研究成果，加以整合和系统化，不拘泥于既有的机械思维、制度、框架，又注重制度建构的科学、理性基础，防止脱离国情与实际的“花瓶”制度。

立法后评估的制度建构应当着重从如下几个方面着手。首先是确定立法后评估的主体。立法后评估的主体是内涵较为广泛的概念，包括法定评估主体，例如《行政许可法》第 20 条规定的“行政许可的设定机关应当定期对其设定的行政许可进行评价”，“行政许可的实施机关可以对已设定的行政许可的实施情况及存在的必要性适时进行评价”。这里的“设定机关”“实施机关”就是法定评估主体，一般认为，立法机关是立法后评估的当然法定评估主体。除法定评估主体之外，还包括非法定评估主体，例如高校、相关科研部门就某一部法律或某一地方的立法进行评估。除了这两者之外，还包括评估委托主体、评估受托主体、评估参与主体、评估

监督主体以及中立第三方主体等，在立法后评估的主体确定时应当注重协调各主体之间的地位与关系问题。其次是立法后评估的对象选择。在对象选择这个问题上，需要注意的第一点是评估对象的范围与类型；第二点是如何选择评估对象，在这个问题上基本已经形成理论共识，即评估对象的“可评估理论”，该理论在评估对象选择上主要把握“三性”原则，即有效性、必要性、可行性；第三点是要注重把握立法的单一性评估、类型化评估与总体性评估。再次是立法后评估的基本原则与评估程序。立法后评估至少应当坚持四项基本原则，即民主原则、科学原则、中立原则与规范原则。立法后评估的程序，应当包括三个步骤，一是立法后评估的启动和准备，包括评估对象的选择、主体的确定、启动时间与评估方案的确立等，这是评估程序的源头。二是评估方案的实施，包括评估信息的收集、整理与分析，形成评估结论、撰写评估报告等，这是评估程序的本体。三是评估报告的回应，包括回应对象、回应主体和回应方式等，这是评估程序的终结。这是从程序上讲，如果从实体上看，最后则是立法后评估的结果及其回应。立法后评估结果的主要载体是评估报告，关键在于评估报告的效力如何界定，然后则是针对评估报告的评估结论进行相应的回应，主要有三种回应形式，即法的修改、法的废止、法的创制，其中法的修改是常见的回应方式。

立法后评估的制度建构与指标体系设计相互依存、相互支撑，制度实施的支撑点与载体是指标体系，而指标体系的设计则需要依赖完善的制度建构。对于立法后评估的指标体系设计，主要应当遵循成本—效益的量化评估指引，在评估的一级指标上，主要包括社会指标、经济指标、环境指标与法治指标。其中社会指标包括社会生活、社会就业、社会基本价值、公共事务、社会保障等二级指标；经济指标包括宏观经济收益、市场机制改善、企业生产经营的影响、消费者及家庭的影响四个二级指标；环境指标则包括土壤资源的影响、水资源的影响、气候的影响、空气质量的影响、对固体废物的影响、对噪声的影响、动植物资源、矿物资源、生态保护九个二级指标；法治指标则包括合法性、合理性、可操作性、协调性、规范性五个二级指标。每个二级指标又包括若干个三级观测指标，通过 SPSS 软件、AMOS 结构方程模型等数理统计方法确保每项指标的观测数据科学、客观、真实。需要指出的是，立法后评估的指标体系应当是一个开放的体系，随着经济社会的发展，立法后评估的指标体系应当与时俱进，保持指标体系的科学性、开放性，为法律的立改废提供科学、精准的依据与参照。

三、立法后评估的制度实践

立法后评估并不能因其具有了理性的制度设计而停步不前，更何况这个制度设计还只是初步的，需要进一步去完善它，而与此相关的立法后评估的其他方面，包括立法技术的提高、立法语言的运用、立法表达的规范等内容，也都需要我们不断推进、深入。从世界范围来看，立法后评估制度大约产生于 20 世纪 70 年代。1976 年，美国科罗拉多州通过了第一个《日落法》，该法律对一项计划或一个规章规定一个日期，到了这个日期，该计划或规章除非再次得到批准，否则就此失效，从而迫使政府部门定期对其活动和规章的结果进行评价。其后，美国历届总统多通过行政命令的方式强化立法的实施效果评估，特别是行政规章的评估。继美国之后，英国、日本、韩国、澳大利亚、加拿大、德国、法国等国家相继开展了立法后评估活动，加拿大、澳大利亚、韩国、日本等国家相继出台了“日落法”，或在某部门法中规定“日落条款”，即在法律中规定法律实施的自动到期日条款，在法律规定的有效期限届满之前，启动法律绩效评估，以决定是否继续沿用该法律。如澳大利亚法律中规定有 10 年、7 年、5 年的有效日期，到期就要自动废除；韩国也规定了法律实施的有效期限原则不超过 5 年；美国就所有的政府文书工作要求都设定了 3 年的日落条款期限；墨西哥对技术标准设定了 5 年的日落条款期限。除此之外，一些国家通过国家立法的方式对立法后评估活动加以规范化，如英国 2001 年出台了《规制改革方案》《准备守法成本评估修正守则》，日本从 2002 年开始实施

《行政机构实施评估政策有关的法律》(简称《政策评估法》),韩国政府于2000年通过了《韩国政府绩效评估框架法案》,其他国家的立法还有德国的《联邦法律案注意要点》与《立法效果评估手册》,荷兰的《立法指导原则》,芬兰的《法律规范法》,加拿大的《联邦立法政策》,等等。这是世界范围内主要国家有关立法后评估的立法实践状况。

具体到我国而言,立法后评估工作最早是在1997年,广州市人大常委会法工委对该市前5年制定的8个地方性法规进行了被称为"立法检查"的立法后评估工作探索,此后山东、安徽等地也相继开展了立法后评估的地方实践工作。郭道晖先生曾深刻地指出:"经过近30年来的改革开放与经济发展,那些利用改革捞到特权和财富的官僚新贵和腐败势力,由于政治改革和某些符合人们,特别是弱势群体利益的立法、修法举措,势必威胁到他们的既得权益,他们担心其垄断权力的失控,而抵制、阻挠某些立法、修法的举措。他们事实上已成为深化改革和修改劣法、制定良法的阻力,或者力图把立法和修法引向有利于他们的利益方向转变,使社会资源的分配多流向这些特权阶层,使一些改革蜕变为权贵资产者所垄断的政府工程,而不是全社会参与的社会工程。"法律的生命力在于实施。中国特色社会主义法律体系的形成,总体上实现了有法可依,在这种情况下,有法必依、执法必严、违法必究的问题就显得更为突出、更加紧迫,这也是广大人民群众普遍关注、各方面反映强烈的问题。因此,我们要在继续加强立法工作的同时,采取积极有效的措施,切实保障宪法和法律的有效实施。立法后评估作为使不当甚至违法的立法条款"变娼为良"的调试器,在未来的发展中可以预见是比较艰难的(如果不说成是举步维艰的话)。但这不应该成为我们退却的理由,相反,我们还要努力寻求立法后评估的未来努力方向,掌握立法后评估的命运。

四、浙江立法后评估的探索与价值

浙江不仅经济发达、文化繁荣,在"法治浙江"的推动下,其法治建设也是卓有成效的。浙江早在“十一五”规划中就提出，“以推进‘法治浙江’为载体，努力建设民主健全、法制完备、公共权力运行规范、公民权利切实保障的法制社会”，并强调指出，“善政”需要“良法”，法律规范的生命力在于质量，把加强制度建设包括提高法规议案、规章和其他规范性文件的质量作为立法工作关注的重点。立法后评估制度作为提高立法质量的重要环节和措施之一，得到了政府和社会各界的高度重视，从浙江省人大及其常委会的地方法规、省政府的地方规章，到杭州、宁波等地方人大的立法与政府规章都对立法后评估做了有益的尝试与探索。下面对浙江省地方的立法后评估做简要梳理。

早在 2005 年 9 月，杭州市就启动了《杭州市服务行业环境保护管理办法》的立法后评估工作，实现了该市对政府规章的立法实施状况进行立法后评估的首次尝试。通过评估，试图及时发现、纠正立法工作的不足，以便有针对性地改进立法工作。此后，宁波市多部门首次专门成立立法后评估小组，对该市 2005 年 4 月 15 日颁布实施的《宁波市企业投资项目核准办法》组织开展了一系列的立法后评估工作，对该办法的实施情况和存在的问题进行了分析和总结。2006 年，浙江省人大常委会也启动了对其自身制定的《浙江省殡葬管理条例》的法律实施效果评估。2008 年 9 月 17 日，宁波市政府出台实施《宁波市政府规章立法后评估办法》，浙江省第一个地方性立法后评估的规范性法律文件正式颁布实施。

此后，2011 年，宁波市政府法制办对市政府自 2008 年 12 月 1 日起施行的政府规章项目《宁波市产权交易管理办法》（以下简称《办法》）进行了立法后评估。本次评估主要采取书面和征求意见座谈会等多种形式，充分听取了有关部门、相关产权交易中介机构、转让方和市民代表的意见和建议。评估主要是对《办法》的立法技术、立法内容、实施绩效等情况进行全面调查和综合评价，并提出处理意见，为完善《办法》和改进行政行为提供主要参考。2013 年，根据宁波市人大常委会关于“积极探索建立立法工作和监督工作的有机结合，进一步加强对我市现有地方性法规实施情况的检查，建立和完善法规实施情况定期报告制度和立法后评估制度”

的要求，市人大常委会法工委经过研究，选择《宁波市市政设施管理条例》作为 2013 年立法后评估的项目。本项评估工作采取执法部门评估、社会参与评估、委托专家评估和专题调研评估相结合的多元化方式进行。2014 年，根据杭州市人民政府法制办公室的要求，杭州市城乡建设委员会委托浙江金道律师事务所组建评估课题组，对《杭州市机动车停车场(库)建设和管理办法》实施立法后评估工作。该立法后评估工作旨在全面、客观、准确地了解其所确立的法律制度的科学性、合理性、实践性，评价有关制度设计的实际执行效果，分析有关制度在“停车难”问题日趋严峻的情形下所面临的挑战，进而研究提出完善有关制度的意见和建议。2014 年 5 月 6 日，浙江省人民政府办公厅印发《政府立法项目前评估规则》的通知，作为与立法后评估密切相衔接的立法前评估的规范性文件正式出台。2015 年 2 月 27 日，浙江省政府出台的《浙江省关于深入推进依法行政加快建设法治政府的实施意见》明确指出，“完善政府规章立法后评估办法，建立立法后评估长效机制。加强政府规章解释工作”。以上就是浙江省在探索地方立法后评估方面所做的一些有益探索与尝试。

纵观浙江省 10 年时间的地方立法后评估工作探索，可以十分肯定地讲，浙江已经摸索出了不少值得肯定的经验与有益的做法，但不可否认的是，这与全面依法治国的国家战略在浙江的率先实现是分不开的，但与“法治浙江”建设的要求还存在相当的差距，需要我们进一步攻坚克难，把浙江的地方立法后评估工作做好。针对浙江地方实践探索存在的问题，在改进思路与举措上有如下几点建议：一是尽快出台实施浙江省地方立法后评估办法等规范性法律文件，将前 10 年实践的有益经验做法以及借鉴兄弟省份的立法经验以立法形式将其法定化、规范化、制度化、长效化。从目前来看，全国近 20 个省、区、市都出台了关于立法后评估的地方性立法或政府规章，通过地方立法，将立法后评估工作上升到立法层面，切实保障了立法后评估本身的制度化、规范化与长效化，相比而言，浙江省还没有出台相应的地方立法，省政府也没有出台相应的政府规章，从全国来看，浙江的该项工作已经处于比较滞后的局面，应当尽快启动该项立法工作。二是建立立法后评估的长效机制，将浙江地方立法的评估工作常态化，定期开展对相关地方立法的评估工作，包括立法前的评估与立法后的评估等，将立法后评估机制常态化、制度化、规范化。三是着重做好地方行政立法后评估工作。地方立法后评估工作的核心与关键在于地方行政立法后评估。从地方来看，调整社会关系的主要规范是政府规章，因此立法后评估工作的重点主要是行政立法后评估，即政府规章的立法后评估工作。此外，联系我国立法实际，还要注重立法后评估工作与相关制度的衔接情况，诸如立法后评估与法规批准制度的关联、立法后评估与法规规章备案审查制度的关联、立法后评估与法规清理制度的衔接、立法后评估与执法检查制度的衔接等，这可谓是牵一发而动全身的系统工程。笔者认为，在未来我国的法治进程中，完善的立法后评估制度对推动科学立法、公正立法进而促进社会主义法律体系的丰富与完善，推动法治建设进程具有重要的基础支撑作用，其对建立真正的法治国家与和谐社会必定功不可没，正基于此，我们需要认真对待立法后评估研究。

（浙江省委党校法学教研部　李　亮）

第四章　深入推进依法行政，加快建设法治政府

党的十八大提出到2020年依法治国基本方略全面落实、法治政府基本建成的奋斗目标。党的十八届四中全会审议通过的《中共中央关于全面推进依法治国若干重大问题的决定》对“深入推进依法行政、加快建设法治政府”做出了专题战略部署，明确了当前和今后一段时期法治政府建设的目标、任务和举措。中共浙江省委十三届六次全会审议通过的《中共浙江省关于全面深化法治浙江建设的决定》明确要求浙江省在建设法治政府上走在前列，率先基本建成职能科学、权责法定、执法严明、公开公正、廉洁高效、守法诚信的法治政府。省政府结合浙江省法治政府建设的实践，研究出台了《浙江省人民政府关于深入推进依法行政加快建设法治政府的实施意见》（浙政发〔2015〕5号，以下简称《省政府实施意见》），进一步明确了浙江省法治政府建设的主要目标、基本要求、工作重点。这一系列决策部署为下一步加快建设法治政府指明了方向，明确了任务。

一、加快建设法治政府的时代背景和基本要求

（一）时代背景

可以从以下四个方面理解加快法治政府建设面临的时代背景。

1. 加快建设法治政府是贯彻落实“四个全面”战略布局的必然要求

习近平总书记提出的“四个全面”（全面建成小康社会、全面深化改

革、全面依法治国、全面从严治党)战略布局,立足党和国家发展全局,统领我国发展总纲,确立了新形势下党和国家各项工作的战略方向、重点领域、主攻方向,是深入推进依法行政、加快建设法治政府的根本指针。在全面建成小康社会奋斗目标中,基本建成法治政府是题中应有之义;全面深化改革必须加强法治,做到重大改革于法有据,要求改革在法治框架下协调推进、有序推进、统筹推进,充分发挥法治的引领、推动和保障作用,与此同时,法治在改革中自身不断完善;全面依法治国,按照"坚持依法治国、依法执政、依法行政共同推进,坚持法治国家、法治政府、法治社会一体建设"的要求,必须要深入推进依法行政,全面提升政府工作法治化水平,确保依法治国基本方略全面落实;全面从严治党,对政府来说,就是要将政府权力关进制度的笼子里,加强对行政权力的监督和制约,严格按照职权和程序行使,建设廉洁政府和责任政府。在推进"四个全面"战略布局中,法治政府建设既是重要内容,也承担着重要使命。

2.加快建设法治政府是推进国家治理体系和治理能力现代化的必然要求

政府治理体系和治理能力现代化是国家治理体系和治理能力现代化的重要组成部分。从组织层面看,由于我国推行政府主导型的改革,各级政府是体制机制创新的重要组织者、参与者、实践者,只有在法律制度的框架内,善于运用法治思维和法治方式深化改革、推动发展、化解矛盾、维护稳定,把政府工作全面纳入法制轨道,才能加快构建以法治为基础的现代政府治理体系。从执行层面看,各级行政机关是国家权力机关的执行机关,负有严格贯彻执行宪法法律的重要职责,是实施宪法法律的重要主体,我国80%以上的法律法规和所有的规章都是由行政机关负责执行的。可以说,行政机关的执法水平直接关系到法律法规规章是否得到全面执行,直接关系到人民群众的切身利益是否得到有效保护,直接关系到党和政府在人民群众心目中的形象,也在很大程度上决定了国家治理体系和治理能力现代化的进程和实效。

3.加快建设法治政府是维护人民群众合法权益和实现社会公平正义的必然要求

维护人民群众合法权益、实现社会公平正义，是我国社会主义法治建设的根本出发点和落脚点，也是中国特色社会主义的内在要求和价值取向。与立法权、司法权相比，行政权与人民群众的关系最密切、最广泛、最直接，最有可能保护人民群众的合法权益，反之也最有可能侵犯人民群众的合法权益。当前，中国特色社会主义法律体系已经形成，但是有法不依、执法不严、违法不究的问题，乱作为、不作为、慢作为等侵害人民群众合法权益的现象在不同地区、部门还相当程度地存在，人民群众反应比较强烈。通过加快法治政府建设，加强规章制度安排，依法全面履行政府各项职能，实现严格规范公正文明执法，强化对行政权力的制约和监督，依法化解和调处社会各类矛盾纠纷，有利于促进社会成员依法享有权利、维护权利、履行义务、承担责任，从而真正落实社会公平正义。

4.加快法治政府建设是全面深化法治浙江建设的必然要求

法治浙江建设起步早、起点高、基础好。早在2006年，省委十一届十次全会就做出了建设法治浙江的重大战略部署，10年来，浙江省在推进依法治国、依法执政、依法行政的法治建设实践中走在全国前列。省委十三届六次全会审议通过了《中共浙江省委关于全面深化法治浙江建设的决定》，提出全面深化法治浙江建设的总目标是在全面推进依法治国、建设中国特色社会主义法治体系、建设社会主义法治国家进程中继续走在前列，并指出要“紧紧围绕严格执法，在建设法治政府方面走在前列”。各级政府只有按照中央和省委的部署，在新的历史起点上，花更大的力气，采取更有力的举措，深入推进依法行政，加快建设法治政府，全面提升政府工作法治化水平，才能确保法治政府建设在全面深化法治浙江建设中走在前列。

（二）基本要求

什么是法治政府？法治政府应该具备哪些构成要素？这是加快建设

法治政府的基础和前提。通常而言，法治政府是指政府的一切行政活动只能在法律的规范和制约下进行，从而保证行政权力的运用符合法律所集中体现的意志和利益，并防止行政权力的扩张和滥用，实现和保障公民、法人和其他组织的合法权益。由此，法治政府应该是行政机构依法设立、行政职能依法赋予、行政权限依法界定、行政程序依法确定、行政责任依法承担的政府。从法治政府的定义和基本要素看，法治政府是依法治理和运行的政府，是一种权力有合法来源的政府、权力边界有限的政府、行为守法和规范的政府、责任受监督和追究的政府。

从主体内容上讲，加快建设法治政府，必须要推进机构、职能、权限、程序、责任法定化，让政府的各项行为在法治的轨道上进行，依法保障公民合法权益和社会公共利益。一是行政机构依法成立，称为“组织法定”，这是法治政府的前提。它要求行政机构的设置、编制等必须事先依法做出规定，政府不得擅自设立行政机构、扩大人员规模。二是行政权力依法取得，称为“职权法定”，这是法治政府的关键。没有法律、法规、规章的规定，行政机关不得做出损害公民、法人和其他组织合法权益或者增加公民、法人和其他组织义务的决定。凡是老百姓可以自主决定、市场竞争机制能够有效调节、行业组织或者中介机构能够自行管理的事项，政府就不应干预，政府的职能是有限的。三是行政行为依法做出，称为“权限法定”，这是法治政府的核心。它要求行政机关及其工作人员依照法律确定的职权职责和法定程序办事，依法决策、依法履责、严格执法，自觉运用法治思维和法治方式解决经济社会发展中的矛盾和问题。四是行政程序依法确定，称为“程序法定”，这是法治政府的重要条件。程序法定意味着行政权的依据公开、行政权运作的过程公开和行政权运作的结果公开，要求行政机关实施行政行为必须严格遵守事先规定的方式、步骤、顺序、时限等程序性要求，坚持信息公开和阳光行政，保障公民、法人和其他组织的知情权、参与权、表达权、监督权。五是行政责任依法承担，称为“责任法定”，这是法治政府的保障。对于行政机关而言，职能、权力和责任三者是高度统一的。行政机关做出行政行为的过程，既是行使权力的过程，也是履行职能、承担责任的过程。行政机关行使行政权违法、越权或不遵守法定程序，都要承担相应的法律责任；造成公民、法人和其他组织利益受损的，要依法承担赔偿责任。

二、依法全面履行政府职能

当前，全面建成小康社会和全面深化改革进入关键时期，各种利益冲突和矛盾纠纷进入叠加期、多发期，迫切需要在充分发挥市场在资源配置中起决定性作用的同时更好地发挥政府作用，迫切需要提高政府的执行力和公信力，迫切需要政府依法全面履行政府职能。主要任务有以下几点。

（一）推进各级政府事权规范化、法律化

党的十八届四中全会指出，要“推进各级政府事权规范化、法律化，完善不同层级政府特别是中央和地方政府事权法律制度”。一是强化中央政府宏观管理、制度设定职责和必要的执法权。中央政府的着力点是加强宏观调控的前瞻性、科学性、系统性、协同性，完善顶层设计和制度安排，确保法制统一、政令统一、市场统一，维护和巩固中央权威。在执法方面，中央政府要强化在国防、外交、国家安全、全国统一市场、海域和海洋使用管理、食品药品安全、生态环境安全、跨区域司法管理等领域的执法权，合理配置机构，加强督促检查。二是强化省级政府统筹推进区域内基本公共服务均等化职责。省级政府是连接中央和地方的重要纽带，相对中央具有贴近基层、了解实际的优势，相对地方市县又具有更多、更强的管理权限和统筹能力，责任重大。在坚持国家法制统一的前提下，省级政府要根据实际情况运用好地方立法权，统筹好区域内经济社会发展，依法促进基本公共服务均等化，积极做好与中央政府职能转变的工作衔接，加快区域内各级政府职能转变，对直接面向基层、由下级政府管理更方便和有效的大量经济社会事项，一律下放到下级政府和基层管理。三是强化

市县政府执行职责。市县政府直接面对基层、直接面对人民群众，与人民群众的切身利益往往最密切，必须强化其执行职责，使得中央和省级政府的各项政策措施能够落到实处。市县政府在强化公共服务、市场监管、社会管理、环境保护等方面执行职责的同时，要更加主动采取有效措施，切实解决与人民群众日常生产、生活密切相关的食品安全、市政建议、环境污染等突出问题，维护经济社会秩序。在划分省与市县的事权上，根据本省的实际情况，进一步完善省直管县财政管理体制，进一步推进扩权强县、强镇扩权改革，不断深化小城市和中心镇培育试点。

（二）推行政府权力清单制度

清单管理是现代政府履行职责的重要手段，目的是构建高效的政务生态系统，避免政府越位、错位、缺位。浙江省正在大力推进的“四张清单一张网”建设，就是一种清单管理模式。党的十八届四中全会提出，“推行政府权力清单制度，坚决消除权力设租寻租空间”。权力清单所列的政府权力，主要是对公民、法人和其他组织权利义务产生直接影响的具体行政权力。目前，60个有行政审批事项的国务院部门已经公开了行政审批清单。浙江省在2013年11月率先开展推行权力清单工作，通过全面清理和审核，57个省级部门共保留行政权力4236项，其中直接行使1973项，并于2014年6月25日在浙江政务服务网上公布。与此同时，在总结富阳区开展县级层面推行权力清单制度试点的基础上，全面铺开全省市县推行权力清单制度工作，于2014年10月底在浙江政务服务网上公布权力清单。下一步，推行权力清单制度要着重抓好三项工作：一是加强责任清单配套建设。权力清单和责任清单是政府全面正确履职的正反两面，相互依存。权力清单制度的重点是“该放的要放到底，该取消的要取消到位”，解决的是乱作为的问题，实现“法无授权不可为”。责任清单制度的重点是“该做的必须做，要做的必须做好”，解决的是不作为、慢作为的问题，实现“法定职责必须为”。在继续全面梳理权力事项的同时，明确每项权力的来源依据、权限职权范围和运行程序，并明确相应的责任。二是建立健全权力清单动态调整机制。根据法律法规规章的修订以及部门职责调整情况，及时对部门权力清单进行相应的调整，向社会公开，主动接受社会监督。权力清单之外的权力，一律不得实施，更不能自行违规设定。三是强化事中、事后监管。对各项权力行使的程序、环节、过程、责任进行分解细化，并制定相应的权力行使标准、权力运行流程、权力监督制约制度，规范权力运行过程，防止权力滥用。

（三）完善行政组织和行政程序法律制度

加强行政组织和行政程序法制化是依法全面履行政府职能的重要保障。没有合理的行政组织架构和明确的程序规定，也就无法保障政府职责的全面履行。我国没有制定统一的行政机构编制法，部门职责分工主要通过"三定方案"解决，不少纵向和横向的事权划分不清晰、不规范，行政机关职能交叉、机构重叠、政出多门等问题比较突出，职责规定的法制化程度低，缺乏制度的刚性约束。除了行政处罚、行政许可、行政强制有程序规定外，其他大量的行政行为缺乏程序规定，行政机关自由裁量权很大，不利于约束行政权。因此，要按照党的十八届四中全会《决定》关于"完善行政组织和行政程序法律制度，推进机构、职能、权限、程序、责任法定化"的要求，将加快推进行政组织和行政程序法律制度建设作为构建规范政府职能履行法律体系的重点，以法定化方式确定政府的权力来源和边界、机构职责设置与人员配备，推进政府职能精细化管理，依法构建权界清晰、分工合理、权责一致、运转高效的政府职责体系和组织体系，促进政府依法全面履行职能。

2015 年 6 月，浙江省出台了《浙江省人民政府部门职责管理办法》，明确部门职责管理应当遵循现代行政管理的要求，突出本级政府的履职重点，以转变职能为核心，坚持依法行政、权责一致、科学高效的原则，规范部门职责配置与调整、职责分工协调和职责履行，加大部门分工协调力度，明晰责任边界和争议协调机制，主动接受社会监督，切实解决部门职责不清、职责交叉、群众投诉无门的问题。

三、健全依法决策机制

党的十八大报告提出要“坚持科学决策、民主决策、依法决策，健全决策机制和程序”。党的十八届四中全会明确指出，“健全行政决策机制”，“把公众参与、专家论证、风险评估、合法性审查、集体讨论决定确定为重大行政决策法定程序，确保决策制度科学、程序正当、过程公开、责任明确”。实践中，要注重从依法决策与法治政府建设的关系、重大行政决策的事项范围、重大行政决策程序制度等方面入手，明确健全依法行政决策机制的目标方向和工作重点。

（一）健全依法决策机制是加快建设法治政府的重要内容

决策是行政行为的枢纽，直接关系到法律法规能否得到严格执行，直接关系到政府的执行力和公信力，直接关系到经济社会的和谐稳定。近年来，一些重大投资和建设工程项目因选址、拆迁安置补偿、环境污染等侵害群众权益引发的群体性事件屡有发生，损害了国家利益，影响了党和政府的形象，这背后往往和乱决策、违法决策、专断决策、“三拍决策”及应决策而未决策问题紧密相关。决策的失误是最大的失误。加快法治政府建设，迫切需要健全依法决策机制，明确重大行政决策事项、主体、权限、程序和责任，推动政府重大改革、重要规划、重大民生、重大投资和建设项目等重点领域决策行为法治化、规范化，及时制止和纠正违法及不当决策，努力提高决策质量，确保决策既合法又合理。

（二）明确重大行政决策的事项范围

界定好重大行政决策事项范围是完善重大行政决策程序制度的前提。随着我国经济社会的快速发展，社会利益日趋复杂多元，社会矛盾纠纷多发频发，政府决策中妥善处理各方利益诉求的挑战和困难明显加大，必须要把明确重大决策事项摆在首要位置，确保重大决策得到广大人民群众的普遍认同和支持。总体上看,重大行政决策事项范围的基本标准是看该事项是否“关于经济社会发展全局、涉及社会公众重大利益、人民群众普遍比较关心”。具体实践中,既要把人民群众关心和反响强烈的事项作为重大行政决策的范围,也要允许不同地区、部门、层级的行政机关根据具体情况确定事项范围。同时,要求决策机关向社会公布并适时调整本机关的重大行政决策事项范围目录清单,报上一级政府和本级人大备案。

(三)严格遵循依法决策机制的法定程序

出台统一的重大行政决策程序制度是健全依法决策的关键所在,就是要把公众参与、专家论证、风险评估、合法性审查、集体讨论决定确定为重大行政决策法定程序,强化刚性约束。一是公众参与方面。公众参与的形式可以多种多样,可以向特定利害关系人书面征求意见,可以向社会公开征求意见,可以举行听证会、论证会、座谈会等,也可以委托第三方机构进行问卷调查,运用专业数理统计方法对征集的公众信息进行量化处理。同时,建立公众意见反馈机制,突出对利害关系人意见采纳情况的反馈,对其意见不采纳的应当通过一定方式专门说明理由。二是专家论证方面。在强调专家和专业机构独立性的同时,增强专家论证的开放性和互动性,注重发挥专家在政府与公众之间的桥梁和纽带作用,客观阐述决策事项涉及的专业性、技术性问题,提高决策的科学性和公众认可度。同时,建立健全专家遴选、专家信用记录制度,适时公开专家信息和论证意见,依法追究专家法律责任。三是风险评估方面。细化重大行政决策事项风险等级的认定标准,做到应评必评、每评有果,不对社会稳定产生影响、不造成生态环境污染、不妨碍经济持续健康发展的,为低风险;会对社会稳定、生态环境和经济发展产生不利影响,但能够采取措施化解和避免的,为中风险;可能对社会稳定、生态环境和经济发展产生无法避免的危害的,为高风险。对于评估为高风险的决策事项,宜做暂缓或搁置决策处理。四是合法性审查方面。扩大合法性审查的覆盖范围,对预算资金类、收费和价格类、投资和建设项目类等决策事项开展合法性审查。明确合法性审查的法定效力，未经合法性审查或经审查不合法的，不得提交讨论。五是集体讨论决定方面。关键是要处理好民主集中制和行政首长负责制的关系，既要保障重大行政决策事项的充分民主讨论、广泛交流意见，又要在凝聚共识的基础上，让行政首长及时做出决策并依法负责，提高行政管理的效率。赋予政府一定的灵活性，政府可以根据工作规则确定会议形式，如有些重大行政决策事项只要提交有主要领导、分管领导及相关部门参加的会议讨论，也可做出决策。

（四）建立决策后评估、纠错和决策责任追究制度

决策后评估的主要目的是检验决策实效，纠正决策失误，适时调整决策内容。开展决策后评估不能由行政机关自我评估，也不宜完全交给第三方机构进行评估，建议由包括执行部门、专家学者、第三方机构等共同参加的多方主体进行评估。建立健全"有错必纠"机制，即原来的决策本身存在问题，但在决策做出前没有发现，如在决策执行过程中通过评估发现的，可以回过头来对原决策的失误和偏差进行动态调整。同时，完善决策责任追究，落实十八届四中全会提出的"建立重大决策终身责任追究制度及责任倒查机制，对决策严重失误或者依法应该及时做出决策但久拖不决造成重大损失、恶劣影响的，严格追究行政首长、负有责任的其他领导人员和相关责任人员的法律责任"的要求，规范决策主体权限，细化决策事项承办单位职责，明确责任界限和标准，健全决策档案纪实制度。

四、深化行政执法体制改革

党的十八届四中全会提出，要"深化行政执法体制改革"。2015 年 2 月，为贯彻落实中央和省委决定部署，浙江省人民政府研究出台了《浙江省人民政府关于深化行政执法体制改革全面推进综合行政执法的意见》（浙政发〔2015〕4 号），明确了浙江省全面推进综合行政执法的指导思想、基本原则、主要内容、工作机制和具体举措等。

(一)优化执法职能配置

科学划分执法职能是完善执法体制、提高执法效能的基础。按照中央关于地方政府职能转变的要求,调整优化行政执法职能配置。一是明确不同层级部门的职责定位,探索上下合理分工、协调运作的新机制。省级部门主要负责政策标准制定、监督指导、重大案件查处和跨区域执法的组织协调工作,原则上不再直接从事行政执法工作,以减少管理层次,提高管理效率。凡是法律法规规定可以由县级以上政府执法的事项,原则上由市县政府负责,实行属地管理。对食品药品、安全生产、环境保护、劳动保障、商贸服务等实行分级管理的事项,原则上由市县政府实行属地监管。二是深入推进综合行政执法改革。综合行政执法应重点在基层发生频率较高、与人民群众日常生产生活关系密切、多头重复交叉执法问题比较突出、专业技术要求适宜的公共安全、生态保护、城镇管理、社会管理、民生事业等领域进行。浙江省综合行政执法的范围确定为集中行使市容环境卫生、城乡规划、城市绿化、市政公用、环境保护、工商行政管理(室外公共场所无照经营)、公安交通(人行道违法停车)、土地和矿产资源、建筑业、房地产业、人防(民防)、水行政、安全生产、石油天然气管道保护、陆域渔政、林政、教育、商务、旅游、价格、体育管理21个方面的法律、法规、规章规定的全部或部分行政处罚及相关行政监督检查、行政强制职权。同时,在沿海市县逐步开展海洋综合行政执法试点,探索由一个部门相对集中行使海洋行政执法职权。

(二)加强行政执法队伍建设

结合政府职能转变和机构改革,调整执法队伍设置。一是继续推进部门执法队伍整合。一个部门设有多支执法队伍的,原则上整合为一支队伍;职责任务相近或相似部门的执法队伍,结合推行大部制改革,逐步整合为一支执法队伍,集中行使执法权。县级政府部门直接承担执法监管职责,可探索综合设置执法监管机构,原则上也不必单设执法队伍。二是减少执法队伍层级，切实解决交叉重复执法和多层执法。省级部门原则上不另设具有独立法人资格的执法队伍。市县执法队伍的设置，要兼顾城市与农村的不同特点，有利于城乡统筹执法。设区市，由市级部门承担执法职责并设立执法队伍的，区本级部门不设执法队伍；区级部门承担执法职责并设立执法队伍的，市本级不设执法队伍，已经设立的执法队伍，要及时进行清理。三是健全政务服务中心。凡是与民生有关的事项，按照能放则放的原则，下放基层服务中心或社区办理。同时，建立健全政务服务窗口和部门间联网审批中心，将行政执法机构承担的检验检测、评审评估等专业职能转移到社会中介机构或第三方公证机构，推进检验检测、评审评估工作社会化。四是加强行政执法人员管理。明确行政执法人员的行为规范，完善行政执法人员持证上岗和资格管理制度。未经执法资格考试合格，不得授予执法资格，不得从事执法活动。

（三）推进执法重心下移

坚持城乡统筹执法、提升执法效能的原则，强化基层行政执法工作。一是健全基层综合行政执法体系。将综合行政执法向乡镇延伸，并按乡镇设立综合执法队伍，作为县级综合行政执法部门的派出机构，实行条块结合、以条为主的双重管理体制，纳入乡镇公共安全监管体系，建立健全协调配合机制，切实解决基层行政执法中“看得见的管不着”的问题。对一时难以纳入综合行政执法的，可以开展多种形式的联合执法。二是加快建立由市县政府负总责、职能监管部门具体履责、相关部门和乡镇联防联控、全社会各方参与的基层市场监管工作机制，加强基层市场监管所建设，并依托网格化机制，推进精细化管理。三是加强基层执法力量。在财政供养人员只减不增的情况下，通过精简整合部门执法队伍，进一步优化执法资源配置，真正将执法力量、经费、装备下沉到基层一线。

（四）创新行政执法方式

一是创新执法理念，坚持运用法治思维和法治方式履行行政执法职能，严格依法监管。切实转变“只强调管理、不重视服务，只强调服从、不重视合作，只强调处罚制裁、不重视教育疏导，以及不尊重、不重视权利保护”等片面认识，把服务守法、保护合法作为执法的重要内容，保护行政相对人的知情权、参与权、监督权和救济权。二是通过多种方式为社会广泛参与法律、法规实施创造条件、提供方便，积极运用第三方力量和市场机制，发挥行业自律和社会监督作用，追求社会多元共治善治。三是提高服务能力，引导行政相对人走依法办事的途径，降低守法成本。积极推行行政指导、行政合同、行政奖励或公布标准、相对人承诺等柔性或激励性执法方式，多运用说服教育、调解疏导、劝导示范等非强制手段执法，给行政相对人提供法律帮助、政策指导和技术支持，寓执法于服务之中，融处罚于教育之中，避免执法冲突。四是改进执法查处方式。对事关人民群众生命健康安全和影响较大的秩序管理事项，执法部门要主动出击，努力做到监管全天候、全覆盖，及时发现和查处违法行为；对一般性秩序管理事项，实行随机抽查、检查方式，加大处罚力度，增强法律的威慑力，加大当事人的违法成本。

五、大力推进严格规范公正文明执法

当前，中国特色社会主义法律体系已经形成，总体上实现了有法可依，如何确保法律得到全面正确实施，已成为全面推进依法治国、建设社会主义法治国家的重中之重。行政执法机关肩负着贯彻实施宪法和法律的重要职责，是依法执政、依法治国、依法行政的重要实施者、推进者、捍卫者。行政执法机关履行职责的基本方式是执法，行政执法的基本标准是严格、规范、公正、文明。严格、规范、公正、文明执法是一个有机统一的整体。其中，严格是执法基本要求，规范是执法行为准则，公正是执法价值取向，文明是执法职业素养。

（一）依法惩处各类违法行为

法律的生命力在于实施，法律的权威也在于实施。当前，我国正处于社会转型的特殊历史时期,影响社会和谐稳定的因素大量存在,因征地拆迁、环境污染、劳资纠纷、社会保障、医患纠纷等问题引发的矛盾多发局面短期内难以根本扭转,这对行政执法机关发挥职能作用、维护群众合法权益、促进社会公平正义提出了更高的要求。各级政府和部门要坚持“法定职责必须为、法无授权不可为”,积极回应社会关切,坚决纠正乱作为、不作为,坚决避免懒政、怠政,依法惩处各类违法行为。当前,尤其要加大食品药品、安全生产、环境保护、社会治安、征地拆迁、劳动保障、医疗卫生等关系群众切身利益的重点领域执法力度,切实维护群众合法权益,维护法律的权威和尊严。坚持关口前移,加强源头预防和治理,完善以随机抽查为重点的日常监督检查制度,强化源头监管和日常执法,不给违法行为留下生存空间,让违法者付出应有的代价,努力达到执法效果和社会效果相统一。健全行政执法与刑事司法衔接机制,建立行政执法机关、公安机关、检察机关、审判机关信息共享、案情通报、案件移送制度,坚决避免有案不移、有案难移、以罚代刑等现象。

(二)完善执法程序

任何法律都是既有实体上的规定,也有程序上的要求。严密的执法程序是规范执法的重要前提,也是执法公平公正的重要保障。程序是一种硬约束,没有程序的公正,就很难保证实体公正和结果公正。各级行政机关要牢固树立“程序与实体并重”的意识,按照实体权限和程序的要求开展执法工作。一是细化执法流程。按照标准化、规范化、可操作的要求,从容易疏忽和发生问题的执法环节入手,重点围绕行政许可、行政处罚、行政强制、行政征收、行政收费、行政检查等执法行为,对执法具体环节和有关程序做出明确规定,不断严密执法程序,强化执法指引,规范执法行为。二是加强执法过程管理。建立健全执法调查取证、告知等程序制度,落实执法听证程序,规范执法文书,充分保障行政相对人的知情权、参与权、表达权、救济权。建立执法全过程记录制度,充分利用执法办案信息系统、现场执法记录设备、视频监控设施等技术手段,加强对执法台账和法律文书的制作、使用、管理，强化对立案、监督检查、调查取证、行政决定等行政执法活动全过程的跟踪，确保所有执法工作都有据可查。三是加强执法审核。严格执行重大执法决定法制审核制度，围绕重大执法决定的主体是否合法、认定的事实是否清楚、证据是否确凿、程序是否正当、适用法律是否准确、处罚幅度是否适当等进行法制审核，及时发现和制止执法过程中不严格、不规范、不公正、不文明等问题。未经法制审核或者审核未通过的，不得做出执法决定。

（三）建立健全行政裁量权基准制度

行政裁量权是行政权的内在属性，有利于助推行政目标的实现，但是这种权力必须在法律的框架内合理行使。同样情况不同处理、不同情况同样处理，有的行政执法机关处罚畸轻畸重，有的甚至办“关系案”“人情案”“金钱案”，人民群众对这类现象反应比较强烈。一是科学合理制定裁量标准。根据行政权的种类和行为方式等不同情况，编制行政裁量基准，围绕细化、量化行政裁量权，公开裁量范围、种类和幅度，从制度机制上防止出现“选择性执法”“倾向性执法”等问题。二是准备把握适用裁量标准。在执法过程中，根据过罚相当原则，按照依法、公正、合理要求，综合考虑违法行为的性质、情节的社会危害程度以及执法相对人的认错态度等情形，依法给予相应处罚，做到该宽则宽、当严则严。三是完善配套制度。根据法律法规规章立改废的情况，建立健全行政裁量权基准动态调整机制，并及时向社会公布。积极推行案例指导制度，针对执法过程中容易出现问题的案件种类和执法环节，加强分类指导，不断提高行政机关正确适用法律的能力和水平。

（四）全面落实执法责任制

执法责任制是执法的内在要求。一是落实好责任清单明确的职责。深入推进权力清单制度，全面梳理行政执法依据，明确执法项目的职权、流程、机构、岗位和责任，强化行政机关及其工作人员的执法责任。二是加强执法监督检查。加大对政府规章和行政规范性文件实施情况的监督检查和评估，进行定期清理，从源头上预防和减少行政争议的发生。加强对行政执法过程的监督，完善行政处罚、行政许可、行政强制等执法案卷评查机制，确保执法过程中任何一个环节出现执法问题，都能够被及时发现、及时制止、及时纠正。严格执行收支两条线制度，不得下达罚款任务，不得将收费罚没收入按比例返还等与部门利益挂钩或者变相挂钩，坚决防止和克服执法工作中的利益驱动，坚决惩治执法腐败现象。三是严格问责。严格执行行政执法过错责任追究制度，切实做到有权必有责、用权受监督、侵权需赔偿、违法要追究。

六、加强对行政权力的监督与制约

任何不受监督的权力最终都会走向腐败。党的十八届四中全会《决定》指出，“加强党内监督、人大监督、民主监督、行政监督、司法监督、审计监督、社会监督、舆论监督制度建设，努力形成科学有效的权力运行制约和监督体系，增强监督合力和实效”；省委十三届六次全会和《省政府实施意见》对健全权力运行制约和监督体系做了一系列具体部署，对当前和今后一个时期强化行政权力的监督与制约提出了明确要求。

（一）健全行政权力运行监督与制约体系

行政机关必须自觉接受党内监督、人大监督、民主监督、行政监督、司法监督、审计监督、社会监督、舆论监督，习惯于在监督下开展工作。自觉接受党组织对行政机关贯彻执行党的重大路线方针、行政权力运行及党员领导干部个人廉政等情况的监督检查；自觉接受人大及其常委会的法定监督、政协的民主监督，依法履行报告、通报职责；自觉接受司法监督，健全行政机关依法出庭应诉、支持法院受理行政案件、尊重并执行法院生效裁判的制度和机制，建立健全支持检察机关依法监督行政机关违法行使职权或者不行使职权的工作机制，及时落实、反馈司法建议和检察建议；自觉接受审计监督，依法实行审计监督全覆盖；自觉接受社会监督、舆论监督，完善群众举报投诉制度，拓宽群众监督渠道。实践中要把党内监督、人大监督、民主监督、行政监督、司法监督、审计监督、社会监督、舆论监督等有机结合起来，建立"优势互补、监督有力、富有实效"的监督体系，形成整体监督的合力。

（二）强化对政府内部权力的监督

加强对政府内部权力的制约与监督，是强化对行政权力制约与监督的重点。一是加强对关键部门和重点岗位的行政权力制约与监督。对财政资金分配使用、国有资产监管、政府投资、政府采购、公共资源转让、公共工程建设等权力集中的部门和岗位实行分事行权、分岗设权、分级授权，界定岗位，细化流程，明确责任。分事行权的重点是改变"个人说了算"的权力结构，分岗设权的重点是改变"权出一门"的体制缺陷，分级授权的重点是改变"上面权力臃肿，下面无权可行"的权力配置弊端。二是完善政府内部层级监督和专门监督。政府内部层级监督是指上级对下级、政府对部门、行政首长对工作人员等职能工作开展情况的全过程监督。完善政府内部层级监督的关键是改进监督方式，建立常态化监督制度，坚持日常监督与专项监督、全面监督与重点监督、主动监督与受理投诉监督相结合，确保监督无处不在、无时不有。专门监督是指财政、审计、监察等有关职能部门，根据法律法规的授权和政府行政命令，对有关事项和人员进行的专门性监督检查。财政部门的监督重点是对财政资金的使用情况进行监督检查和绩效评估，审计部门的监督重点是对公共资金、国有资产、国有资源和领导干部履行经济责任制的情况实行审计全覆盖，监察部门的监督重点是监督行政机关履行法定职责的情况，并查处有令不行、有禁不止和失职渎职行为。

（三）完善纠错问责机制

责任是法律的生命，有错必受追责。一是强化领导干部问责。领导干部是全面推进依法治国、建设社会主义法治国家的“关键少数”，应当成为尊法学法用法守法的模范。严格落实中央办公厅、国务院办公厅《关于实行党政领导干部问责的暂行规定》的要求，继续推进行政问责的制度化、规范化，进一步明确问责范围，健全责令公开道歉、停职检查、引咎辞职、责令辞职、罢免等问责方式和程序，加大问责力度，增强行政问责的针对性、操作性和时效性，督促领导干部依法执政、依法行政、依法办事。二是建立依法行政责任倒查机制。严格执行《行政监察法》《公务员法》《行政机关公务员处分条例》和《浙江省行政执法过错责任追究办法》。对于政府及部门因不履行依法行政领导职责，导致本地区、本系统一年内发生多起严重违法行政案件、造成不良社会影响的，要严肃追究其相关负责人和主要负责人的责任，真正落实“有权必有责、用权受监督、违法必追究”的基本要求。

七、全面推进政务公开

公开公正、让权力在阳光下运行，是法治政府的重要特征。全面推进政务公开，实质上就是要让公众通过事前了解、事中参与、事后监督等多种手段来监督行政权力的行使，促进行政机关依法行政。当前，政务公开工作还面临一些突出问题，如一些政府工作人员思想认识还不够重视，信息公开不主动、不及时；信息公开的范围窄、方式方法单一；信息公开的公民异议处理机制还不健全；信息公开领域的行政案件败诉率呈上升趋势。针对这种状况，党的十八届四中全会从政务公开的原则、制度、重点、载体等多个方面，对全面推进政务公开进行了系统部署。省委十三届六次全会指出：要深化政务公开，重点推进财政预算、公共资源配置、重大建设项目批准和实施、社会公益事业建设、行政执法等领域的信息公开。

（一）完善政务公开制度

政府公开是现代行政的一项重要制度安排，在促进经济社会发展、预防腐败、密切党群关系等方面发挥了越来越重要的作用。十八届四中全会指出，“坚持以公开为常态、不公开为例外原则，推进决策公开、执行公开、管理公开、服务公开、结果公开”。这就说明政务公开是各级政府和部门的重要职责，是对社会公众应尽的义务。各级政府都要把政务公开作为常态化的工作，凡是不涉及国家秘密、商业秘密和个人隐私的政府信息，都要主动、及时向社会公开。当前，完善政府公开制度要与全面推行权力清单制度紧密结合起来，通过清单方式，把政府的各项权力公之于众，促使政府规范履行职责，接受社会监督。具体来说，就是要求各级政府及其工作部门依据权力清单，向社会全面公开政府职能、法律依据、实施主体、职责权限、管理流程、监督方式等事项，提高行政权力运行的透明度。同时，要把政务公开的要求融入行政权力运行的全过程，做到权力运行到哪里，公开和监督就跟到哪里。通过政务公开对权力进行审核确认，该调整的调整，该削减的削减，该下放的下放。

（二）突出政务公开重点

人民群众普遍关心、涉及人民群众切身利益领域的信息应当是政务公开重点。十八届四中全会指出，“重点推进财政预算、公共资源配置、重大建设项目批准和实施、社会公益事业建设等领域的政府信息公开”。一是推进财政预算领域信息公开。政府预算和决算要全部公开到支出功能分类的项级科目，专项转移支付预算和决算公开到具体项目，部门预算决算尽快公开到基本支出和项目支出，所有财政拨款安排的“三公”经费都要详细公开，也就是说，政府花了多少钱、怎么花的钱，都要公开，接受社会监督。二是推进公共资源配置、重大建设项目批准和实施领域信息公开。重点公开征地拆迁、土地使用权出让、产权交易、政府采购、保障性住房分配等涉及公共利益方面的信息，推进重大建设项目审批、核准、监管、招标、投标等信息公开，防止权力设租寻租。三是推进社会公益事业建设和公共服务领域信息公开。重点公开教育、科学、文化、卫生、体育、环境保护、灾害救助与社会救助、市政公用事业建设等涉及民生问题的信息，不断强化和优化公共服务。

(三)创新政务公开方式

随着信息技术手段的不断丰富,政务公开的载体和手段也要随之不断创新。十八届四中全会指出,“推行行政执法公示制度,推进政务公开信息化,加强互联网政务信息数据服务平台和便民服务平台建设”。在推行行政执法公示制度方面,重点要公开行政机关在实施行政处罚、行政许可、行政征收、行政强制、行政收费、行政确认、行政裁决、行政给付、行政复议等执法活动中的履职情况,推进执法结果公开,提高执法透明度。在推进政务公开信息化方面,重点是加强互联网政务信息数据服务平台和便民服务平台建设,尤其是要办好政府的门户网站,使之成为集行政审批、便民服务、政务公开、互动交流、效能监察等功能于一体的服务平台。同时,推进行政审批全流程公开,实行行政审批全过程实时监督;依法规范依申请公开办理工作,完善政府信息公开办理流程,方便人民群众的生产和生活需要。

八、健全行政争议化解机制

法治社会不是没有行政争议的社会,而是有一套行之有效的预防和化解争议工作机制的社会。党的十八届四中全会强调,要健全依法维权和化解纠纷机制,推进多层次多领域依法治理,坚持系统治理、依法治理、综合治理、源头治理,提高社会治理法治化水平。省委十三届六次全会提出,要构建党政主导的维护群众权益体系,建立健全矛盾预警、利益表达、协商沟通、救济救助等机制。中央和省委的一系列要求,为我们做好预防和化解行政争议工作指明了方向。

(一)正确理解行政争议发生的内在机理和特点

当前,我国正处于社会转型期,伴随着经济快速发展和法治建设的不断推进,各种利益的争议和冲突在一定程度上呈加剧态势,各种矛盾纠纷的关联性、集聚性、突发性进一步增强，发生在行政管理领域的争议纠纷案件总量呈持续高位运行态势。2014年，全省各级行政复议机关新收案件6433件，比上一年增长37.16%；全省一审行政诉讼案件前几年一直在4000件上下徘徊，2014年增长至4824件，呈大幅增长，这些案件的触点多、燃点低，处理不易，涉及的领域与人民群众的人身、财产权益密切相关，与人民群众的生产、生活密切相关。这几年行政争议案件持续在高位上运行，一方面说明了人民群众的权利保护意识在增强，说明了人民群众对通过行政复议和行政诉讼等法定渠道表达诉求、救济权利的认同度在增强；另一方面也说明我省依法行政工作还存在不少亟须解决的问题，依法行政面临的形势依然严峻、任务非常繁重。

（二）完善预防和化解行政争议机制

预防和化解行政争议，顾名思义，一是预防，二是化解。有了行政争议要坚持依法化解，但是要从根本上减少和避免行政争议的发生，还是要靠预防，两者要形成合力。一是注重末端治理，重点是要想方设法、积极创造条件，引导当事人根据争议的性质和类型选择最适当的法定纠纷解决途径，充分发挥调解、仲裁、行政裁决、行政复议、行政诉讼等纠纷解决制度的作用；建立完善多元化纠纷解决机制，实现各类纠纷解决制度有机衔接、相互协调，真正形成社会矛盾纠纷化解工作网络和格局。二是注重前端防范，坚持预防为主的理念，并将这个理念贯彻到政府的每一项工作和每一个环节中去，重点是要严格推行政府权力清单制度，完善行政规范性文件合法性审查；严格落实重大行政决策中公众参与、专家论证、风险评估、合法性审查、集体讨论决定五个必经程序的刚性要求，坚持严格、规范、公正、文明执法，确保依法行政、依法办事，确保人民群众的合法权益不受侵害。三是要深化司法与行政良性互动，建立健全多层次的沟通协调机制。推广预防和化解行政争议联席会议制度，研究解决预防和化解行政争议的重大问题；推广行政复议、行政审判与信访联席会议制度，强化政府法制机构、法院、信访部门之间的信息沟通与工作衔接，研究解决法律适用等疑难问题；建立行政执法部门与法院审判部门的专项联席会议制度，专题协调解决重点执法领域的突出问题。同时，重视推进非诉行政案件“裁执分离”，除了依法应由法院强制执行的案件外，进一步探索政府牵头、多部门联合协作的法院裁定案件执行机制，确保党委政府重点工作得到有效实施。

（三）高度重视新行政诉讼法的贯彻实施

新行政诉讼法围绕解决“立案难”“审理难”“执行难”三大问题，放宽了原告起诉条件和期限，规定了立案登记制，将行政协议和红头文件等纳入受案范围和审查对象，增加了维持决定的行政复议机关作为共同被告的职责，强化了行政机关的应诉和执行责任，进一步严格了司法审查标准，进一步体现了司法权对行政权的监督制约和对群众合法权益的保护，对行政机关依法行政提出了更高的标准和具体要求，是加快推进和倒逼依法行政工作的一次重要契机。各级政府行政机关要准确理解新行政诉讼法的精神实质、基本制度、主要内容，正确理解和支持配合人民法院依法行使行政审判权，自觉接受司法监督，正确认识当被告，并建立健全行政机关应诉工作机制。重点是按照“谁主管谁应诉”“谁主办谁出庭”的原则，强化各级行政机关及其工作人员行政应诉的法定职责，依法履行诉讼中的答辩、举证、出庭等义务，坚决避免“民告官不见官”“出庭不出声”等现象，不得有任何妨碍诉讼的行为；自觉履行法院做出的生效裁判，及时反馈司法建议的落实情况。

九、提高领导干部运用法治思维和法治方式的能力

党的十八大报告指出要“提高领导干部运用法治思维和法治方式深化改革、推动发展、化解矛盾、维护稳定能力”。习近平总书记在 2015 年 2 月省部级主要领导干部学习贯彻十八届四中全会精神全面推进依法治国专题研讨班开班式上指出，全面依法治国必须抓住领导干部这个“关键少数”，领导干部要做尊法学法守法用法的模范。这体现了党的治国理政新

理念，凝聚了科学发展的法治观，丰富了领导干部的能力和素质的内涵。

（一）法治思维与法治方式的主要异同

法治思维区别于人治思维、管制思维，强调法治的理念、精神、原则和逻辑；法治方式强调公权力行使方式、措施、手段要纳入法律轨道，突出法治实践和外在行为准则。

法治思维和法治方式是构成法治内核的两个要件，互为表里、相互依存。第一，有什么样的法治思维，就会产生什么样的法治方式，法治思维决定着法治方式。领导干部具备法治思维，在工作中必然会优先、主动、倡导运用法治方式从事公共管理。第二，什么样的法治方式，反映了什么样的法治思维，法治方式是法治思维的外在呈现。法治思维不是无形的、抽象的，最后要外化为法治方式处理各种问题。第三，法治思维与法治方式相互作用、相互促进。领导干部主动、自觉和善于运用法治思维观察和处理经济社会发展中的各类问题，就会促进法治方式的具体实践；反之，法治方式的实践又会赋予领导干部法治思维更丰富的内涵，两者相得益彰，形成良性互动。

（二）法治思维和法治方式的主要内涵

法治思维是指在遵循法治理念的基础上，运用法律精神、法律原则、法律规范和法律逻辑对社会各类现象、问题和事件进行法律考察和判断的思想认识活动过程。领导干部的法治思维是指领导干部想问题、做决策、办事情、抓落实，坚持以法律为依据、准绳，严格尊法、守法、依法、用法、靠法，严格按照法律规则和法定程序行使权力，自觉接受法律监督并承担法定责任。概括而言，法治思维主要有六项内在要求：一是崇尚法律至上，要求各级领导干部带头遵守法律，在法律的框架范围内活动，按照法律办事，绝不允许以言代法、以权压法、徇私枉法。二是回归权利本位，要求领导干部必须严格约束权力，要求“法无规定的，公权力不可为；法无禁止的，公民皆可为”。三是推行公开透明，要求领导干部在做出重大决策时，严格按照法定程序，杜绝“重结果轻过程，重实体轻程序”的旧有思维。四是实行最小侵害，要求法治不以简单惩处为目的，更不能滥用、过度使用法律措施，必须尽可能采取影响最轻微的手段，避免对公民权益造成过度损害。五是严格权责一致，要求行政权力与责任紧密挂钩，依法承担相应责任。六是追求公平正义，要求领导干部坚持以人为本、执法为民，坚持保护人民权利和尊重保障人权，坚持依法行政、公正司法、依法办事，确保法治的目标真正实现。

法治方式，就行政管理领域而言，是指行政机关在法治思维的指导下，通过制定和执行法律法规规章，运用法定的制度和机制，按照法定权限、程序和内容处理各种社会问题的措施、方式和方法。法治方式主要有六项外在要求：一是主体合格，要求实施行政行为的行政机关依法设立，具有行政主体资格，实施行政行为的人员必须具备代表行政机关合法的公职身份。二是权限明确，要求权限来源、使用明确。三是内容具体，要求行政行为的内容必须完全符合法律规定，无论是目的、原则，还是从具体内容、条件都不得与法律规定相违背。四是程序正当，要求行政机关和相对人都要遵守法律预设的行政程序。五是方式适当，要求方式来源、使用有法律依据。六是结果合理，要求行政机关实施行政行为的效果应当符合法律法规明示或暗含的目的。

（三）主要举措

领导干部行使人民赋予的权力，是党的事业的骨干、人民的公仆，在全面建成小康社会和全面推进依法治国历史进程中岗位特殊、责任重大。提高领导干部运用法治思维和法治方式深化改革、推动发展、化解矛盾、维护稳定能力建设，刻不容缓、至关重要。一是坚持用社会主义法治理念筑牢领导干部法治思维和法治方式的基础。领导干部的法治思维和法治方式，必须来源于正确的法治理念，必须始终坚持以“依法治国、执法为民、公平正义、服务大局、党的领导”为内涵的社会主义法治理念，坚持社会主义法治正确的政治方向。二是健全领导干部法治教育和培训工作制度。把法治思维和法治方式学习纳入领导干部学法计划和培训基本内容，使之常态化、规范化。在学习形式上，通过党委（党组）理论学习中心组集体学法、政府常务会议学法、领导干部法制讲座等形式，举办领导干部依法执政、依法行政专题研讨班，定期组织领导干部参加专门法律知识轮训和新法律法规专题培训等。三是完善领导干部考核机制。把领导干部承担的法治建设任务与经济发展社会稳定任务一起规划、一起部署、一起落实、一起考核。要像考核经济指标一样，把依法行政、依法决策、依法办事纳入对领导干部的考核内容，建立健全考核评价机制，使法治思维和法治方式真正成为一种硬标准、硬要求、硬任务。四是严格落实行政权力监督制约和问责机制。按照权责一致的要求，严格实行党政领导干部问责的有关规定，对那些不依法办事的领导干部要进行批评教育，对于有令不行、有禁不止、行政不作为、滥用职权、超越职权、失职渎职、违法行政等行为，导致一个地区、一个部门发生重大责任事故或严重违法行政案件的，要依法追究有关领导直至行政首长的责任，督促和约束行政机关领导干部依法行使职权、履行职责。

附：点评

如何理解认识我省以“四张清单一张网”为重点的政府自身改革

“四张清单一张网”是指权力清单、责任清单、企业投资负面清单、财政专项资金管理清单和浙江政务服务网。从2013年底开始，我省在全国率先开展“四张清单一张网”建设，目的是加快构建“职权法定、边界清晰、分工合理、权责一致、运作高效”的政府职责体系，真正落实“法定职责必须为”“法无授权不可为”“清单之外无职权”的要求，依法全面、正确履行政府各项职责，提高政府的执行力和公信力。

（一）“四张清单一张网”建设稳步推进

一是权力清单方面。将省级部门报送的1.23万项权力削减到4236项，明确其中直接行使1973项，并对所有的市县政府及部门的权力进行清理，一同在政务服务网上公布。二是责任清单方面。责任清单包括主要职责、与相关部门的职责边界、事中事后监管、公共服务事项四个方面。省级公布的责任清单中，共有单位43家，主要职责543项，细化具体工作事项3941项；涉及多个部门职责边界划分的事项165项，编写案例165个；建立健全事中事后监管制度555个，公共服务事项405项。三是企业投资负面清单方面。主要是列明企业不能投资的领域、产业和需要核准的投资项目，负面清单之外的项目，政府不得再审批。目前已开展了50多个以“负面清单制、企业依法承诺制、备案制和事中事后监管制、零地技改”为主要内容的企业投资项目不再审批改革试点。四是财政专项资金管理清单。省级部门一般不再直接向企业分配和拨付资金，不再直接向企业收取行政事业费，改革后，省级财政转移支付专项由235个整合为54个。五是浙江政务服务网方面。浙江政务服务网是全国首个实现省市县一体化建设与管理的政府网站，以“服务零距离、办事一站通”为主旨，通过权力事项集中进驻、网上服务集中提供、信息资源集中共享，着力打造在线智慧政府，促进政府治理体系和治理能力现代化。

（二）“四张清单一张网”建设成效明显

政府是制度供给主体，也是驱动创新的主体，要主动适应经济社会发展新常态，政府必须加快自身改革和自身建设。本届政府将以推进“四张清单一张网”建设作为加快政府自身改革的突破口，抓住了问题的关键。一是有利于简政放权。通过权力清单工作，大量隐藏在行政许可、非行政许可审批事项目录之外的针对公民、法人和其他组织的具有审批性质的事项暴露了出来。按照简政放权的要求，需要对此取消或下放。二是有利于监督行政权力。通过建设全省统一的行政权力事项库，为每一项权力编发“身份证”，建立跟踪卡，实现了对省市县三级政府所有权力事项的规范化、目录化、动态化管理。通过全面清权、依法制权和公开晒权，进一步强化了权力运行制约和监督。三是有利于转变政府职能。政府与市场、社会边界和政府层级间关系的重新梳理和定位，有效减少了政府对资源的直接配置和对微观事物的管理干预，促进政府职能向营造良好发展环境、提供优质公共服务和维护社会公平正义转变。如“两个不再”改革就有助于推动省级部门从繁重的“分钱分粮”和微观事务管理中解脱出来，把更多的精力转移到加强发展战略、规划、政策、标准等制定实施上来。同时，建立健全事中事后监管制度，进一步推动了政府监管职能从注重事前审批向加强事中事后监管转变。

（三）全面深化“四张清单一张网”建设的基本要求

2015 年 6 月，省政府办公厅先后下发了《关于成立浙江省政府深化“四张清单一张网”改革　推进职能转变协调小组的通知》和《2015 年浙江省深化“四张清单一张网”改革推进简政放权放管结合转变政府职能工作方案的通知》，要求紧紧围绕推进政府治理体系和治理能力现代化的目标，更好地发挥“四张清单一张网”的撬动效应和导向功能，坚持以理清权力边界为切入点，以优化权力配置为着力点，深入推进政府职能转变、行政审批制度改革和综合行政执法改革，不断把政府自身改革推向深入。一是进一步推进权力清单“瘦身”。根据国家法律法规的调整，及时调整权力清单，进一步简政放权。二是进一步推进责任清单“强身”。就是要按照“法定职责必须为”的要求，不断完善责任清单，全面落实法定工作责任。三是进一步推进负面清单创新。按照企业“零地”项目政府不再审批、独立选址项目高效审批、非独立选址项目先解决市场化要素供给问题再实行不再审批的要求，调整和优化负面清单。同时，建立健全以市场准入标准为基础，以施工监管、竣工验收、生产开工许可为主要内容的事中事后监管制度。四是进一步推进专项资金管理清单“升级”。目前，专项资金的实质性整合还远远不够，应当进一步减少所谓特殊部门的数量，大幅度推进专项资金的实质性整合，并积极推进专项资金管理基金制。五是进一步推进政务服务网提升。重点围绕延伸服务、拓展功能、优化界面，继续推进行政权力网上运行和流程再造，完善网上公告服务体系，促进服务平台向乡镇（街道）覆盖，不断扩大服务受众面。

专题 4:法治政府建设第三方评估

一、背景与缘起

党的十八届四中全会通过的《中共中央关于全面推进依法治国若干重大问题的决定》提出,把法治建设成效作为衡量各级领导班子和领导干部工作实绩的重要内容,纳入政绩考核指标体系。《决定》的明确点题,既为此前已经在全国各地开展的法治评估实践正了名,也为将来实施法治评估作业的意义与方向做出了基本安排。应该说,法治评估是一个大概念,从法治建设的基本维度而言,其至少包括了立法评估,法治政府建设评估,司法(阳光、公正)状况评估和守法评估(公民法律意识评估)等子系统;从实践情况来看,尤以法治政府建设评估在全国覆盖面最广、影响最大,亦最受关注。

根据学者的观察和梳理,专门的法治政府评估活动始于 2004 年国务院《全面推进依法行政实施纲要》的颁布,其经历了由地方政府自行开展自上而下依法行政考核,到部分地方政府开始委托第三方机构实施评估,再到由第三方机构主动发起并完成整个评估过程三个阶段,并在不同阶段体现出不同的特点。① 在整个发展过程中,法治政府建设的第三方评估从蹒跚学步到初步成型,走过了一段不算平坦的路程,尽管其在独立性、实效性、公信度等方面还有许多成长的空间,但作为一种未来法治政府评估的新兴力量,发展趋势却已不容逆转。一方面,第三方评估作为推进政府治理现代化的一种手段,作为外部制衡机制,在政府治理绩效的评

① 林鸿潮:《第三方评估政府法治绩效的优势、难点与实现途径》,《中国政法大学学报》2014 年第 4 期,第 25—32 页。

估领域，已越来越被广泛认同并为体制所激励和倡导。[①] 另一方面，无论这个“第三方”是市场主体，还是高等院校、研究机构，其对内部评估的风险对冲效应都是可期的。正如学者所言，从国内的情况来看，绝大多数量化评估往往是公权力机关的自评、互评、交叉评，无论评价结果如何，都难逃自说自话的窘境。[②] 而第三方评估有助于缓解这一窘境。

当然，正如以上所述，第三方评估在中国尚处于初级阶段，加之信息不对称的广泛存在，其在法治政府建设评估中应当是一种独立的新兴力量，但绝非唯一力量。至少就现阶段而言，法治政府评估应当是政府自我评价、公众评价和第三方评价联合构成的综合评价体系。基于这样的定位，浙江省在传统的依法行政考核的基础上，于 2013 年建立“三驾马车”式的评估机制。按照《浙江省人民政府关于印发浙江省法治政府建设实施标准的通知》（浙政发〔2013〕50 号）的规定，浙江省法治政府建设考核评价采用政府内部评价、专业机构评估和社会满意度测评三者相结合的评价机制，这三个维度的权重，分别占总分的 50%、35%和 15%。其中，占据 35%权重的第三方专业机构评估，由浙江省社会科学院组织有关单位具体实施。经过 2013 年和 2014 年两个年度的评估实践，我们对法治政府建设第三方评估的定位、理念、技术有了一些初步的思考，也积累了一定的经验，通过本文略陈概貌以求教于方家。

二、浙江法治政府建设第三方评估的基本定位

经过理论研习和实践总结，在实施法治政府建设第三方评估过程中，我们在指标体系设计、评估方法和评估结果运用三个方面分别秉承并不断完善以下的理念和基本定位。

---

① 从 2014 年开始，国务院开始力推“第三方评估”，当年度，委托国家行政学院等四个评估机构，对“取消和下放行政审批事项”等政策落实情况进行评估。参见《国务院力推第三方评估涉 20 个审批权较集中部委》，《南方周末》2014 年 9 月 19 日。

② 吕艳滨：《法治评估方法重在客观直观》，《中国社会科学报》2014 年 1 月 15 日。

1. 在指标体系设计上，统合全面性、抽样性、合法性等要素

衡量一个地方的法治政府建设状况，到底应该设多少个指标，设哪些方面的指标，是首先考验评估者的一个命题。在这一点上，我们经过两年的实践，总结出三条基本规则。

一是全面性。根据通行的社会学研究方法，一般认为，衡量某个事物的各指标之间应当具备四种关系：完备性 、单项性、互斥性和互换性。其中，完备性系指，各个指标加起来，能够或者基本上能够涵盖该事物所指涉的所有现象。[①] 因此，法治政府建设第三方评估首先应当对涵盖法治政府建设这一“事物”的现象进行归纳，并以此作为指标体系设计的基础，不能“削足适履”，仅从指标的可操作性、便捷度等方面考量而舍去一些重要板块。为此，在一级指标设计上，我们将制度质量(政府制发的规范性文件合法性与整体质量)、行政行为规范度、行政执行力、行政透明度、公众参与情况、矛盾纠纷化解情况、公务员法律意识和素养、廉洁从政与责任担当等法治政府建设的全要素“一网打尽”。在拟定指标体系的过程中，也有人提出：矛盾纠纷化解情况、公务员法律意识和素养等指标在第三方评估中很难进行评估，可操作性比较弱，是否技术性地予以删除？最终，我们从指标体系的全面性角度考虑，未采取这种观点。

二是抽样性。全面性并不意味着需要一个庞大的指标体系，“全面”仅指覆盖度，而非数量级，指标数量应当以典型性、关联性、现实性为宗旨进行安排。因此在具体的二级指标设置上，我们采用抽样制。这是因为，一方面，统计实验表明指标总数不宜超过 50 个。欧洲实验室在模拟实验后指出，50 个指标的贡献率为 75%，超过 50 个指标的评估体系贡献度很小。另一方面，目前远未进入大数据时代，特别是就法治政府评价得标的(政府依法行政工作)而言，其公开披露的信息远不足以支撑“全样本”分析。

三是合法性。具体测评指标的来源应具有规范依据，如果天马行空，或者纯粹根据理论上的一些认识进行布置安排，一方面会使得指标科学

① [美]劳伦斯·纽曼、拉里·克罗伊格：《社会工作研究方法：定性和定量方法的应用》，刘梦译，中国人民大学出版社 2008 年版，第 230—231 页。

性大打折扣，另一方面也会遭到评估对象的质疑，甚至造成其工作中的困惑。为此，我们在指标体系设计上应注意把握其合法性来源：其一，在大的指标体系覆盖性上，以党的十八大、十八届三中和四中全会关于法治政府建设的要求，国务院关于法治政府建设的三个纲领性文件[①]为基本的依据。其二，在具体指标设计上，尽量以相应的法律法规为依据，如在行政透明度测评上，以《政府信息公开条例》规定的公开要素作为指标来源。

2. 在评估方法上，将第三方评估定位为各种评估技术的综合体

由于浙江法治政府建设的第三方评估由省社科院负责，所以一开始社会和被评估对象有一种误解，认为专业机构评估就是专家对某地、某部门的观察性和主观性评价。实际上，评估伊始，我们便将“不能把专业机构评估矮化为专家主观评估”作为一个基本定位，因为用专家或商界代表对一个国家的法治主观满意度反映一个国家或者地区的民主法治发展状况，而不是对制度运行的客观状况进行评价，难免以偏概全。[②] 第三方评估毫无疑问应当是现行各种有效评估技术的综合体，并加以创新完善。为此，在实践中，我们采用并根据浙江法治政府建设评估的实际优化了网络检索法、媒体检索法、专家评议法、实测法、函调征询法、相关单位客观数据调取法、问卷调查赋分法、电话访谈赋分法等多种评估方法。

另外，在评估方法和技术导向上，第三方评估应突出绩效评估。如果说政府内部评价更侧重于被评估单位的规定动作、目标责任完成情况，社会满意度评价侧重于民众的主观获取感，那么专业评估的比较优势和着力点应在于有关法治政府建设的各项制度实际运行情况及其实际绩效。为此，在评估实践中，我们要重点研究和完善能够客观反映法治政府建设实际绩效的指标。如规范性文件合法性和整体质量，行政诉讼和行政复议败由，法定义务履行情况，政府信息依申请公开实测情况，行政复议化解矛盾纠纷的作用发挥情况，行政机关渎职案件状况等指标，均是从某一

---

① 分别是：2004 年的《全面推进依法行政实施纲要》、2008 年的《关于加强市县政府依法行政的决定》、2010 年的《关于加强法治政府建设的意见》。

② 吕艳滨：《法治评估方法重在客观直观》，《中国社会科学报》2014 年 1 月 15 日。

方面测量法治政府建设的实际成效和末端表现，而不仅限于对政府依法行政工作的过程考核。

3. 在评估结果运用上，在“评价性功能”之外注重“引导性功能”

作为整个法治政府建设考核的一部分（35%权重），浙江的法治政府建设第三方评估当然承担着对各设区市、各部门法治政府建设现状的评价功能，打分数、做评价、排座次是其一项重要工作。但是，正如张文显教授所指出的，法治评估虽然是一种对现状的评价，但它的价值更在于对法治建设的指引、引导。① 我们认为，第三方法治评估不应是简单的打分数，而是应当从评估的过程和结果出发，为法治政府建设提供“智库性”意见，换言之，第三方评估作业者既是“评价者”，又是地方政府和部门法治建设的“小伙伴”。为服膺于这一定位，我们主要通过两大机制实现评估结果的“引导性功能”：一是就第三方评估中发现的法治政府建设中的普遍性问题，以决策建议件的形式，向省委、省政府领导报送。两年来，评估团队已就审批制度改革、规范性文件合法性审查、综合执法改革、政府信息公开等问题形成若干篇决策建议件，为相关决策提供参考。二是与被评估单位加强互动，通过《法治评估意见征询函》等形式，对被评估单位在推动法治政府建设中的薄弱环节予以指明并分析、提出建议。两年来，通过互动形式，被评估单位普遍在政府信息公开年报公开、政府财政透明、规范性文件合法、法定配套制度制定职责履行、重大行政决策程序完善等方面有了进步。

在这个意义上，我们认为，通过第三方评估部分地推进所谓“诱导性法治建设”是可能的。对此，有学者曾经清醒地批评道，所谓的诱导性法治建设，一开始就可能是无本之木。因为“法治指数”是个软性指标，或高或低可以取决于评估指标的设定和打分，实现花钱买奖状。在地方政府和法律专家上演的法治指数“二人转”中，由于资源与实力的对比悬殊，那些诱导地方政府进行法治建设的专家，结果往往“被引诱”成了法治业绩

---

① 《中外专家为法治评估建言献策——“法治评估：普遍性与特殊性”国际研讨会综述》，《法制日报》2014 年 6 月 4 日。

的粉刷匠与帮腔者。[①] 这是一个极有意义的提醒，如果法治评估仅仅是打分数，极有可能会出现他所描述的危险。但是，如果将法治评估的内容进行实化，并且从增加被评估者数量、建立回避机制等角度塑造评估作业者的超脱性、独立性（当存在数十个甚至上百个被评估对象时，其对“粉刷匠”和“帮腔者”的担忧大可不必），事实证明诱导功能的存在还是可期的。

三、浙江法治政府第三方评估的主要指标构成与测评方法

根据上述基本定位，浙江法治政府第三方评估每年确定 25 个左右的典型指标，运用 8 种主要方法对全省 11 个设区市政府和 42 个省级部门的年度依法行政（法治政府建设）状况进行测评。

1. 制度质量部分

制度质量部分主要包括规范性文件合法性与整体质量、规范性文件备案审查和异议审查纠错点、规范性文件清理实施情况等指标。其中，文件合法性与整体质量采用抽查赋分制，从每个被评估单位全年度制定的规范性文件中随机抽取三件，确定基本赋分规则，由专家进行书面加会议评议并赋分说明理由。备案审查和异议审查纠错点则根据法制办系统对被评估单位的纠错文件，按照错误严重程度分别赋分。规范性文件清理实施情况则根据互联网检索和征询反馈方法，测定被评估单位有无按照“两年左右清理一次”的要求对文件进行动态清理。

2. 行政行为规范部分

行政行为规范部分主要包括行政诉讼和行政复议败诉情况、重大行政决策程序规则运行情况、执法案卷评查情况、政府法制工作队伍建设情况、政府法律顾问制度建立和运行情况等指标。“败诉情况”指标从败诉

---

① 陈林林：《法治指数中的认真与戏谑》，《浙江社会科学》2013 年第 6 期，第 144—147 页。

率、败诉量和败由三个方面进行综合赋分，对裁判文书进行全样本分析。“重大行政决策程序规则运行情况”指标则抽取决策个案，通过互联网检索和征询反馈方法，从已有证据判断重大行政决策的五大程序要点有无履行。“执法案卷评查情况”指标则根据统一组织开展的行政许可、行政处罚案卷评查活动结果，对案卷所体现的行政行为规范度、合法性进行测评。“政府法制工作队伍建设情况”指标主要通过问卷调查，对被评估单位法制队伍的学历、年龄、专业结构进行横向比较测评。“政府法律顾问制度建立和运行情况”指标主要通过问卷调查加个案查询的方式对政府法律顾问制度是否建立、顾问在政府法律事务中的作用发挥情况进行抽查赋分。

3.行政执行力部分

行政执行力部分主要包括权力清单和权力运行流程图制定公开情况，“三改一拆”和“五水共治”实施情况，法规确定的配套制度制定职责履行情况，目标群体满意度(如测评当地行政审批制度改革的受益者——企业家的满意度)等指标。“权力清单和权力运行流程图制定公开情况”指标是对被评估对象是否依法按时制定“一单一图”进行测评。“法规确定的配套制度制定职责履行情况”指标主要测评浙江省现行有效地方性法规所设定的省级部门和设区市制定有关配套性制度的义务履行情况。“目标群体满意度”指标主要抽取与法治政府建设密切相关的工作，通过问卷调查测评目标群体对当地政府和部门落实该工作的满意度。

4.行政透明度部分

行政透明度部分主要包括政府财政透明度(含县市区三公经费)、主动公开的其他重点政府信息公开情况、依申请信息公开实测情况、政府信息公开年度报告公开情况等指标。“政府财政透明度”指标主要测评法定需要公开的预决算、三公经费等信息是否依法、充分公开。“主动公开的其他重点政府信息公开情况”指标主要就《政府信息公开条例》规定需要主动公开的其他政府信息(除财政信息外)公开情况进行测评。“依申请信息公开实测情况”指标由测评小组以信息公开申请人的身份申请被评估单位的信息公开，就其应对程序和结果进行赋分。“政府信息公开年度报告公开情况”指标主要对部门和政府是否按《政府信息公开条例》的要求在法定时间前公开政府信息公开年度报告进行测评。

5. 公众参与部分

公众参与部分主要包括规范性文件公开征求意见情况、重大行政决策征求公众意见情况、行政决策参与满意度等指标。“规范性文件公开征求意见情况”指标就53个被评估单位的近千份规范性文件制定过程进行全样本分析，根据所采取的公开征求意见形式按格次赋分。“重大行政决策征求公众意见情况”指标系选择决策个案，就个案的公众参与情况进行测评赋分。“行政决策参与满意度”指标采用电话访谈形式测评民众对当地决策开放性的满意度。

6. 矛盾纠纷化解部分

矛盾纠纷化解部分主要包括行政复议化解矛盾纠纷的作用发挥情况、10人以上群体性案件发生情况等指标。“行政复议化解矛盾纠纷的作用发挥情况”指标主要对被评估单位的行政复议决定文书及其复议后矛盾解决情况进行全样本分析。“10人以上群体性案件发生情况”指标从行政诉讼判决书裁定书、行政复议决定书、信访情况进行全样本分析，统计区域内10人以上群体性案件情况。

7. 公务员法律意识和素养部分

公务员法律意识和素养部分主要包括行政负责人出庭应诉情况、领导干部法治思维综合情况、公务员法律意识和素养民意调查等指标。“行政负责人出庭应诉情况”指标系通过对行政裁判文书的全样本分析，统计各地各部门的出庭率、出庭量。“领导干部法治思维综合情况”指标系根据各被评估单位在重大决策程序履行情况、政府法律顾问制度建立和运行情况、财政透明度、法规确定的配套制度制定职责履行情况等指标上的得分进行综合赋分。“公务员法律意识和素养民意调查”指标则通过问卷和电话访谈形式测评当地民众对当地公务员法律素养的满意度。

8.廉洁从政与行政问责部分

廉洁从政与行政问责部分主要包括贪腐案件和渎职案件状况、行政机关工作人员责任追究情况、廉洁自律情况民意调查等指标。主要从主流媒体、主管机关调取年度贪腐案件和渎职案件状况、工作人员处分情况,并就廉洁自律情况进行总体民意测评。

除以上八个方面的指标外,还设置法治政府建设创新项目、法治政府建设评价结果运用路径等非常规加分项目,加分项目总分原则上不高于3分(以上八个方面的总分为100分)。

主要测评方法已在上述部分穿插说明,归纳起来,主要有以下几种。(1)网络检索测评法:从省级部门、设区市政府及其代表性工作部门的门户网站检索评估所需的基础材料(如政府财政透明度、重大行政决策程序运行情况、重点政府信息主动公开情况、规范性文件公开征求意见情况等),并根据操作规程和赋分规则测评打分。(2)媒体检索测评法:检索11家主流媒体,获取有关基础数据。(3)专家评议法:对有关样本和赋分规则实施专家评议,并测评打分。(4)实测法:评估工作人员以申请者和询问者身份,请求被评估单位公开某项依法应当公开的信息,或者就某个事项做出答复。通过这一模拟实测过程,评测行政机关及其工作人员是否依法、及时、充分履行法定职责。(5)函调征询赋分法:对有关指标,在初步检索的基础上,通过"法治评估意见征询函"的形式,向被评估单位征询、确认评估信息,并予以数据矫正。(6)相关单位数据调取测评法:从法院、法制办、监察部门等机关调取有关客观数据,并进行横向比较后赋分。(7)问卷调查赋分法:就有关事项实施问卷调查,根据回收的有效问卷情况进行赋分。(8)电话访谈赋分法:就有关指标设置电话访谈问题,根据访谈结果按规程赋分。

关于专家评议法,还要再赘述几句。专家评议法在法治评估实践中的应用,一直是理论上争议的话题,有学者认为,评估实践应完全客观,不应有主观色彩浓重的专家评议法存在,因为专家的主观随意性太强。对此,我们认为,在客观数据相对不足的当下,专家评议仍不失为一种理想的方法，关键是通过机制设计尽量使专家评估具有某些客观化的品质。我们的探索性做法是：首先，参与评议的专家与评估日常工作团队在人员构成上严格分离，评估日常工作团队不参与专家委员会，以确保专家委员会的中立性。其次，为限制专家的随意性，专家应当就评议结果书面说明理由。最后，也是最为重要的，交付专家评议的内容或为静态的制度文本，或为非个性化的赋分规则，不将动态制度运行情况交付专家主观评价，如此一来，能更好地发挥专家的比较优势并限制其恣意。比如，我们将所有近千份规范性文件制定过程所采用的公众参与形式进行客观罗列，由专家就这21种公众参与形式进行强度排列，根据专家投票结果，评估工作人员再就每个评估单位进行赋分。

（浙江省社会科学院副研究员、法学博士　唐明良）

第五章　推进司法体制改革，全面提升司法公信力：法院改革篇

党的十八大报告提出要“进一步深化司法体制改革，坚持和完善中国特色社会主义司法制度，确保审判机关、检察机关依法独立公正行使审判权、检察权”，党的十八届三中、四中全会进一步明确了司法体制改革的目标任务、关键举措，中央深化改革领导小组会议多次围绕全面提升司法公信力这一根本目标，研究、部署和推进司法体制改革的各项改革和试点工作，充分说明全面推进依法治国是国家治理领域一场广泛而深刻的革命，司法体制改革是这场革命的“重头戏”。《中共浙江省委关于全面深化法治浙江建设的决定》提出要“紧紧围绕公正司法，在推进司法体制机制改革方面走在前列。加快完成司法体制机制改革的各项任务，基本形成科学合理的司法管理体制和规范高效的司法权力运行机制。司法机关依法独立公正行使职权，司法公信力显著提升”。党的十八大以来，我省司法机关在省委的正确领导下，深入贯彻党的十八大、十八届三中和四中全会及省委十三届六次全会精神，严格按照中央批准的第二批司法改革试点方案要求，扎实推进各项工作，取得了显著的成绩，本章主要就我省法院系统落实司法体制改革的各项工作进行介绍。

一、近年来我省法院服务法治浙江建设的基本情况

近年来，我省法院紧紧围绕省委建设法治浙江的总体部署，以抓好

“八项司法”[①]为切入点，坚持“从严治院、公信立院、科技强院”，不断建立健全公正司法工作机制，最大限度维护社会公平正义，为促进经济发展、保护人民权益、维护社会稳定做出了积极贡献，为法治浙江、平安浙江和“两美浙江”建设提供了有力保障[②]，获得了最高人民法院、浙江省委的肯定和社会各界的好评。

(一)优化司法职权配置，完善审判权力运行机制

1.全面实施立案登记制改革

自十八届四中全会提出“改革法院案件受理制度，变立案审查制为立案登记制”以来，全省法院始终高度重视立案登记制改革工作，见事早，行动迅速，主动争取党政支持，推进改革措施，及时出台实施意见，细化流程规范。2015年4月，省高院制定下发《关于贯彻立案登记制的实施意见》，要求全省法院全面贯彻落实立案登记制，对于符合法律规定的一审民事起诉、行政起诉、刑事自诉、强制执行和国家赔偿申请，材料又齐备的，给予当场登记立案；当事人提交的诉状、申请书或材料不符合要求的，法院给予指导和释明。当事人当场不能补正的，法院出具补正通知书，一次性告知当事人需要补正的内容、期限及不按时补正的后果。补正期限一般为15日。对争议较大、工作人员当场不能判定是否符合法律规定条件的，法院出具接收材料的书面凭证后，在法律规定的具体期限内决定是否

① 2009年1月18日浙江省十一届人大二次会议上，提出了“抓好八项司法，服务科学发展”的工作思路，即抓好能动司法、和谐司法、民本司法、协同司法、规范司法、阳光司法、廉洁司法和基层司法。前四项司法强调的是发挥审判职能，围绕党委、政府的中心工作，为大局服务；后四项司法强调的是改革改进法院各项工作机制，围绕办案确保公正、高效、廉洁，提高司法能力水平，各项司法相互联系互为整体，成为全省法院深入推进公正司法、服务法治浙江建设的有力抓手。

② 近年来，全省法院收案处于持续爬升、高位运行态势，2012—2014年，年平均收、结案均突破100万件，其中2014年全省法院新收各类案件113.8万件，结案111.9万件，居全国第二位，分别较前一年上升5.3%和3.9%；一线办案法官年人均结案187件，是全国平均数的2.2倍，居全国第一位；上诉率为6.1%，二审改判发回率为7.7%，生效裁判息诉率为99.2%，主要办案质量、效率、效果指标，位居全国法院前列。

立案。如果法院在规定期限内仍然难以做出决定的，先予立案，及时移交给相关业务庭。5月4日立案登记制在全国开始施行，当日全省法院收案共计5700余件，当场立案5200余件，收下材料待立案共计380余件，一次性书面通知补正130余件。与以往相比较，收案量增加近20%。

2. 完善行政案件管辖制度

为在程序上保障行政案件的公正审理，2000年台州中院在全省率先对部分行政案件实行异地管辖，即将当地政府为被告的案件交由异地基层法院审理，这一说法被誉为“台州经验”，此后异地管辖在衢州、湖州等地区陆续推开。改革得到了最高法院的充分肯定，并在全国推广。2013年5月以来，湖州、丽水两地开展行政案件相对集中管辖试点，逐步建立完善了相应工作机制：(1)科学确定集中管辖法院。在一个地市，由中院指定1—2家基层法院为集中管辖法院，一般应具有受案数量较多、审判力量较强、司法环境较好、经济社会发展水平较高等条件。丽水中院确定莲都、龙泉和松阳3家法院，湖州中院确定德清县法院为集中管辖法院(之后集中管辖法院在5个区县中“一年一轮换”)。(2)规范办案流程。起诉受理方面，湖州地区采取“原管辖法院释明移送、集中管辖法院自行审查立案”的做法，丽水地区则采取“原管辖法院先行受理，报中院指定由集中管辖法院审理”的方法。案件审理方面，两地法院均要求集中管辖法院巡回审判，非集中管辖法院配合做好有关行政案件的受理、移送、执行及协调工作，并可接受集中管辖法院的委托代为送达法律文书或宣判。信访稳控方面，对于集中管辖案件裁判后出现申诉信访的，两地均将集中管辖法院作为化解稳控主体，但要求非集中管辖法院配合集中管辖法院做好本辖区内申诉信访案件的化解稳控工作。审判人员配置方面，湖州中院要求集中管辖法院行政审判庭一般应设置两个合议庭，非集中管辖法院可以确定1—2名审判人员到集中管辖法院交流任职。丽水中院要求集中管辖法院充实行政审判人员，除庭长外至少配置一个合议庭。

3. 完善民商事案件审判工作机制

（1）调整三级法院的功能定位。从更好地把矛盾纠纷化解在基层、解决在当地的角度出发，2011 年 2 月和 2012 年 1 月，浙江高院在全国法院系统率先对全省法院民事商事审判工作机制进行调整，将原由中、高级法院一审的 90％以上的大标的民商事案件下放到基层法院，使大量多发性案件及时化解在基层。同时，针对浙江民间借贷不同于普通消费借贷、具有很强的生产经营型借贷的特征，且国际金融危机背景下企业卷入民间借贷纠纷高发频发等特点，对各民事审判庭案由分工做出重大调整，首次将民间借贷案件划入商事案件范围，以便更为灵敏、准确地把握国际金融危机影响下企业生产经营的新情况、新问题。（2）完善民商事案件集中管辖制度。针对企业资金链断裂引发大量纠纷的状况，2008 年 10 月，省高院下发《关于资金链断裂引发企业债务重大案件的集中管辖问题的通知》，已先后指定相关中级人民法院集中管辖涉及台州的飞跃集团、中汽雷克萨斯汽车销售公司、德仁集团，绍兴的江龙控股、纵横集团，丽水的银泰集团，杭州的华伦集团、天松集团，舟山的和润集团等 10 余家企业债务的重大案件，中院还可指定辖区内基层法院管辖部分案件，为涉诉行业龙头企业维持或恢复正常经营创造条件，尽量避免资金链断裂引发的区域性系统风险。这些集中管辖的案件，大多都重组重整成功或取得重大进展，显示了浙江法院能动司法的独特功能和价值。（3）慎用强制措施。针对涉企债务案件不断增长，查封、冻结、财产保全等强制措施使用过多给陷入困境的企业生产经营带来不利影响的问题，省高院明确提出在诉讼和执行中慎用强制措施的要求，达到最大限度保障企业生存、缓解危机的目的。如台州中院集中管辖飞跃集团系列案件，就采取动态保全方式，多次召开债权人会议并邀请当地政府领导参与沟通协调等方式，使债权人全部主动申请法院解除财保措施。

4. 完善人民陪审员参审案件机制

贯彻落实最高法院提出的“倍增计划”，完善人民陪审员制度。截至 2014 年底，全省基层法院新增选人民陪审员 4212 名，人民陪审员总数达到7858名,是“倍增计划”实施之前全省人民陪审员人数3646名的2.16倍,已提前完成“倍增计划”总体目标。目前,全省人民陪审员大专以上学历的有6405名,占总数的81.5%。来自基层的普通群众有5395名,占总数的68.7%。来自组织推荐的有5132名,占总数的65.3%。个人申请的有2726名,占总数的34.7%。人民陪审员队伍更具广泛性和代表性,司法民主得到进一步扩展。加强陪审员的培训和管理,不断改进陪审员参审机制,通过向陪审员所在单位统一发函等方式,要求相关单位尽力支持陪审员参审,为陪审员依法履职创造良好条件。2014年全省人民陪审员参加合议庭审理一审案件近10万件,一审普通程序陪审率达96.23%,在全国法院中处于领先地位。

(二)规范司法行为,促进司法公正高效

1.构建司法规范化长效机制

2006—2008年,全省法院开展了以规范司法礼仪、程序运行、裁判文书为重点的为期3年的司法规范化建设活动,取得明显成效。为推动这项工作常态化,2009年省高院又制定了《关于构建司法规范化工作长效机制的指导意见》,对今后一段时期,继续抓好司法规范化工作并完善教育、管理、监督、考评机制等,提出了明确要求,以推动全省审判工作又好又快地发展。

2.建立科学的审判管理机制

依托信息化技术手段,积极构建以审判流程管理为支撑、质量效率评估为重点、审判监督制约为保障的审判管理新机制,努力确保审判工作的规范、阳光、廉洁。一是搭建信息化管理平台,创新审判管理手段。2008年初开始实施电子审务的开发和应用,建立全省法院审判执行数据库,将信息化管理手段引入审判管理,实现了对各级法院审判执行工作的全面、动态和实时监控。二是构建审判质效评估体系,抓好过程管控和管理评价。2008年,省高院确定了26项质量效率评估指标和11项调研指标,2010年9月执行质效评估数据单列(共13项评估指标和6项调研指标),

通过信息化管理平台汇总数据，自动生成评估指标，并设定合理区间，合理运用评估数据，将评估指标作为一张“体检表”，为各级院庭长有针对性地加强审判管理提供参考，使各法院看清本院办案工作的强项和弱项，更有针对性地抓好审判管理的重点环节，改进薄弱环节。三是完善内部监督管理的各项制度，加大对重点案件、重点人员、重点环节的评查监督力度，特别是加强了对18个月以上积案的清理工作。推行“先归档后报结”制度，将案件归档日期作为内部管理的结案日期，加强内部监督管理。

3.积极稳妥推进量刑规范化改革

2009年6月，根据最高法院的要求，省高院成立了量刑规范化工作领导小组，领导全省法院量刑规范化试点工作，并确定绍兴中院、绍兴市越城区法院、杭州市萧山区法院、湖州市南浔区法院、永康市法院5个法院为试点单位。2010年9月，省高院出台《浙江省〈人民法院量刑指导意见（试行）〉实施细则》。2012年11月，出台《关于部分罪名定罪量刑情节及数额标准的意见》，调整了100余个罪名的定罪量刑情节和数额认定标准。2014年6月，省高院根据《最高人民法院关于常见犯罪的量刑指导意见》，结合我省审判实践，又研究制定了《浙江省高级人民法院〈关于常见犯罪的量刑指导意见〉实施细则》，对常见多发的盗窃、抢劫、伤害等犯罪行为，设置相对统一的量刑标准，防止同案不同判。

4.规范上下级法院审判业务关系

一是建立二审改判、发回重审沟通机制。2011年2月，省高院出台《关于健全二审改判、发回重审案件沟通机制的意见》，加大对改判、发回重审案件的监督、协调力度，规范与辖区法院之间的审判业务关系。二是规范基层法院的请示工作。宁波、嘉兴、金华等中级人民法院建立了案件请示答复制度。严格案件请示答复的范围、程序，落实案件请示答复的工作纪律和责任，积极做好对审判业务具有普遍指导价值的答复意见的推广适用工作，发挥案件请示答复对审判业务指导的特有作用，努力消解各种不当案件请示所产生的负面效应。三是发布指导性业务文件和案例。为了加强对下级法院的业务指导，近年来，针对审判实践中不断出现的新情况、新问题，省高院相关业务部门及时开展调研，深入论证分析，制定出台相应的司法指导性意见，统一法律适用和司法裁判的尺度，有效提升了审判质效，取得了良好的法律效果和社会效果。四是加强法官培训。建立全员定期集中培训制度，聘请资深法官担任培训兼职教师，着力提高一线法官的把握运用法律政策能力、群众工作能力、突发事件处置能力、舆论引导能力。

5.加强和改进审判工作作风

结合浙江法院的实际，考虑人民群众的期待和法官职业的特点，2009年初省高院提出“处事要严谨，讲话要亲和，办案要公正，为人要清廉”的浙江“法官职业四要”。针对一些尚不够党政纪处分，但又明显违规、违反职业要求、小错常犯的不当行为，出台《工作人员违反规章制度处理办法》，采用类似交通违章记分扣罚的方法，进行扣分处理，累计扣分达若干分数，年终考核不能评为称职。邀请人大代表、律师、群众代表为全院法官做“我心目中的法官形象”恳谈会，进一步深化法官对人民法院人民性的理解和实践。加强审务督察和明察暗访，利用数字法庭对庭审的庭审纪律、司法礼仪、工作作风等情况进行视频抽检督察，将发现的问题制作成《浙江法院庭审不良现象辑录》，集中播放通报，促进整改提高。

（三）加强人权司法保障，不断提高司法审判水平

1.健全冤假错案有效防范、及时纠正机制

对“两张叔侄强奸案”和“萧山五青年抢劫杀人案”冤错及时启动复查、再审程序，依法改判无罪并做出国家赔偿。深刻反思冤错案件的病灶病根，剖析发生冤错案件的7个特点、5条教训，提出了6项对策、11

条建议,[①]并被中央政法委员会《关于切实防止冤假错案的规定》和最高法院《关于建立健全防范刑事冤假错案工作机制的意见》所采纳。推动与公安、检察机关完善预防冤错案件的工作机制,联合出台关于死刑案件证据收集审查、证据补查程序等15项规定,畅通申诉复查渠道,保障服刑罪犯申诉权利,构筑防范冤假错案长效机制。针对刑案开庭律师辩护严重缺位,控辩失衡会增大冤错发生概率的问题,从2011年起在全国率先扩大了被告人指定辩护范围[②],2014年为1.6万名没有钱请律师、可能被判处三年以上有期徒刑的被告人,通知法律援助律师出庭辩护,上升22.3%,可能判三年以上的刑事辩护率达到86.9%,继续位居全国第一位。公诉案件5名被告人依法宣告无罪,裁定165人准予检察机关撤回起诉,切实保障无罪的人不受刑事追究。

---

① 7个特点:一是冤错持续的时间长;二是冤错的发现具有被动性,是由于出现了一些新证据等,发现存在疑凶、真凶时案件才得以纠正;三是被告人有罪供述的形成具有相似性,均称遭受过刑讯逼供、诱供;四是客观性证据缺失,共同被告人的供述是定罪的主要依据;五是定案的依据均存在明显疑点,办案机关内部曾有争议;六是二审均发现口供、证据有疑点才做出留有余地的死缓改判;七是在服刑期间存在本人不敢申诉的现象。5条教训:一是办案轻程序,程序正义理念没有受到足够重视,办案程序存在明显瑕疵;二是办案重实体,理念上有罪推定、疑罪从轻,公平正义难以实现;三是办案人员对鉴定意见的分析判断出现偏差;四是对检察、侦查机关配合多,制约少,应该排除的非法证据不敢、不便排除;五是综合判断证据的能力尚存不足。6项对策:一是充分认识冤错命案的严重危害性,反思办案理念,凡属于不能排除存在他人作案合理怀疑的疑罪应当从无;二是加强程序公正意识,充分依靠法律程序制度防范冤错命案;三是坚持证据裁判原则,强化证据意识,不轻信口供;四是刑事裁判要中立,要充分发挥辩护律师在防范错案上的重要作用;五是加强学习,不断提高审查判断证据的能力;六是关于防范冤错命案体制机制方面的建议。11条建议:一是建议侦押分离;二是建议公安部尽快出台侦查机关对被告人审讯全程录音录像制度的实施细则;三是建议公安机关将命案侦破的考核评价及表彰奖励延至法院判决生效之后;四是建议恢复公安系统的重案侦查预审机构和制度;五是建议公安机关全面整顿"狱侦耳目",使之合法、适度;六是建议检察机关加强对侦查行为的法律监督;七是建议检察机关建立和完善刑讯逼供渎职犯罪预防机制;八是建议依法保障服刑犯的申诉权利,与减刑假释的评审条件脱钩;九是建议对涉命案的少年犯与成年作案同伙的审理可以不分案;十是建议最高法院牵头,与公安部、最高检察院联合制定一个关于死刑案件证据补查的规定;十一是建议地方政法委不宜讨论决定具体案件的定罪量刑。

② 在刑诉法规定的盲聋哑或者限制行为能力、开庭时未成年、可能被判处无期以上的3类被告人外,扩大到经济困难的其他7类被告人。

2.推进以审判为中心的改革

严格落实罪刑法定、疑罪从无、证据裁判、非法证据排除等法律原则和制度，对于定罪证据不足的案件，不降格做出“留有余地”的判决，切实保障无罪的人不受刑事追究。[①] 推进刑事案件繁简分流试点，推广简式裁判文书适用，强化庭前准备程序和重大案件庭前会议作用，加强人民警察出庭做证工作，促进提升法庭调查和辩论的效率和效果，发挥好庭审事实认定功能。重视发挥律师辩护作用，会同省公、检、司法部门出台规定保障律师依法辩护权利，推出远程电子阅卷、出庭履职免安检等便利律师执业措施。量身开发“浙江法院律师服务平台”(正在试用)，全省 1160 余家律师事务所的 1.4 万余名律师，可借此获得网上立案、缴费、阅卷、送达、参与调解等全流程诉讼服务。

3.深化涉诉信访改革

坚持依法纠错、依法救助、依法终结、依法治闹四管齐下，努力将涉诉信访纳入法制轨道。开通网上信访平台，开展远程视频接访，加强巡回接访，推动律师等第三方参与涉诉信访化解，解决多年遗留的信访积案。明确诉访分离标准，保持入口畅通。建立民事申请再审案件逐级审查机制，推动当事人合理诉求及时就地解决，九成以上不再上访。在全国率先与检察机关建立信访衔接机制，依法引导当事人申请检察监督。健全信访终结机制，对违法闹访人依法判刑，维护信访法治秩序。

① 如杭州中院在审理一起重大命案中，被害人尸体等关键证据难以找到，3 名同案被告人均当庭否认或翻供。该院合议庭、审委会严格把关，坚守命案证据底线，决定要求公安机关补充侦查，重启搜寻被害人尸体侦查程序。最终，将沉入水库 80 余米深、两年之久的铁笼子及被害人尸体起获，从而确定了该案先供后证的关键证据，确保案件审理经得起法律和历史的检验。

(四)深化司法公开,构建开放、动态、透明、便民的阳光司法机制

1.依托现代信息技术,全力打造体系完备、信息齐全、使用便捷的“一网三平台”

浙江法院已建成覆盖全省三级法院直至人民法庭的四级专网,在全国率先开通了省市县(区)三级法院一体化公开、一站式服务的“浙江法院公开网”,开发了100多个应用系统,构建了网络全互联、业务广覆盖、数据大集中、资源共享用的法院信息化体系,为司法公开三大平台建设提供了坚实基础。

在审判流程公开平台建设方面,自2008年起,浙江法院全面实现网上办案,每个案件流程环节的进展情况都在网上公开,当事人可凭密码在网上查询诉讼进程。全面开通12368诉讼服务热线,及时提供语音和短信咨询服务。浙江法院1783个审判法庭全部数字化,所有开庭全程录音录像,让庭审全过程可定格、可再现、可复制。在裁判文书公开平台建设方面,开发了裁判文书管理系统,法官只要点点鼠标,系统就可以自动完成文书制作、排版、校对、匿名处理、上网等一系列操作,实现了一体化、自动化;严格落实“以公开为原则,不公开为例外”的要求,依法应当公开的裁判文书一律上网公布,对不公开的实行严格的反向审查制度,全省法院上网文书总量已达189万份,居全国首位。在执行信息公开平台建设方面,规范全省法院网站执行公开栏目和执行专网建设,整合执行数据资源,所有执行案件的财产查询、控制、处分、程序流转等基本情况都在网上即时公开。在最高法院和浙江省联合征信的信息平台上公开曝光失信黑名单18.4万名,使“老赖”在申请贷款、招投标、资质认定、市场准入、乘飞机和高铁等方面处处受限,有效破解执行难。

2.坚持问题导向,全面加强制度建设,构建阳光司法长效机制

始终注重把不断查找问题、发现问题、解决问题作为阳光司法工作的导向。2013年以来连续三年委托中国社科院法学所作为第三方,对全省105家法院进行阳光司法指数测评。在测评报告中不只表扬成绩和亮

点，更毫不留情地指出问题和不足，省高院认真组织全省法院对照检查，并规定了整改时限，各地法院都迅速行动，查漏补缺，形成了边测评、边对照、边整改、边提高的工作机制。

在解决问题、改进工作的同时，为构建长效机制，我们及时总结工作经验和规律，加强制度机制建设，不断提高司法公开的规范化水平。例如，在总体规划和要求方面，先后提出了《浙江法院阳光司法实施标准》《浙江法院阳光司法指数评估体系》《浙江省高级人民法院关于打造司法公开三大平台　全面深化阳光司法的工作要点及分工方案》，并进一步细化操作措施，建立了数十项配套制度，如在流程公开方面，制定了《案件信息网上查询的规定》，并组织编写了《审判信息系统审理信息录入指导手册》和《执行管理系统信息录入指导手册》；在文书公开方面，制定了《关于在互联网公布裁判文书的实施细则》，并制作了裁判文书上网公开操作视频下载说明；在执行公开方面，制定了《执行公开实施意见》；在审务公开方面，制定了《关于规范全省法院门户网站栏目设置和运营管理的意见》《12368司法服务热线工作细则》等，形成制度联动效应。

3.创新阳光司法方式方法，实行项目化管理和清单式实施

项目化管理，即将阳光司法工作的重点、难点，转化为一个个具体项目，统一规划，重点推进。项目一：标准化门户网站建设。针对各家网站设计各行其是、检索不便等问题，省高院对全省法院网站进行统一规划，建设“必备栏目”，同时允许“个性化栏目”。项目二：12368司法服务热线建设。全省三级法院已全部开通，及时处理来电7.5万件，接通率达93.8%，满足了公众便捷、远程、实时获取司法信息的需求。项目三：完善一站式便民诉讼服务中心。整合立案接待大厅现有功能，增加科技含量，把立案接待大厅打造成综合性诉讼服务平台。项目四：完善网络司法拍卖。自2012年6月省高院在全国率先推行网络司法拍卖以来，目前网拍改革已在全国范围内铺开，浙江法院累计完成拍卖1.5万件，成交率达92%，成交拍品的平均溢价率为60.11%，比传统拍卖分别提高16个百分点和38个百分点，总成交额为325.8亿元，为当事人省下佣金7.2亿元。

项目五：网上案款管理系统。推行诉讼费智能化、透明化管理，开通跨银行、跨地区的网上诉讼费便捷缴退费系统，实现诉讼费收、结、退一卡通，提供即时对账、到账查询等多渠道服务，赢得当事人的普遍赞誉。

清单式实施，为使阳光司法的各个项目落到实处、建成建好、务实管用，将任务内容和目标列成清单，确保司法公开依法、有序、有度、有效推进。主要的清单有：(1)阳光司法指标清单。2012 年联合浙江大学研制“阳光司法指数评估体系”，将依法应当公开、可以公开、能够公开的司法事项转化为 100 多个具体的测评指标点，并每年不断调整、优化。(2)审判流程信息节点清单。将信息节点制作成操作指南，配备操作示意图，易学易用，受到法官的欢迎。(3)文书公开清单。全面梳理出各类裁判文书 248 种，逐一明确上网要求。(4)问题清单。逐一落实整改问题，并跟踪通报。

4. 强化实质性公开，不断增强阳光司法的实效性、互动性

突出庭审公开在司法公开中的关键作用。依法应当公开开庭审理的一律公开开庭审理；努力满足公民旁听需求，各法院均设置同步视频室，有的还利用广场 LED 电子显示屏，同步直播庭审，以满足不能进入庭审现场的公民旁听，并选择典型案件开展电视、网络直播、录播，让公正看得见、听得清；省高院连续七年邀请境内外媒体机构列席知识产权审判会议。

加强裁判文书说理的深度公开。裁判文书的制作重在能使当事人和社会公众看得明白，信服裁判。出台《民商事案件简式裁判文书制作指引》，对于事实清楚、争议不大的案件，尝试要素式、令状式的简式文书改革；对于重大、疑难、复杂案件，进一步强化裁判文书说理，清晰展示采信证据、认定事实、适用法律的过程和理由，让当事人和社会公众明白裁判形成的逻辑轨迹和法官内心确定的依据，增强裁判公信力。

加强民意与司法的沟通互动。组织开展形式多样的公众开放日活动，全省法院累计 3000 多次。完善新闻发布制度，除配备新闻发言人外，一些法院还设立了网络新闻发言人，累计召开新闻发布会 800 多次。高

度重视网络舆情,2009年与浙江在线联袂推出“阳光司法、民本司法”“和谐司法”“中级人民法院院长访谈”等系列访谈活动。各地法院还通过在法院办公场所和网站设置意见信箱、公布投诉电话、发送告知书等,多渠道收集意见建议,广泛接受社会监督。

(五)健全审判权力运行制约和监督机制,确保司法公正廉洁

1.堵疏结合引领机制

2012年,省高院出台《柔性处理,艺术拒绝——法院干警拒礼、拒请、拒托提示手册》(以下简称《手册》,《人民日报》刊文认为“为研发防腐的疫苗,提供了思路”,最高法院将该手册作为指定廉政读本,在全国法院发行。2013年,又以《手册》为蓝本,由法院干警自编、自导、自演了一个情景剧专题片,在浙江电视台《反腐前线》栏目播出后,取得了较好的宣传教育效果。2014年,组织编写了《浙江法官业外行为指引》,梳理出法官在与当事人或律师交往上、邻里关系上、家庭生活上、理财投资上、娱乐活动上等20种具体情景,从小事小节入手,在强制性规定的基础上,采用理性温和的语言,给法官一种明确的、可操作性的指引、提示和警醒,也为法官提供一种自我保护的方法,促使大家管好自己的“生活圈”“社交圈”和“娱乐圈”。该业外行为指引的“口袋本”得到了最高法院和省委主要领导的批示肯定,并在全国法院和全省政法系统推广。

2.正反结合教育机制

近年来,省高院多次组织“全省法院廉洁司法先进事迹巡回宣讲活动”,通过感人至深、催人奋进的事迹报告,在全省法院形成了学习先进、崇尚先进、争当先进、赶超先进的生动局面。同时,抓住反面典型案例开展集中警示教育活动中,要求深刻剖析教训,做到“六个警惕”:一是警惕做人不老实;二是警惕贪欲毁灭自己;三是警惕亲属和身边人“靠山吃山”;四是警惕私下接触案件当事人和请托人;五是警惕贴靠你的诉讼掮客;六是警惕过高估计个人的反侦查能力。2014年,编写《违纪违法人员忏悔录》,透过忏悔者的内心独白,再现他们违纪违法的心路历程,增强教育的震撼力和感染力。

3.点面结合提醒机制

省高院连续8年在每年春节后的首个工作日(周)，全省法院统一开展“廉洁司法教育日(周)活动”，开展党风廉政专题报告，播放反腐败罪案警示教育片。每年隆重举行新任和晋升法官的宣誓授职典礼，邀请省市区县人大主任为法官授职，邀请法官家属观礼，勉励法官记住承诺、不忘初衷，极大地激发了法官及其家属恪守廉洁司法的职业尊荣感。另一方面，牢牢扭住办案的重点岗位、重点人员和重点环节，全面梳理岗位职责，详细编制《岗位职责目录》《司法权力运行流程图》，规范工作流程。通过岗位风险点教育，人人参与晒风险、知风险、防风险。依托信息化技术，开发廉政风险防控软件系统，与审判执行流程管理系统对接，自动对判处缓刑免刑、执行款发放等52个办案廉政风险点进行动态、实时监控，全面打造“事前预警、事中监控、事后查究”的教育监督防线，受到最高法院领导的批示肯定。

4.长短结合防范机制

为防止人情关系对司法工作的不当影响，强调开前门、堵后门，记录在案，省高院出台了简称为“约法十章”的《全省法院领导班子成员防止人情关系对司法工作不当影响的若干规定》，对各类涉案反映材料制定了书面登记在案、逐级转递、全程留痕的操作办法，对保障审判权依法独立行使起到了良好效果。为推动落实十八届四中全会关于建立领导干部过问案件情况记录制度的要求，又研究起草法院内部过问案件全程留痕的规定，明确有关的制约和问责措施。同时，注意发挥廉政约谈制度“短平快”的优势，对反映干警工作作风和廉洁自律等苗头性、倾向性问题，及时进行约谈提醒并签字背书，防止干警成为“温水青蛙”，防止小错酿成大过。

(六)积极参与社会治理创新，提高社会治理法治化水平

1. 积极探索诉讼与非诉讼相衔接的多元化纠纷解决机制

坚持和发展“枫桥经验”，建立人民调解、行政调解、司法调解互动互补、协调配合机制。建立人民调解员驻基层法院、驻人民法庭的工作机

制，设立人民调解窗口360余个，配备专、兼职人民调解员800余人。积极推进诉前、诉中委托调解机制。2008年以来，全省法院委托人民调解的数量，每年以20%左右的速度递增，调解成功率超过85%。推进人民调解协议的司法确认机制，出台指导性意见，详细规范了司法确认案件的受理范围、案件管辖和审查要求等内容，相关成果得到中央充分认可，并最终写入2012年修订的民事诉讼法。截至2015年3月，全省法院已办结请求确认人民调解协议案件7.8万件，有效提升了人民调解的权威性。积极推行诉前化解工作，通过诉前引导调解、协调处理等手段化解的民商事纠纷占同期受理案件的10%左右。浙江法院的诉前化解机制，联通了法院诉讼与人民调解，丰富了多元纠纷解决机制的内容，在全国处于领先地位，受到最高法院的肯定。

2. 注重发挥司法建议在创新社会治理中的重要作用

把司法建议工作作为人民法院延伸审判职能、沟通司法与社会的重要途径和有效参与社会治理、维护司法权威、提升司法公信力的重要基础，立足执法办案，梳理分析审判执行实践中反映的经济发展、社会治理中存在的隐患和问题，找准服务法治浙江、平安浙江、“两美浙江”建设、助推依法行政、保障民生、服务和创新社会治理、完善企业市场化破产制度等切入点。2011年以来，浙江三级法院共发送司法建议计3365份，反馈率和落实率稳步上升。

3.完善社区矫正对接机制

协助有关方面做好对判处缓刑、管制、免予刑事处罚人员和刑满释放人员的帮教工作。推行未成年被告人公益代理人制度，解决外地籍未成年被告人的法定代理人到庭难的问题。为加强庭审教育，充分贯彻“寓教于审、惩教结合”的工作方针，我省一些法院积极创新庭审教育方式，将纯粹的庭审变成教育的课堂，使法庭彰显出人文关怀。例如，杭州中院运用“建立接触点，发现闪光点，寻找感化点，激发共鸣点，确定帮教点”的“五点”庭审教育方式，法官在庭审中注重沟通、疏导，与公诉人、辩护人共同担任教育导师，对未成年被告人进行法制、道德等方面的教育。江干法院为营造明快向上的审判环境,以“旭日葵花”为主题打造少年法庭,以浅米和乳白为主色调,穹顶以一朵绽放的向日葵为造型,审判桌以双手托举旭日为造型,两相呼应,诉讼各方环桌设席,帮助未成年被告人缓解紧张情绪。

4.建立和完善虚假诉讼防范和惩处机制

2008 年制定下发全国首个针对虚假诉讼的司法指导性文件,2009 年起草最高法院委托的《关于办理虚假诉讼刑事案件适用法律若干问题的解释(代拟稿)》,2010 年又会同省检察院制定《关于办理虚假诉讼刑事案件具体适用法律的指导意见》,当年就依法查处虚假诉讼案件 137 件,涉及 110 人,判刑惩处 41 人,民事制裁 44 人,移送公安机关立案侦查 25 人,有效遏制了虚假诉讼现象的蔓延。

二、积极推进司法体制改革试点工作,全面提升司法公信力

2014 年 10 月,中央确定浙江等 11 家省市为司法体制改革第二批试点单位。为了及时贯彻落实中央改革精神,浙江省委未雨绸缪,于 2014 年 7 月份就先行启动了改革前的调研准备工作,目前《浙江省司法体制改革试点方案》已获中央批准,即将进入实质性推进阶段。

(一)法院总体工作情况

按照中央、省委和最高法院的部署,省高院高度重视司法体制改革试点工作,各项工作紧锣密鼓、扎实有序推进。一是开展专题调研,摸清情况底数。根据改革的内容和要求,共设计各类调查统计表格 57 种,召开座谈会 20 余次,约 500 人参加座谈,并赴上海、广东、湖北等地学习考察,做了大量的周密细致的调研、论证和摸底工作,准确掌握了全省法院的人员情况、收入情况、财物情况以及各地改革的好做法、好经验,为实施改革奠定了坚实基础。二是制定实施方案,完善配套制度。以中央改革精神

为基本遵循，根据《浙江省司法体制改革试点方案》，省高院结合法院实际，起草制定《浙江法院司法体制改革试点工作实施方案》，明确了改革的路线图和时间表，并同步起草了法院人员分类管理办法、司法责任制等24项配套制度，确保改革依法有序进行。及时指导、督促嘉兴中院及萧山、江北等11家改革试点法院，结合自身情况，积极调研制定具体推进方案。三是精确测算员额，争取政策支持。按照全省统筹动态调整、向基层倾斜的原则，根据各法院审级职能、法官工作量，主要考虑近3年法官人均结案数，适当考虑各地经济社会发展情况、法院入额压力等情况，经仔细测算并充分征求意见，提出了全省105家法院的法官员额分配方案。同时，积极协调省委政法委推动省委组织部、省财政厅、省人力社保厅等省级相关部门，及时起草制定法院领导干部管理、法院工作人员薪酬、法院经费划转和保障等9项相关改革配套政策，为顺利推进改革提供了有力保障。

(二)改革试点工作的主要内容

根据《浙江省司法体制改革试点方案》，改革的主要内容包括“一个目标”“四项原则”“六项措施”和“三个步骤”。“一个目标”，即改革以公正司法为目标。“四项原则”，即改革坚持党的领导、依法改革、立足实际和积极稳妥四个方面基本要求。“六项措施”，即完善司法人员分类管理制度、完善司法责任制、健全司法人员职业保障制度、建立省以下司法人员省级统一管理体制、建立省以下法院检察院财物统一管理体制、完善人民警察分类管理及职业保障制度(包括司法警察)。“三个步骤”，即制定配套方案、开展试点工作、总结试点经验。

改革涉及的几个重要问题：

(1)人员分类。将法院工作人员划分为法官、审判辅助人员、司法行政人员三类。法官是依法经过任命，行使国家审判权及履行法律规定的其他职责的审判人员。基本职责是依法参加合议庭审判或独任审判案件及法律规定的其他职责。审判辅助人员是协助法官履行审判职责的专门工作人员，包括法官助理、执行员、书记员、司法技术人员、司法警察等。

司法行政人员从事行政管理工作,包括政工党务、纪检监察、行政事务、后勤管理人员等。司法行政人员的基本职责是行政管理、综合协调,以及为审判提供服务保障。

(2)员额控制。根据中央要求,我省的法官员额暂按中央政法编制的39%确定,司法辅助人员和司法行政人员总体分别控制在46%、15%。各法院员额实行动态管理。全省留有一定比例的机动法官员额,便于统一调配使用和机动处理。

(3)法官遴选。在省级设立一个法官检察官遴选委员会,由省委政法委牵头组织建设,负责全省法官的统一遴选。遴选委员会主任由实践经验丰富、德高望重的资深法律界人士担任;委员分为专门委员和专家委员,社会各界代表不低于50%。

(4)司法责任制。遵循司法审判规律,依法规范审判组织的审判权限和运行方式,突出主审法官在办案中的主体地位;合理界定审判管理权和审判监督权的范围,保障审判权科学运行;完善案件质量评价机制,严格错案责任追究,形成权责明晰、权责统一、监督有序、配套齐全的审判权运行机制,确保依法独立公正行使审判权。

(5)经费管理。省、市、县三级法院均作为一级财政预算单位,由省级财政统一管理。宁波作为计划单列市,财政由市级统一管理。

(6)改革试点。根据不同地区经济状况、案件量等情况选择嘉兴市本级、杭州萧山区、宁波江北区、温州瑞安市等11个市、县(区)法院进行试点。

(三)下一步推进思路

1.合理配置法院人力资源

法院工作的正常运转,是建立在人力资源与办案任务相匹配基础上的。为完成审判任务,既要选好法官、建好团队,研究制定法官入额考核考试办法,选拔政治素养好、办案能力强、专业水平高、司法经验丰富的审判人员担任法官,并且进入员额的法官必须在司法一线办案,担任法院庭领导职务的法官每年要办理一定数量的案件;又要建立员额动态调整机制,把有限的法官员额配给最需要的地方,尽量减少法官员额制改革对法院工作可能产生的冲击。也要结合各级法院的审判任务、案件特点及法官、法官助理的专业化水平、审判年资等灵活设置法官与法官助理、书记员的配比,法官与法官助理、书记员(含非政法编制书记员)宜按不低于1∶1∶1(或1∶2)的比例配备。

2.加快推进审判辅助人员管理改革,明确岗位职责

审判辅助人员是协助法官履行审判职责的工作人员。包括法官助理、执行员、书记员、司法技术人员、司法警察等。其中,法官助理一般应具备法律职业资格,在法官指导下履行审查诉讼材料、组织庭前证据交换、接待案件诉讼参与人、准备与案件审理相关的参考资料、协助法官进行调解、草拟法律文书以及与审判相关的调研、督查、考核、宣传等职责。书记员主要承担诉讼过程中的记录工作,负责整理、装订、归档案卷材料,录入案件相关信息,检查开庭时诉讼参与人的出庭情况,宣布法庭纪律,以及完成法官交办的其他诉讼事务性工作。限于审判辅助人员总共占46%的比例,法官助理、书记员的缺口预计较大,实践中,由于政法编书记员严重不足,浙江各级法院通过事业编制和聘用大量编外用工担任书记员或代书记员的方法,应对办案压力。对此,拟探索采取统一购买社会服务的方式,来建设一支稳定的司法文员辅助队伍。

3.落实司法责任制

司法责任制是改革的核心,也是人员分类管理改革的落脚点。要按照"让审理者裁判、由裁判者负责"的审判权力运行内在要求,根据审判工作实际,明确各类审判组织的办案权限,理顺各类审判组织之间的关系。推行主审法官、合议庭办案责任制,原则上,院、庭长对未参加审理的案件不再签发裁判文书。同时,要加强审判管理和审判监督,明确院、庭长的权力清单和责任清单,确保审判权力公正、高效运行,并要建立与办案主体相适应的责任追究机制,按照权责一致原则,根据过错程度和违法情形,合理确定审判组织及其成员的责任。健全错案责任追究机制,明确错

案的内涵。不能将错案与错案责任相混淆，更不是所有错案都要追究责任，法官仅对故意或重大过失、导致裁判错误并造成严重后果的案件承担责任。对因其他情形导致裁判错误的，法官等司法人员应享有履职豁免，确保法官依法履职行为不受追究。这也是对司法规律的应有尊重和对裁判者的必要保障。

4.同步推进薪酬制度改革，增强改革动力

按照权责利相一致的改革原则，参照中央已批复的上海薪酬改革的做法和标准，建立法官及审判辅助人员的薪酬制度，并建立与公务员薪酬增长的联动机制。过渡期间，可采取现行工资收入＋办案补贴或岗位津贴的方式确定，视条件成熟逐步过渡到法官单独职务序列薪酬。审判辅助人员办案补贴或岗位津贴标准参照法官，比例适当下调，从而提升其职责尊荣感，保障政策稳步推进。

5. 引导、教育干警树立司法改革大局观，稳定军心

把思想政治工作贯穿于司法改革的始终，改革推进到哪一步，思想政治工作就要跟进到哪一步，引导干警坚信司法改革的路会越走越宽，最大限度地凝聚推进改革的正能量。同时，通过多种方式和途径，加强政策解读和宣讲力度，把改革精神讲清、讲透，对新媒体、自媒体上出现的消极情绪要及时有效疏导，确保思想不散、队伍不乱、工作不断，形成理解改革、支持改革、参与改革的良好氛围。

三、当前我省法院工作面临的形势和对策

（一）法院工作面临的形势

当前，人民法院工作正处在发展的关键时期，站在了新的起点。浙江法院工作面临良好的发展机遇和有利的发展条件。

一是全面推进依法治国为法院工作提供新的机遇。当前，我国法治建设正在进入新的阶段。党的十八届三中全会将“法治中国”写入《中共

中央关于全面深化改革若干重大问题的决定》,“推进法治中国建设”已成为我国新时期法治建设的新目标和新要求。党的十八届四中全会对建设中国特色社会主义法治体系、加强宪法实施、建设法治政府、提高司法公信力、法治社会建设等方面做了全面安排部署。最高人民法院出台《关于全面深化人民法院改革的意见》,从完善司法管辖制度、诉讼制度、法院内部职权配置、审判权运行机制、阳光司法机制、确保法官独立公正办案等方面列出65项改革清单。中央、最高人民法院的改革决心和举措,必将推进我国依法治国战略达到新水平。人民法院是我国的审判机关,其承担的审判职能涉及社会生活的方方面面,人民法院工作是实施依法治国基本方略的重要组成部分,应当切实履行好司法职责,扎实推进各项改革任务贯彻落实。

二是浙江经济社会平稳健康发展为法院工作创造良好的外部环境。“十二五”以来,浙江表现出平稳、强劲的发展势头,全省上下认真贯彻中央、省委的决策部署,抓住特色优势,坚持创新引领,强改革、稳增长、调结构、惠民生,推动经济社会持续健康发展,民生保障进一步改善。当前,面对发展新常态下速度变化、结构优化、动力转换的特征,需要进一步突出制度供给、强化创新驱动,以更高质量、更好效益、更稳发展来适应,更需要坚强有力的法治保障。人民法院是多元化纠纷解决机制、公共法律服务体系、基层治理法治化体系的重要组成部分,应当积极发挥创新社会治理职能。

三是人民群众的司法需求对法院工作提出新的期待。随着我国民主法治建设加快发展,人民群众的权利意识和法治意识不断增强。与改革开放以后的前30年不同,当下我国已进入经济社会各领域协调发展的新时期,人民群众对公平正义的要求越来越高,反映到司法领域,不仅要求保护人身财产安全,还期待保护更为广泛的其他社会权利;不仅要求司法结果公正,还期待司法过程公开透明;不仅要求对司法活动享有知情权,还期待对司法活动享有参与权和监督权。近年来,越来越多的矛盾纠纷诉诸法院,基层群众对法院工作提出各种意见建议,这为做好法院工作提供了强大动力。

随着世情、国情、省情的深刻变化，法院工作也面临着许多新情况、新问题、新挑战。

一是经济发展的新常态对司法保障提出了更高要求。当前全球经济复苏动力不足，中国经济走势备受关注。我国经济增长速度从高速转向中高速，增长结构由中低端转向中高端，发展动力从传统增长点转向新增长点，整个经济正在向形态更高级、分工更复杂、结构更合理的阶段演化。新常态下中国劳动力成本逐渐上升，资源环境承载能力已经达到或接近上限，传统优势正在弱化。必须更加注重科技创新、质量效益、生态文明、公平竞争和人力资本素质，促进经济在发展中升级、在升级中发展。浙江和全国一样，新常态是我国经济“三期叠加”①阶段性变化与浙江发展历史性交汇的过程，是深入实施“八八战略”面临的环境和条件的变化，其所要追求的是经济减速与提质增效达到新的平衡点。为此，只有转变发展方式，完善体制机制，解决长期积累的经济发展不平衡、不协调、不可持续的深层次矛盾，才能实现长远发展。经济形势越是变化大，对法院公正司法的要求也就越高。如何准确把握改革发展主线，深化拓展审判职能，为经济转型升级和全面深化改革提供有力保障，是检验法院能否适应新常态的重要标准。

二是推进司法体制改革面临较多难题。一是法官员额紧缺，办案压力过大。在案多人少矛盾已十分突出的情况下，推行员额制又必然会大幅压缩法官绝对人数，在司法环境未得到充分改善、审判辅助力量未得到充分保障、配套制度机制未能充分到位的情况下，员额内法官的工作负荷将进一步加重，办案压力将长期成为法院工作的突出问题。二是分类管理差异化待遇，部分干警思想有波动，有些法院领导担心改革造成新一轮优秀人才流失，等等。当前队伍思想波动的问题，应引起重视，认真化解。三是改革需要顶层设计，有些事项面临法律障碍。随着改革试点的深入，

①　增长速度换挡期、结构调整阵痛期和前期政策消化期。

现行有效的很多法律制度，与改革要求发生冲突，需要及时修改、完善。如完善司法人员分类管理制度、依据地方实际确定法官员额及其比例与《法官法》第五十条相冲突，主审法官的界定与《人民法院组织法》第九条第四款相冲突，等等。此外，法官遴选委员会、惩戒委员会的设置等，宜统一要求和做法，需要中央和最高法院及时明确要求、给予指导。

三是新立法带来法律适用难题亟待解决。中国特色社会主义法律体系形成后，人民群众对法院严格公正司法的关注度越来越高，对司法效果的追求呈现多样化态势，司法裁判在引领良好道德风尚方面的作用也日益凸显。物权法、侵权责任法、破产法、劳动合同法、反垄断法等一些重要法律已经颁布实施，民事诉讼法、刑事诉讼法、行政诉讼法及其司法解释、环保法、公司法、消费者权益保护法等进行了重要修订，对法院的审判活动和审判机制产生了重要影响，如何正确适用这些新颁布的法律，如何正确调整新法颁布前发生的法律关系，都将是法院工作面临的重要问题。

四是全媒体环境对司法审判工作提出了新挑战。当今社会已进入新媒体时代，特别是随着手机短信、博客、微博、QQ 群、微信等自媒体的迅猛发展，新闻和信息传播方式发生了深刻变化。新媒体以强大的传播功能、巨大的动员能力、广泛的社会影响，已成为社会压力的集散地、发酵地和放大器，对法院新闻宣传工作提出了新挑战。近年来，司法个案被频繁炒作，传统媒体与网络等新兴媒体相互交织、相互推动、相互影响，形成了一波未平一波又起的舆论态势；一些司法个案乃至法院工作人员的言行举止，一下子被放大到社会公众面前，在一些情绪化的炒作中，形成了一个接一个的“网络舆论事件”，人民法院承受了前所未有的压力和挑战。尤其是浙江地处沿海先发地区，经常处在风口浪尖。涉案舆情的应对引导能力，已经成为做好法院工作应当学会的一项基本功。

五是审判机关自身建设需要进一步加强。经过这些年的不懈努力，浙江法院的自身建设取得了很大进步，但对照人民群众的司法期待和群众路线教育实践活动的要求，仍需进一步加强和改进。一方面，职业保障与法治建设目标尚有差距，案多人少的矛盾依旧突出，法院内部挖潜空间已近极限。再加上暴力抗法或报复威胁法官及其家属的现象时有发生，有的还利用互联网炒作、歪曲个案，各种干扰人民法院依法独立公正行使审判权的现象仍未消除，不少法官身心疲惫，法院人才流失较为严重。另一方面，法院队伍建设的现状与群众司法需求还存在差距。例如，司法作风方面，仍有一些法官对待当事人或律师态度生硬，还存在随意打断庭审发言、庭审作风不严谨、庭审纪律有松懈等现象；个别法官司法不公、不廉，“关系案”“人情案”“金钱案”还有发生；司法能力仍需提高，有的法官对新情况、新问题如何正确适用法律法规理解不深、吃得不透，认定事实不清，适用法律不当；内部管理仍需加强，有的法院对制度建设重视不够，用制度管人管案管事的机制还没有完全建立；有的考核指标设计得不够合理，引导法官规范司法行为的作用还不够明显；等等。

（二）工作思路及主要举措

根据当前面临的形势，全省法院服务和参与法治浙江建设的总体思路是：认真贯彻落实中央关于协调推进“四个全面”的要求，深入学习贯彻习近平总书记系列重要讲话精神，按照关于全面深化法治浙江建设的部署，围绕“让人民群众在每一个司法案件中都感受到公平正义”的目标，深化“八项司法”，规范司法行为，积极稳妥推进司法改革，确保公正司法，提高司法公信力，为干好“一三五”，实现“四翻番”，建设“两富”“两美”现代化浙江提供有力的司法保障。

1. 充分发挥审判职能作用，有效化解社会矛盾纠纷

当前和今后一个时期内，我省法院案件量仍将高位运行。发挥审判职能作用，有效化解各类社会矛盾纠纷，为浙江经济社会持续健康发展提供有力的司法保障，始终是全省法院参与法治浙江建设的首要任务和职责所在。

（1）围绕大局，保障经济发展和深化改革等中心工作依法推进。密切关注经济社会领域改革发展实际，依法妥善化解转型升级、利益格局调整过程中发生的各类矛盾纠纷，发挥好司法的规范和引领作用。一是妥善

处理五水共治、“三改一拆”和重点工程、城市化进程中出现的各类整治、拆迁、拆违等涉案纠纷，依法保障项目落地、维护民生权益。密切关注房地产市场调控政策走向和对审判工作的影响，坚持合同自由、诚实信用、依约履行和公平原则，妥善审理。二是注重运用法治思维和法治方式及时依法处置“僵尸企业”。完善对涉困企业的差异化处置，对有市场前景的涉案困难企业，灵活运用集中管辖等方式，化解银行不良资产，盘活企业存量资产，有效阻断资金链、互保链传递扩散风险。完善破产案件受理、审理和执行程序与破产程序衔接机制，使应淘汰企业顺利退出市场，为实现“腾笼换鸟”、重大项目推进创造有利条件。三是积极发挥司法保护知识产权的主导作用。贯彻“加强保护、分门别类、宽严适度”的司法政策，审理好专利、商标、版权和不正当竞争等纠纷，加大证据保全和损害赔偿力度，保障创新驱动发展战略的实施。

(2)公正司法，维护社会和谐稳定。一是准确把握宽严相济的刑事政策，依法惩治暴力恐怖犯罪、涉枪涉爆犯罪、黑恶势力犯罪、严重暴力犯罪、食品药品安全犯罪、环境污染犯罪等严重影响人民群众生命财产安全的犯罪活动，不断增强群众安全感。完善轻微刑事案件快速办理机制，加强减刑假释、社区矫正、未成年人案件审判等工作。对普通犯罪分子中的从犯、初犯、偶犯等，根据犯罪事实、情节和认罪态度，在法律规定的幅度内酌情从宽处理，帮助其改过自新、回归社会。二是高度关注教育、就业、“三农”、医疗、社会保障、房地产、婚姻家庭和人身损害赔偿等领域的群众诉求，加大对妇女、儿童、老年人、残疾人、农民工等弱势群体的司法保护和救助，创新司法便民利民措施，依法妥善化解纠纷，着力解决好群众最关心、最直接、最现实的利益问题，加强涉案民生保障。三是善于引导好涉案舆情民意，筑牢社会和谐稳定的民心基础。把审判工作与群众工作、新闻宣传工作有机结合起来。深刻认识我国社会发展的初级阶段性，把握当前社会环境下的民意民怨，敏锐把握涉案诉求，加强评估应对，依法妥善处置。四是发挥司法建议在优化党政决策和社会治理方面的积极作用。重视通过审判执行工作，发现和分析矛盾纠纷产生的深层次原因，针对公共决策、社会治理、市场主体行为等存在的有悖法治精神等方面的问题和隐患，及时向党委、政府和有关单位提出有针对性、可行性的解决问题的意见、建议。

(3)促进依法行政，有效应对新行政诉讼法实施新要求。2015年5月1日起施行的新《行政诉讼法》，是党的十八届四中全会后国家立法机关修改的第一部基本法。这次修法突出了行政诉讼的监督功能，也对行政机关的依法行政提出了一系列更严格的新要求。一是规定立案登记制，明显降低了立案门槛。二是扩大了受案范围，新增加了行政部门违法干预市场、不依法履行社会保障义务，以及土地房屋征收补偿的协议等法院应当受理的事项，还增加了对政府“红头文件”的附带审查。三是新规定了凡维持原行政行为的上级复议机关，要作为行政诉讼的共同被告出庭。还规定法院可以将行政机关无正当理由拒不到庭或中途退庭的情况予以公告，并可对政府责任人员提出给予处分的司法建议。对行政机关拒不履行生效裁判的惩戒措施也更加严厉，修改为“对该行政机关负责人按日处50元至100元的罚款”；对影响恶劣的，法院还可以拘留相关主管人员和责任人员。这些制度的确立和修订，既对法院工作提出较高要求，也要求行政机关更严格地落实依法行政，强化依法行政的责任制，健全行政应诉的配套制度，更积极地配合、支持法院行使审判权。

2. 积极推进司法体制改革，切实提高司法公信力

(1)积极稳妥推进四项改革试点工作。在中央和省委的统一部署下，稳妥启动法院的人员分类管理制、司法责任制、法官员额制、法官遴选制、审判权和执行权相分离等改革试点，推进改革过程中，始终坚持问题导向，遵循司法规律，紧紧抓住影响司法公正的突出问题，着力破解制约司法公信的体制机制障碍，增强改革的针对性和实效性。

(2)推进以审判为中心的诉讼制度改革。十八届四中全会《决定》明确了我国诉讼制度改革的方向是以审判为中心，整个诉讼制度和诉讼活动要围绕审判的核心程序建构和展开。法院将进一步强化庭审功能，全面贯彻证据裁判规则，严格依法收集、固定、保存、审查、运用证据，完善证

人、鉴定人出庭制度,充分发挥庭审在查明事实、认定证据、保护诉权和公正裁判中的决定性作用。同时深化庭审记录改革,完善庭审全程录音录像的采集存储,通过法庭审判的程序公正实现案件裁判的实体公正,确保侦查、审查起诉的案件事实证据经得起法律的检验。

(3)加快推进涉诉信访改革。按照中央确定的改革思路,通过诉访分离,坚持不懈地将涉诉信访纳入法制轨道,依法纠错、司法救助、依法终结、依法治闹,四管齐下。一是抓好依法纠错,防止程序空转。充分考虑当事人的合法合理诉求是否得到有效解决,可以纠正的问题依法给予纠正。二是抓好司法救助,防止案结事不了。三是抓好依法终结,防止无限申诉无理缠访。对已经穷尽法律程序的,依法予以终结,不再启动复查程序。四是抓好依法治闹,防止非法闹访博弈。对非正常上访闹访、扰乱公共秩序的,支持公安机关依法拘押处罚,构成犯罪的要依法捕判。同时对不服司法机关生效裁判、决定的申诉,按照十八届四中全会新要求,加快实行由律师代理的制度,对聘不起律师的申诉人,均纳入法律援助范围。

(4)完善人民陪审员参审案件制度。保障公民陪审权利,进一步规范人民陪审员群众自荐、单位推荐、人大考察、选任竞争等选任渠道,择优选任人民陪审员;扩大参审案件范围,对涉及群体利益、社会公共利益、人民群众广泛关注或者其他社会影响较大的第一审案件,原则上实行陪审制审理;完善随机抽选方式,提高人民陪审制度的透明度、公信度;逐步实行人民陪审员只参与审理案件事实,不再审理案件法律适用问题;健全人民陪审员退出机制和惩戒机制,使无法或怠于履行陪审职责的陪审员及时退出陪审队伍,有能力、有热情的陪审员可以得到及时补充;逐步完善人民陪审员审判责任制度和履职保障机制。

(5)深化司法公开。以科技为支撑,积极推进和完善审判流程、裁判文书、执行信息三大司法公开平台建设,完善“浙江法院公开网”和12368司法服务热线,全面推进网上司法拍卖改革等司法公开项目,努力完善开放、动态、透明、便民的阳光司法机制。

3.推动多元化纠纷解决机制建设，为群众解决纠纷提供更多元、更便捷的选择

党的十八届四中全会通过的《中共中央关于全面推进依法治国若干重大问题的决定》对推进多元化纠纷解决机制改革做出了重要部署。全面深化多元化纠纷解决机制改革，是发挥司法资源最大效能的有效途径。法院在通过司法裁判的方式直接处理案件的同时，应当注重充分依托自身法律地位和专业优势，以调解或和解方式化解矛盾纠纷，并主动与诉讼外的纠纷解决机制建立对接关系，充分发挥多元化纠纷解决机制的作用。

(1)围绕群众的司法需求强化服务和保障。优化法院内外资源配置，努力在全社会树立“国家主导、司法推动、社会参与、多元并举、法治保障”的现代纠纷解决理念。通过推动诉调对接平台从单一平面的衔接功能向多元立体的服务功能转变、诉调对接机制从单向输出向双向互动转变、诉调衔接对象从重点突破向全面启动转变、诉调对接操作规范从零散差异向系统整合转变、解决纠纷人才的培养从经验型向职业型转变、法院内部调解机制从粗放型向精细化转变等“六个转变”，激活其他调解纠纷资源、完善多元化纠纷解决体系。

(2)完善平台建设，优化诉调对接。将诉调对接平台建设与诉讼服务中心建设结合起来，引导群众理性表达诉求，依法维护权益，减轻当事人讼累；充分发挥特邀调解组织和特邀调解员化解纠纷的重要作用，推动建立律师调解员、专家调解员制度，充分发挥专家的专业技能优势，促进相关矛盾纠纷的快速化解；建立畅通的案件分流机制，最大限度地满足当事人的多元司法需求；严格落实司法确认制度，审查好调解协议司法确认案件，发挥人民法院为非诉纠纷解决方式提供司法保障的功能；完善人民法庭参与基层社会治理的工作机制，积极探索符合审判规律、简单易行、便民利民的矛盾化解方式，最大限度地将矛盾纠纷化解在基层和萌芽状态。

(3)创新工作机制，保障多元化纠纷解决机制发展。充分利用信息化手段，建设集网上立案、案件查询、网上咨询、在线调解、诉讼指南等功能为一体的网络便民平台，构建高效便捷、灵活开放的调解网络；积极探索

民商事案件中电子督促程序等新机制，发挥司法减负功效，探索建立符合我国国情和人民法院工作实际的诉调对接新机制；继续发扬“枫桥经验”，加强与人民调解组织的工作对接，拓展人民调解领域；加强对相关领域行业性调解组织的指导，激发社会组织活力，创新社会组织培育扶持机制，支持仲裁机构发挥作用。同时进一步完善制度建设，明确管理职责，规范运行机制和程序对接等制度，加大对职业调解员的培训力度，努力提高调解员的职业素质。积极推动多元化纠纷解决机制立法进程，构建系统、科学的多元化纠纷解决体系，为多元化纠纷解决机制提供法律保障。

4.加强审判管理和队伍建设，提高参与法治浙江建设的能力

以科技化、信息化为抓手，建立符合司法规律的审判管理机制，有效提升审判质量和效率；高度重视司法人员思想信念教育，狠抓作风建设，坚决惩治腐败，打造一支过硬的队伍。

(1)完善审判管理机制。完善审判质量效率评估，优化指标合理区间，设定、调整和运用好合理区间，探索类型化、差异化评估管理。更加注重运用指标解决实际问题，防止为追求考核成绩而干扰法院办案工作的正常开展。

(2)建立司法活动“全程留痕”制度。大力推进案件信息管理系统建设，促进审判管理理念与信息技术的有机融合，依托信息化手段进一步加强审判流程管理、案件信息采集，不断完善对审判活动和审判监督管理的“全程留痕”、动态监控机制，强化内部制约和监督，提升司法公信力。

(3)持之以恒地抓好法院队伍建设。继续在抓常、抓细、抓长效上下功夫，加强对法官业外行为的引导和约束，正风肃纪严防“四风”反弹回潮，切实做到心存敬畏，言有所戒，行有所止。落实好党风廉政建设主体责任和监督责任，支持纪检监察部门“转职能、转方式、转作风”，加大对违纪违法行为的查处力度，认真剖析法院工作人员违法违纪案件教训，加强警示教育，以零容忍的态度，坚决清除法院队伍中的害群之马。

专题5:"互联网+"时代的阳光司法

人类社会已经进入互联网时代,互联网以其高速度、大容量、交互性和开放性的优势,迅速融入经济社会的方方面面,正在深刻地改变着人们的生产和生活方式,日益成为创新驱动发展的先导力量,有力推动着社会发展。党中央对互联网事业高度重视。党的十八大以来,习近平总书记鲜明地提出了"建设网络强国"的战略思想和目标任务。李克强总理在2016年的政府工作报告中首次明确提出"制定'互联网+'行动计划"。这是党中央从协调推进四个全面战略布局出发,顺应互联网时代的发展大势而做出的重要战略部署,充分表明"互联网+"已经上升为国家的发展战略。

"互联网+"时代给如火如荼的司法公开实践提出了新的挑战,也带来了新的机遇,司法公开正迎来新气象。如何顺应互联网时代的客观需要,进一步推进和深化司法公开,打造更加"开放、透明、便民、科技的阳光司法新机制",努力实现公开与公正的高度契合,是当前人民法院改革面临的一项重大课题,也是新一轮司法体制改革的重点任务之一。

一、"互联网+"时代的阳光司法面临的挑战和机遇

互联网的出现颠覆了传统的信息传播方式,尤其是网络"自媒体"等新兴媒体的强势崛起,改变了信息垄断的局面,网络舆论对司法工作的影响及对司法决策和个案处理的影响力也日益增强。互联网时代为满足公众对司法决策的知情权、对社会治理的参与权和对司法的监督权提供了更为便捷的管道。

应当看到,互联网时代的司法公开面临越来越多的挑战。对此,司法

必须以更为积极的姿态面对这种挑战，始终把司法公开作为一种自觉的行动，不断加大公开力度，积极运用互联网创新公开举措，拓宽公开渠道。同时，互联网时代给司法公开也带来了难得的机遇：一方面，互联网突破了时间空间和物理空间的限制，极大地拓展了司法公开的时空展示空间；另一方面，互联网突破了传统公开手段的容量限制，使得文字、图像、声音等相关信息可以全方位、互动式呈现成为可能，极大地丰富了司法公开的内容。

中国法院系统积极回应“互联网＋”时代给司法工作带来的挑战和机遇，计划到2017年底建成具有中国特色的法院信息化3.0版，其中包括：形成全国法院固定和移动网络相结合、全面支持广大干警和社会公众随时随地接入的“网络法院”；形成司法公开和诉讼服务全面覆盖全国法院和人民群众，开放、动态、透明、便民的“阳光法院”；形成最高人民法院和高级人民法院主要业务信息化覆盖率100％，国家司法审判信息资源库案件数据、电子档案、司法解释等覆盖率100％的“智能法院”。

近年来，浙江法院充分运用“互联网＋诉讼服务”模式，在打造“智能法院”方面做出了积极探索，尤其是在运用“互联网＋”推进司法公开方面做出了富有成效的探索。浙江法院针对群众相对集中的期待诉权行使更顺畅的“痛点”需求，积极探索“互联网＋”环境下的司法公开新途径，通过理念创新、技术创新、服务创新，不断将司法公开的新举措“搭载”互联网，借助“网上法院”“线上法院”“掌上法院”等多种“互联网＋司法公开”形式，让网络公开成为助推司法公开的新引擎，开创了“互联网＋”时代的阳光司法“新常态”。

二、充分运用“互联网＋”打造司法公开三大平台，提升司法过程的透明性

最高人民法院提出，深入推进司法公开，建立并完善审判流程公开、裁判文书公开、执行信息公开三大平台，使司法公开三大平台成为展现现

代法治文明的重要窗口、保障当事人诉讼权利的重要手段、履行人民法院社会责任的重要途径。建设司法公开三大平台，是人民法院适应信息化时代新要求，满足人民群众对司法公开新期待的重要战略举措。这一适应大数据时代、体现互联网思维的司法公开新举措，为推进司法规范化建设、促进司法公正效率和提升审判管理水平找到了重要切入点。

浙江法院在2011年制定的《浙江法院阳光司法实施标准》、2012年制定的《浙江法院阳光司法指数评估体系》等一系列文件的基础上，根据最高法院的统一部署，于2013年12月制定了《浙江省高级人民法院关于打造司法公开三大平台　全面深化阳光司法的工作要点及分工方案》，明确了36项工作任务及责任部门和完成时间，并每季度检查通报实施进展情况，阳光司法工作取得明显成效。

一是充分运用互联网，加强审判流程公开平台建设。门户网站是信息时代、大数据时代司法公开的第一平台。近年来，浙江法院加强门户网站建设，已在全省法院基本实现“一院一网”。浙江高院要求各网站一般设置法院概况、诉讼指南、审判流程、裁判文书、执行信息、司法统计数据、审判保障、新闻中心8个“必备栏目”，规定每个“必备栏目”应公开的信息。

2014年7月，“浙江法院公开网”正式上线开通，利用互联网技术把全省法院全部连接起来，后台数据中心统一、自动向“浙江法院公开网”安全输送司法公开信息，成为全国首个省市县三级法院一体化公开、一站式服务的司法公开网站，具有风格简约、内容专业、管理集约、服务全面、方式创新等五大特色，提供流程化、菜单式的诉讼服务指南，并同步运行了移动微网站，支持手机、iPad等移动平台终端和浏览器，实现随时、随地、随身访问，实现了把司法公开全流程和诉讼服务全过程“带进家门去，装在口袋里，拉进朋友圈”。该网站设置了“法院概况”“法院公告”“审判流程”“裁判文书”“执行信息”“诉讼指南”“庭审现场”“在线服务”“统计数据”等9个一级栏目，“预约立案”“12368服务”“诉讼工具”等66个二级栏目。当事人凭密码即可查询包括案件进展在内的各类诉讼、执行案件信息，公众和当事人还可通过该网站查阅诉讼指南、裁判文书、司法文件、失信被执行人、执行拍卖等信息，观看庭审录像，预约庭审旁听，预约网上阅卷、网上调解等。地方法院网站以提供链接的方式方便公众和当事人查询司法公开相关信息。

为保障当事人及时了解案件进展情况，增加审判工作透明度，浙江高院于2011年制定了《案件信息网上查询的规定》，对信息查询平台、查询主体、查询密码、信息录入要求及相关责任作了明确规定。为保证案件信息录入质量，自2014年起，浙江高院推动全省法院将信息录入工作纳入审务督查、年终评优评先和案件质量评查内容，并先后下发《案件信息评查系统》《审判信息系统立案信息录入指导手册》，以督促、指导承办法官完整、准确、及时地录入案件各个流程的节点信息。

浙江法院在积极打造“线上法院”方面也进行了积极探索。2013年，浙江高院向省通信管理局申请开通了浙江法院12368热线号码，2014年在全省三级法院部署开通了集诉讼热线、网络在线、短信与微信等多元服务于一体的法院12368司法服务热线。目前，全省共107个座席员。当事人可通过拨打12368热线，查询案件进展情况。12368短信平台会在案件流程各个节点，自动向当事人发送出庭通知书、送达回证、受理通知书、合议庭组成人员告知书、领取裁判文书通知书等信息。

自2006年起，浙江法院试行诉讼档案电子化工作，要求及时、规范地将诉讼档案电子化，上传至浙江法院电子档案系统。在诉讼档案电子化的基础上，积极推进远程电子阅卷。2014年7月，浙江高院制定《关于当事人及诉讼代理人查阅电子诉讼卷宗的规定（试行）》，方便二审法院、当事人、诉讼代理人等查阅电子卷宗。部分法院已实现当事人、诉讼代理人远程阅卷，部分法院推出了上互联网阅卷服务，大大提高了司法效率。

二是充分运用互联网，加强裁判文书公开平台建设。近年来，浙江法院高度重视裁判文书上网工作，2011年制定《浙江省高级人民法院关于裁判文书上网公布的规定（试行）》，规范裁判文书上网公布工作。2014年2月，召开全省法院裁判文书上网公开工作视频会议，对全面深化裁判文书上网公开工作进行动员部署。2014 年 4 月，浙江高院根据《最高人民法院关于人民法院在互联网公布裁判文书的规定》制定了《浙江省高级人民法院关于在互联网公布裁判文书的实施细则》，以公开为原则，不公开为例外，细化了裁判文书上网公布的范围，完善了裁判文书上网公布工作流程，包括上网的时间节点、技术处理、操作步骤、更换撤回等，明确工作职责。贯彻落实不上网审批制度，推行严格的全流程在线审批工作机制。通过制作裁判文书上网公开操作视频、加强业务培训、评选优秀裁判文书、检查通报等方式推动裁判文书上网工作。同时，注重运用信息化手段，在已有的裁判文书制作和自动校对系统基础上，开发了裁判文书辅助管理系统，将文书制作、自动排版、校对纠错、隐名处理和上网发布等功能整合嵌入到审判信息系统，实现裁判文书从制作到上网发布的一体化管理。截至 9 月，全省法院累计在中国裁判文书网公布裁判文书 49 万余份，在互联网公布裁判文书 130 万余份，居全国首位。

三是充分运用互联网，加强执行信息公开平台建设。2012 年起，浙江高院大力推进完善执行信息公开平台建设，着力建设“点对点”网上协助执行查控机制，与公安、检察、民政、国土、税务、工商、银行、航空等 10 余个部门和行业以及 58 家商业银行建立信息共享共用和业务协同机制，并逐步推进“点对点”网上协助执行查控系统向省际拓展。为深入推进执行信息公开平台建设，2014 年 3 月，浙江高院下发《关于做好法院门户网站和执行专网等数据整合工作的通知》，指导全省法院建立健全法院门户网站和执行专网、官方微博、微信公众服务平台之间的多向链接。2014 年 7 月，浙江高院制定《浙江省法院执行公开实施意见》，推进执行信息“八公开”，即公开执行程序制度、办案联系方式、财产查控情况、财产处置情况、执行惩戒措施、执行法律文书、案件执行进程、举报投诉方式等八个方面，涵盖执行全流程。全省法院通过 12368 短信服务平台已发出执行信息告知短信 72637 条，一个执行案件平均发出 3 条告知短信，赢得当事人好评。

浙江法院充分注重司法网络系统与外部网络平台的对接。目前已实现与各类征信系统的对接，与省信用中心联建共享省公共联合征信平台，已向其提供未履行生效裁判的失信信息154万余条，使被执行人在融资、投资、经营、高消费、注册新公司、获得荣誉等方面，受到全方位的限制或禁止，有力促进了信用浙江体系的完善。

三、注重实质公开，注入多元、互动、便民的互联网元素，为当事人提供了“互联网＋”时代的便利司法服务

进一步深化司法公开，需要切实解决影响司法公正和制约司法能力的深层次问题，更要进一步推进社会公众及当事人最关注、最希望了解的问题的实质性公开。为此，浙江法院不断结合人民群众的实际需求，积极创新司法为民举措，拓展司法为民的空间。

一是积极推动“一站式”在线诉讼服务网络平台的建设。浙江高院积极贯彻《最高人民法院关于全面推进人民法院诉讼服务中心建设的指导意见》的通知精神，2015年4月专门发文明确要求全省各级法院全面推进诉讼服务大厅、诉讼服务网、12368诉讼服务热线三位一体的诉讼服务中心建设，为人民群众提供多渠道、一站式、综合性的诉讼服务。

诉讼服务网依托浙江法院公开网建设，在完善法院公开信息、案件流程信息、诉讼电子档案等数据库基础上，实现网上立案、网上受理申请、网上材料接收、网上联系法官、网上阅卷、网上信访的各项功能，为人民群众提供全面、快速、高效的网络服务。诉讼当事人可通过网站，及时了解开庭时间、案件承办人等信息，进行预约立案和查询案件审理进度等，节省了当事人屡次往返法院花费的人力物力。社会公众及当事人也可通过在线咨询或者网上留言的方式联系法官，就诉讼程序方面的问题获得法律咨询服务。

二是积极探索网络法庭建设。随着近年来电子商务异军突起，全省法院涉电子商务的新类型消费方式纠纷案件明显增多，且集中发生在该领域的领军企业阿里巴巴集团所属的淘宝、天猫等网络交易服务平台。

针对迅猛发展的网络消费形式，浙江法院计划 2015 年开始建设网络法庭，试点开展非面对面的线上司法活动。初期试点着重为电子商务领域发生的纠纷。具体做法是：以网络法庭平台为依托，把诉讼的每一个环节都搬到网络，起诉、立案、举证、开庭、裁判均在线上完成，全流程电子数据记录。

三是大力推进庭审的网络公开。浙江法院充分利用互联网等现代信息技术，尽量满足公民的旁听需求，各法院均设置同步视频室，有的法院还利用广场 LED 电子显示屏，同步直播庭审，以满足不能进入庭审现场的公民旁听，并选择部分典型案件开展电视、网络直播、录播，让公众看得见、听得清；全省 1783 个审判用法庭全部建成数字法庭，对庭审案件进行同步录音录像，实现"每庭必录"，使公正可定格、可复制、可再现，累计保存录音录像资料达 102 万份。2014 年下半年在部分法院试行框架记录及庭后誊录取代传统书面庭审记录。在全省 90 个看守所建立了 92 个远程视频室，使简易刑案的远程提讯、审理十分便捷、安全。在全省 21 所监狱中建成 18 所标准型数字法庭、3 所远程视频室，确保中央政法委《关于严格规范减刑、假释、暂予监外执行切实防止司法腐败的意见》中规定的三类罪犯减刑、假释、暂予监外执行案件一律开庭审理和"全程留痕"。

四是完善裁判文书检索功能，突出查询的"快捷便民"，实现公众查询网络化。在"浙江法院公开网"提供便捷的检索手段，可按照案件类型、审理法院、案号、审理日期和关键字检索裁判文书，检索一百万条记录只需 0.2 秒，并提供 PDF 格式下载服务，使公众乐于获取并易于获取信息。

五是推进网络司法拍卖。近年来，浙江法院还在传统的拍卖平台基础上创新司法拍卖形式，建立了司法网拍工作机制，取得了显著的成效。在司法执行过程中，资产的处置、拍卖是最容易引发质疑的环节，拍卖信息的集中规范发布，提高了执行资产处置的透明度，有助于消除公众的疑虑。司法网拍的引入在善用网络化信息化手段、破解传统司法拍卖环节成本高、容易被操控等弊端方面进行了有益的尝试和创新。

2012 年 6 月，浙江高院联合淘宝网开通网络司法拍卖平台，借助该平台，法院以电子竞价的方式依法自行处置涉讼财产（包括破产财产），拍品展示、参拍报名、竞价过程直至成交等所有环节全部在互联网上进行，且不收取佣金或其他费用，实现司法拍卖过程的全公开，最大限度使拍卖资产变现值最大化，使当事人权益最大化，同时挤压了暗箱操作、权力寻租的空间。2013 年全省法院全面实施司法网拍工作，实行“网拍优先”原则，2014 年 6 月制定浙江省高级人民法院《网络司法拍卖（变卖）工作规程（试行）》，进一步规范司法网拍流程。截至目前，全省 105 家法院中已有 103 家实行司法网拍，拍品种类涵盖几乎所有涉诉资产，已成交 8722 件，总成交额为 212.54 亿元，成交率 90.09%，平均溢价率 46.83%，为当事人节省佣金 4.66 亿元，各项指标远超传统拍卖，被誉为司法公开、为民的创新举措，被《人民法院报》评为“2012 年人民法院十大关键词”，中央政法委刊发简报予以推广。2014 年 7 月，最高法院院长周强在全国法院执行信息化建设现场会上充分肯定了浙江的做法。他指出：“从浙江等地法院的做法看，网络拍卖模式有助于实现案件管理系统和拍卖交易平台的对接，提高执行效率，有助于杜绝幕后串通行为，减少司法腐败，有助于降低拍卖成本，满足当事人最大限度实现胜诉权益的需求。”目前，为有效破解房产网拍一次性付款难题，浙江省正全面搭建网拍房产按揭贷款平台。

六是充分利用网络公开平台等多种方式加强民意沟通，进一步健全诉讼服务沟通机制。随着现代社会网络信息资讯的发达，网络舆论对于司法工作和裁判结果的影响正日益明显。浙江法院充分关注和重视涉法涉诉网络舆情，及时研判，做到有问题早发现、早处理，有质疑早回应、早消除。通过网络平台及时接受和处理人民群众咨询、投诉、举报，听取意见和建议，及时改进工作，提高诉讼服务水平。完善新闻发布制度，除配备新闻发言人外，一些法院还设立了网络新闻发言人，进一步增进社会与法院之间的相互了解、理解与信任。

同时，浙江法院积极探索网络公开的新载体、新形式。一是创设“院长信箱”。“院长信箱”是法院院长了解情况、发现问题和集思广益的重要渠道，给院长提供了一个发现问题、处理问题、解决问题的新平台。开通

“院长信箱”，网民可通过这个渠道及时向各级法院院长反映问题，提出建议，甚至举报违法违纪的法官，有利于畅通网民的沟通表达渠道，缓解当前的涉诉信访压力，变“堵门上访”为“网上信访”。二是开通“法院微博”。微博是新兴的网络交流平台，具有更方便、更及时、更快捷的特点。开通“法院微博”有助于搭建与网民交流的新平台，畅通与网民沟通的渠道，拉近与网民之间的距离，随时通过网民的监督来改进司法工作。三是设置交流互动专栏，改变目前民意沟通的封闭或者半封闭状态，给网民提供一个能够发表意见和建议，能够知道进度、得到回复的机制，使民意沟通工作更加公开化、制度化、规范化。

四、强化“互联网＋”的科技支撑和创新驱动，以信息化实现阳光司法的现代化

“互联网＋”离不开科技支撑，司法公开的现代化离不开审判管理的信息化。当今世界，科技已成为支撑、引领经济发展和人类进步的主要动力，也是法院破解工作难题、加强自身建设的重要切入点。浙江法院依托“科技强院”战略，不断改革创新，加大科技投入，畅通阳光司法渠道。

近年来，浙江高院已研制开发审判执行管理系统、司法政务管理系统、网站系统、数字法庭统一管理平台系统、裁判文书上网公开管理系统等五大类、104 个信息化应用系统。接下来，将重点推进数字法庭高清升级改造，建设远程视频接访、监狱数字法庭，执行记录仪，诉讼费收结退一卡通等，既服务法官办案，也方便群众诉讼办事。

一是充分运用互联网，建构法院信息化网络体系。浙江法院已建成覆盖全省三级法院直至人民法庭的四级专网，在全国率先开通了省市、县（区）三级法院一体化公开、一站式服务的“浙江法院公开网”。建成了动态更新、开放共享的全省法院数据中心和全面覆盖、集中监管的数字法庭统一管理平台。开发了 100 多个应用系统，构建了网络全互联、业务广覆盖、数据大集中、资源共享用的法院信息化体系，为司法公开三大平台建

设提供了坚实基础。

2008年起，全省三级法院全部实现网上办案，案件立案、审判、执行及案卷归档、移送等工作流程环节全部纳入了全省统一的管理系统，各个办案节点的相关信息得以实时录入，每日定时汇集到浙江高院数据中心。目前，已汇总800万个案件全部办案流程的40亿项信息点，100万余件案件庭审录音录像资料和所有已归档案卷的电子卷宗。这些数据和资料，为司法公开信息平台建设和阳光司法指数测评的数据采集和分析，提供了坚实基础。

为提高立案信访工作的效率，增强相关工作的透明度，"浙江法院公开网"设置了"网上立案"及"网上信访"栏目。当事人或其代理人可通过网上立案系统提交起诉或申请执行的相关立案材料，以便立案法官进行网上预审，并可通过网上留言、电话、邮件等方式进行沟通。通过网上立案预审后，凭相关预约凭证即可到立案窗口进行优先立案。信访人可通过该系统提交信访诉求，预约接访法官和领导。同时，浙江法院加强建设远程接访系统，在11个中院立案信访部门和省高院立案一庭、立案二庭建设小型远程视频会议室，方便异地远程接访。

二是充分运用互联网，建构裁判文书上网公开管理系统。为助推裁判文书上网公开，减轻法官工作量，浙江高院还开发了裁判文书上网公开管理系统。承办法官可直接勾选生效裁判文书进行"上网"处理，只要点点鼠标，系统会自动对文书中的当事人姓名、身份证号码、住址等敏感信息进行"隐名"技术处理，并自动导入"上网文书库"，再由专人统一从系统导出上传到"浙江法院公开网"。不上网的，需勾选"不上网原因"，酌定不上网的，还需经领导审批。在"浙江法院公开网"专门开辟《法律文书检索》专栏，统一提供全省法院生效裁判文书检索及查看服务。

三是充分运用互联网，建构网上案款管理系统。为加大财务公开力度，同时方便当事人交费及退费，浙江高院积极协调财税、银行等部门，着手开发网上案款管理系统，推行诉讼费智能化、透明化管理，开通跨银行、跨地区的网上诉讼费便捷缴退费系统，实现诉讼费收、结、退一卡通，提供即时对账、到账查询等多渠道服务，赢得当事人的普遍赞誉。现已在杭州、嘉兴等法院开展试点。浙江高院还在支付宝开通了在线支付功能，当事人收到法院送达的诉讼费交款通知书后，只需用移动终端“扫一扫”通知书上的二维码，就可直接在手机上查看案件案号、诉讼费缴纳专属账户、诉讼费金额等信息。当事人确认无误后，点击交费即可完成诉讼费用的缴纳。该服务窗除提供费用缴纳功能外，还附有诉讼费缴纳标准、费用计算、如何申请减免缓等内容。

推进司法公开是一项长期而艰巨的系统工程。“互联网＋”为推动司法公开提供了强大的引擎。浙江法院将继续紧跟“互联网＋”时代的发展步伐，依靠科技支撑，充分运用现代信息技术，运用网络等新兴媒体，不断扩大司法公开的覆盖面、渗透力和影响力，不断解决实际问题，深入推进司法公开，努力满足人民群众对司法活动的知情权、表达权、参与权、监督权，努力让人民群众在每一个司法案件中感受到公平正义。

（浙江行政学院法学教研部　吴国干）

第六章 推进司法体制改革，全面提升司法公信力：检察改革篇

2014年9月，中央决定将浙江省列入司法体制改革第二批试点地区，从2015年开始试点。《浙江省检察机关司法体制改革试点工作实施方案》确定嘉兴市、萧山区、江北区、瑞安市、文成县、海盐县、新昌县、浦江县、江山市、椒江区、仙居县等11个检察院作为2015年首批检察司法体制改革试点单位，并在这些单位落实中央统一部署的司法人员分类管理、司法责任制、司法人员职业保障、省以下地方检察院人财物统一管理等四项重大改革。在认真总结试点院经验的基础上，2016年，有关单位将在全省检察机关全面推开试点。浙江检察机关将按照省委提出"在推进司法体制机制改革方面走在前列"的总体要求，认真贯彻落实党的十八大和十八届三中、四中全会和省委十三届六次全会精神，严格按照《中共浙江省委关于全面深化法治浙江建设的决定》提出的"紧紧围绕公正司法，在推进司法体制机制改革方面走在前列"要求，强化法律监督，规范检察行为，积极稳妥推进检察改革，确保公正司法，提高司法公信力，为干好"一三五"，实现"四翻番"，建设"两富""两美"现代化浙江提供有力的司法保障，把"干在实处永无止境，走在前列要谋新篇"的要求落到实处。

一、推动保障依法独立公正行使检察权的体制机制建设

人民法院、人民检察院依法独立公正行使审判权、检察权，这是宪法的明确规定，是国家法律统一正确实施的制度保障。《宪法》第一百三十

一条明确规定，人民检察院依照法律规定独立行使检察权，不受行政机关、社会团体和个人的干涉。《人民检察院组织法》《检察官法》均做出同样的规定。

（一）完善和落实防范外部干预司法的制度

1. 积极争取依法独立公正行使检察权的支持

检察机关是法律监督机关，在行使各项检察职能的过程中，坚持依法独立公正原则，不受外来力量的干涉，这是我国宪法赋予的性质和职能定位。要加强和改进党委对检察机关依法独立公正行使检察权的领导，尊重司法规律，不能把检察机关作为一般行政机关来对待，不得安排其参与市场经营活动，以及参与不符合司法职能、有损司法公信力的活动，尤其是保障法律的实施，充分发挥检察机关的司法作用，为依法独立公正行使检察权创造良好的外部环境。同时，检察机关要正确处理好依法独立公正行使检察权与坚持党的领导、接受人大、政协监督以及与其他行政执法机关的关系。一是坚持依法独立公正行使检察权与自觉接受党的领导的有机统一。坚持党的领导是我国社会主义司法制度的根本特征和政治优势，是建设各项社会主义事业和社会主义法治的根本保证，是发展检察事业、保证检察工作顺利开展的重要政治条件，也是检察机关依法独立行使检察权的根本政治保证。自觉接受党的领导和坚持党的领导，取得党在政策上的支持，有利于排除各种干扰，确保依法独立公正行使检察权。二是积极争取人大及其常委会监督检查、政协民主监督来支持检察工作。各级人大及其常委会应当采取听取和审议专项工作报告、执法检查、专项调研，必要时提出质询、询问和开展特定问题调查等方式加强对检察工作的监督，政协发挥民主监督作用，支持检察机关依法开展法律监督工作，并对有关机关接受和配合法律监督工作的情况进行监督。对人大及其常委会交办的属于检察机关法律监督范围内的事项，检察机关应当认真研究、依法办理，并及时报告结果。同时，也要防止人大、政协或者人大代表、政协委员干涉个案，影响司法公正。三是加强与政府的协调配合。促进行政机关依法行政和认真履行协助司法的义务，尊重检察院依法开展法律监督和查办案件，争取各级政府加强对行使检察权所必需的经费、人员、装备等的保障。

2.贯彻落实领导干部干预司法的责任追究规定

为防止领导干部干预司法活动、插手具体案件处理，确保司法机关依法独立公正行使职权，中共中央办公厅、国务院办公厅印发了《领导干部干预司法活动、插手具体案件处理的记录、通报和责任追究规定》，这是防止干预、插手司法活动的"防火墙"和违反规定过问案件的"高压线"，对于排除领导干部对检察权行使的违法干预和影响，确保检察机关公正司法，维护检察机关司法公信力具有重大意义。根据规定，任何领导干部都不得要求司法机关违反法定职责或法定程序处理案件，都不得要求司法机关做有碍司法公正的事情。对司法工作负有领导职责的机关，因履行职责需要，可以依照工作程序了解案件情况，组织研究司法政策，统筹协调依法处理工作，督促司法机关依法履行职责，为司法机关创造公正司法的环境，但不得对案件的证据采信、事实认定、司法裁判等做出具体决定。领导干部违法干预司法活动，造成后果或者恶劣影响的，依照规定给予纪律处分；造成冤假错案或者其他严重后果，构成犯罪的，依法追究刑事责任。

司法机关依法独立公正行使职权，不得执行任何领导干部违反法定职责或法定程序、有碍司法公正的要求。《最高人民检察院关于检察机关贯彻执行〈领导干部干预司法活动、插手具体案件处理的记录、通报和责任追究规定〉和〈司法机关内部人员过问案件的记录和责任追究规定〉的实施办法（试行）》明确要求，检察机关遇有领导干部干预司法办案活动、插手具体案件处理的，应当做好记录和报告。属于违法干预、违反规定过问检察机关司法办案活动的，要进行通报。违法干预、违反规定过问检察机关司法办案活动造成后果的，要进行责任追究。检察人员应当恪守法律，坚持原则，公正司法，不徇私情，不得执行任何领导干部违反法定职责或法定程序、有碍司法公正的要求。对于不依正当程序转递涉案材料或者提出其他要求的，应当告知依照程序办理。

（二）优化司法资源配置

1. 推动省以下地方检察院人员统一管理改革

建立省以下地方检察院检察官统一由省提名、管理并按法定程序任免的机制，建立省以下地方检察院专项编制统一管理制度。一是对司法人员进行分类管理。将检察院工作人员分为检察官、司法辅助人员、司法行政人员三类。实行检察官员额制，确定检察官、司法辅助人员、司法行政人员分别占全省检察院编制总数的39%、46%、15%。各检察院的员额，实行动态管理，由省检察院根据不同层级检察院的功能定位和不同地区检察院办案任务量等实际情况，提出各检察院的检察官员额比例，由省编委办核准后下达。检察官员额分配向基层倾斜、向办案量大的地区倾斜、向办案一线倾斜。二是规范检察官的遴选和任命。省法官检察官遴选委员会由省政法委牵头组建。省委政法委设委员会秘书处，负责联络协调工作。检察官遴选办公室设在省检察院，负责日常遴选事务。省法官检察官遴选委员会由政治素质高、专业能力强、职业操守好的人员组成，包括来自人大、政协的法学专家、律师代表以及法官、检察官代表。委员分为专门委员、专家委员，建立专家委员库。试点过渡期内，现任检察员进入检察官员额采取确认制，由各级检察院提名，检察官遴选办公室审核，报省法官检察官遴选委员会确认。其他补充检察官员额的采取遴选制，由各级检察院提名，检察官遴选办公室差额提出候选人名单，报省法官检察官遴选委员会遴选公示后，交由省检察院党组统一提名，依照法律规定的程序交由任职地人大常委会任命。基层检察院的检察官主要从检察官助理中择优遴选，省级、市级检察院的检察官在过渡期内采取从下级检察院遴选和从本院遴选相结合方式产生员额制检察官。过渡期结束后，原则上从下级检察院逐级遴选检察官。同时，探索从符合条件的律师、法学专家及其他法律工作者中公开招录检察官的途径。三是完善检察院领导干部管理机制。市级、县级检察院检察长由省委（省委组织部）

管理,领导班子其他成员,由省委委托地市级党委管理。担任检察院检察长的人员,应当具有法学专业知识和法律职业经历。政法系统外领导干部调入市级和基层检察院担任检察长的,应征得省检察院党组同意。四是建立机构编制省级统一管理机制。全省各检察院的设置、职数的配备和编制的管理、分配方案,由省检察院审核报省级机构编制部门审批。省编委办会同省检察院定期对机构编制、职数使用情况进行检查评估,合理配置、动态管理编制、职数。五是人员上划省级统一管理。全省各级检察院及其所属财政保障事业单位的编内在职人员全部上划省里统一管理。

2.推动省以下地方检察院财物统一管理改革

建立省以下地方检察院经费由省级政府财政部门统一管理机制。一是建立经费管理机制。省财政厅管理省以下检察院经费,省市县三级检察院均作为省财政一级预算单位,向省财政厅编报预算,预算资金通过国库集中支付系统拨付。省财政统筹中央补助资金、省级财力、市县上划经费,按工作需要全额保障全省各级检察院必需的工作经费,保证各地办公经费、办案经费、装备经费和人员收入不低于现有水平,并建立相应的增长机制。二是建立资产管理机制。按照资产管理与预算管理、财务管理相结合的原则,省以下检察院及其所属事业单位的资产管理,按省级行政事业单位资产管理规定执行。全省各级检察院的基础设施规划、建设由省发改委同省检察院、省财政厅按照规划和建设程序统一管理。

3.探索实行检察院司法行政事务管理权和检察权相分离

规范检察行政事务管理职责,要确保检察行政事务管理活动服务于检察活动。司法行政事务包括四个方面:一是立案登记等与司法业务直接相关的司法行政工作,二是对人的管理,三是对财、物的管理及后勤保障,四是外部事务协调,包括司法机关与立法部门、行政部门之间的关系协调,上下级司法机关之间的事务协调等。检察司法行政事务管理涵盖上述四方面内容,重点是第二、第三方面,即对人财物的管理。目前,我国司法行政事务管理并不完全是司法机关自行管理而由不同部门分别管理。与司法业务直接相关的司法行政工作如案件登记等主要由司法机关承担；对人财物的管理权主要由党委、政府有关部门掌握，特别是涉及人员调配、基本建设、经费供给等基础性、保障性的司法行政事务，基本由计划、财政、人事、编制等部门管控，司法机关实际行使的只是事务性工作的管理职能；司法考试、司法协助等部分外部事务协调工作由司法行政部门承担。总体上看，这种职权配置有一定合理性，但对司法权公正运行存在诸多掣肘，如行政化特征明显，地方化严重，司法权与行政权缺乏合理界定带来管理困难，需要改革探索管理新途径。法院、检察院的人财物管理属于司法行政事务，要认真总结历史经验，借鉴国外合理做法，积极探索符合我国国情特点的司法机关人财物管理体制。探索实行司法行政事务管理权与审判权检察权相分离，必须以确保依法独立公正行使司法权为目标，强化司法行政事务管理内部分离和外部监督机制建设，不断提高司法治理体系和治理能力现代化水平。结合当前省以下司法机关人财物统一管理改革试点工作，下一步必须着力构建司法行政事务管理综合体系，一是协同推进司法机关人员分类管理，二是合理设置内部司法行政事务管理机构，三是强化对内部司法行政事务管理机构的监督。

（三）建立健全检察人员履行法定职责保护机制

“司法是维护社会公平正义的最后一道防线”。司法活动事关当事人权利义务分配和利益归属，事关罪与非罪。司法人员处在矛盾和利害的焦点，时时面对各种干扰和压力。要从法律制度上为司法人员秉公执法撑起“保护伞”，防止各方面的不当干扰，解除他们的后顾之忧。司法人员履行法定职责，只有得到充分而有效的保护，才能敢于担当、不徇私情，才可能做到严格、公正司法。根据《检察官法》的规定，检察官享有各种权利，如履行检察官职责应当具有的职权和工作条件；依法履行检察职责不受行政机关、社会团体和个人的干涉；非因法定事由、非经法定程序，不被免职、降职、辞退或者处分；获得劳动报酬，享受保险、福利待遇；人身、财产和住所安全受法律保护；参加培训；提出申诉或者控告；辞职。

建立健全检察官履行法定职责保护机制，需要进一步完善相关内容：

一是非因法定事由、非经法定程序,不得将检察官调离、辞退或者做出免职、降级等处分。二是完善检察官申诉控告制度。一方面,检察官对人民检察院关于本人的处分、处理不服的,有权向原处分、处理机关的上级机关申诉;另一方面,对于国家机关及其工作人员侵犯检察官权利的行为,检察官有权提出控告。三是健全检察官合法权益因履行职务受到侵害的保障救济机制和不实举报澄清机制。行政机关、社会团体或者个人干涉检察官依法履行检察职责的,应当依法追究其责任。对检察官处分或者处理错误的,应当及时予以纠正;造成名誉损害的,应当恢复名誉、消除影响、赔礼道歉;造成经济损失的,应当赔偿。对打击报复的直接责任人员,应当依法追究其责任。为此,2015 年 3 月,浙江省检察院联合省高级法院、公安厅制定下发了《关于依法处理妨碍政法干警履行法定职责违法行为的指导意见》,切实为政法干警依法履行法定职责创造良好的法治环境。四是建立检察官惩戒制度。检察官应当有行为界限,不得有下列行为:散布有损国家声誉的言论,参加非法组织,参加旨在反对国家的集会、游行、示威等活动,参加罢工;贪污受贿;徇私枉法;刑讯逼供;隐瞒证据或者伪造证据;泄露国家秘密或者检察工作秘密;滥用职权,侵犯自然人、法人或者其他组织的合法权益;玩忽职守,造成错案或者给当事人造成严重损失;拖延办案,贻误工作;利用职权为自己或者他人谋取私利;从事营利性的经营活动;私自会见当事人及其代理人,接受当事人及其代理人的请客送礼等行为。检察官有上述行为的,应当给予处分或依法追究刑事责任。我省将设立省法官检察官惩戒委员会,负责对检察官违反职业伦理等行为提出惩戒意见。此外,浙江还将根据检察官的职业特点,建立重大疾病生活救助制度、人身意外伤害保险制度,探索建立为异地任职的检察官提供保障等配套机制。

(四)探索建立与行政区划适当分离的司法管辖制度

“探索设立跨行政区划的人民法院和人民检察院,办理跨地区案件。”这有利于排除地方保护主义对审判工作和检察工作的干扰,保障法院和检察院依法独立公正行使审判权和检察权，有利于构建普通案件在行政区划法院审理、特殊案件在跨行政区划法院审理的诉讼格局，有利于提高司法公信力。这项改革，中央和两高已经在部分地方试点。近年来，我省相继开展对部分刑事案件起诉、审判异地管辖的做法，如在省内对跨区域重大复杂案件、领导干部职务犯罪案件、法院检察院工作人员犯罪案件等异地侦查、起诉、审判，为探索建立与行政区划适当分离的司法管辖制度积累了一定经验。下一步将根据最高人民检察院《关于深化检察改革的意见（2013—2017年工作规划）》要求，以科学、精简、高效和有利于实现司法公正为原则，探索设立跨行政区划的人民检察院，构建普通类型案件由行政区划检察院办理，特殊类型案件由跨行政区划检察院办理的诉讼格局，完善司法管辖体制。

二、健全和优化检察权配置

（一）正确处理依法独立公正行使检察权与侦查权、审判权的关系

根据“健全公安机关、检察机关、审判机关、司法行政机关各司其职，侦查权、检察权、审判权、执行权相互配合、相互制约的体制机制”的要求，正确处理依法独立公正行使检察权与侦查、审判等权力的关系。检察机关的宪法地位决定了检察机关对于公安机关和审判机关执行法律活动负有专门的监督职责。根据宪法规定，人民法院、人民检察院和公安机关办理刑事案件，应当分工负责、互相配合、互相制约，以保证准确有效地执行法律。我国检察机关作为行使公诉权的国家机关，在刑事诉讼活动过程中通过引导侦查、审查批捕和审查起诉等权力对公安等侦查机关形成制约，通过提起公诉、支持公诉等对法院审判权的启动和审判内容形成约束。同时，在诉讼活动过程中，三机关应遵行法律关于其各自法定职责的规定，不互相代行职权，通过职权划分和程序设定实现互相制约。根据各

司其职的原则,检察机关活动也受到公安机关和审判机关的制约,应当正确行使职务犯罪侦查权、批捕权、公诉权和诉讼监督权,不能超越职权界限代行公安机关和审判机关的职权。

(二)健全和强化法律监督职能

1. 健全反腐败法律监督机制

加强查办职务犯罪规范化建设。我省检察机关对内制定了《反贪局要案线索初查和管理规定》《关于规范要案线索管理和初查工作的有关规定(试行)》等规范性文件加强职务犯罪线索管理,健全受理、分流、查办、信息反馈机制,完善职务犯罪案件初查机制,建立职务犯罪案件跨行政区域管辖制度,规范指定管辖、交办、提办工作。同时,加强与有关部门的协作,如与省国土厅、省国税局、省地税局、省公安厅、杭州海关等部门建立惩治与预防渎职侵权违法犯罪联席会议制度,联合省纪委、监察厅、审计厅等有关部门制定《关于纪检监察机关与检察机关在查办案件中协作配合工作的暂行规定》《渎职侵权案件线索移送规定》《关于进一步加强检察机关与审计机关在反腐败工作中协作配合的通知》等一系列在惩治职务犯罪中加强协作配合的相关规定、意见,明确纪检监察、审计和刑事司法办案标准和程序衔接等有关工作。

加强查办职务犯罪能力建设。我省检察机关已经与省通信公司、省地税局、省人力资源和社会保障厅、省公安厅、人民银行杭州中心支行协商建立了涉案信息查询机制;与工商银行等金融机构联合出台《关于检察机关与银行业金融机构建立点对点专线查询机制的协作意见》规定,要求对于全省检察机关在查办职务犯罪过程中通过点对点专线查询涉案账户信息的,有关金融机构应当予以积极协助配合,进一步完善了职务犯罪侦查信息共享机制。积极推进省级政法机关资源共享平台建设,实现全省违法人员、人口管理、行政审批处罚、机动车管理、各类诉讼案件情况、生效判决执行等政法信息共享。检察技术部门已推进电子数据、身心监护仪、话单分析等技术在职务犯罪侦查中的应用,正根据侦查信息与侦查指挥工作需求，加大接通网络专线并开发专项应用力度。

完善工程建设领域腐败预防监督机制。该领域职务犯罪存在权钱交易突出、窝案串案多、涉案领导干部多、涉案环节多、涉案金额大等主要特点。检察机关将对确有必要提供预防专业协助的公共投资项目、项目建设过程中发生过职务犯罪或存在职务犯罪隐患、项目竣工后受到举报或发生质量事故等工程建设项目开展预防监督。深入工程立项、招投标、施工、监理、竣工验收、预结算等现场和环节，综合运用预防调查、犯罪分析、检察建议、专家咨询、行贿犯罪查询等预防措施，创新运用廉政合同“双签”、专项联合督导、检察约谈等监督手段开展预防。建立项目资金管理等信息共享平台，动态监督工程资金使用、招投标、工程进展、安全生产、质量保障等情况，加强风险防控，发挥预测预警作用。推进工程建设领域社会诚信体系建设，将行贿犯罪档案查询纳入工程建设和行政管理事项的第三方信用报告。

2. 加强对诉讼活动的法律监督

完善刑事诉讼监督机制。一是完善刑事侦查监督机制，探索建立重大、疑难案件侦查机关听取检察机关意见和建议的制度，探索建立审查逮捕案件公开听证制度，拟建立对刑事拘留和公安派出所刑事侦查活动的监督机制。二是完善刑事审判监督机制，研究完善对二审书面审理案件、人民法院依职权启动再审后改变原审判决裁定及判处缓刑、免刑案件的监督机制，进一步加强和规范刑事抗诉工作，健全死刑复核法律监督机制。

完善民事行政诉讼监督机制。进一步明确民事抗诉的适用对象、标准、程序和效力，完善和规范检察建议的提出、受理、办理、反馈机制。完善对民事执行活动实行法律监督的范围、方式和程序，健全民事行政裁判执行监督工作机制。结合《行政诉讼法》修改，进一步细化对行政诉讼活动监督的范围、程序、方式和要求，探索检察机关对行政机关干预法院审理及其他当事人行使诉讼权利的监督，探索对行政机关妨碍法院行政执行活动的监督。

3.完善刑事执行检察工作机制

一是突出完善刑罚变更执行同步监督机制。推动有关部门建立减刑、假释、暂予监外执行网上协同办案平台，健全对人民法院开庭审理减刑、假释案件活动的监督机制。对人民法院开庭审理减刑、假释案件的，检察机关派员出席庭审并对庭审活动进行监督。2014年以来，我省检察机关开展减刑、假释、暂予监外执行专项检察活动和“三类犯罪”（职务犯罪、金融犯罪、涉黑犯罪）减刑、假释案件庭审监督活动，监督纠正了一大批罪犯未退清赃款或者财产刑执行不到位的不当减刑、假释案件，建议收监执行了一批不当监外执行的罪犯。二是探索完善财产刑和指定居所监视居住执行监督机制。从目前情况来看，财产刑执行监督和指定居所监视居住执行监督是监所检察部门开展日常监督工作的难点，需要通过会签相关规范性文件等方式破解检察机关执法监督信息掌握难、检察监督缺乏刚性等方面的现实问题。三是探索强制医疗的监督机制。目前我省已有一些地区出台了专门规定以强化对强制医疗的执行监督，下一步将以这些地区的成功经验为基础，探索如何在全省范围内开展好强制医疗的监督工作。四是健全社区矫正法律监督机制。2004年，全省检察机关开始社区矫正法律监督工作。先后与有关部门联合下发了《社区矫正实施细则（试行）》《罪犯暂予监外执行实施办法》《社区矫正审前社会调查实施办法（试行）》等规范性文件，明确检察监督的具体内容、方法、程序。推进检察机关与司法行政机关社区矫正工作信息管理系统联网建设，在全省推广了“社区矫正信息多部门联动管理系统”“暂予监外执行超期预警系统”，强化检察机关对社区矫正活动的动态监督。加强了职务犯罪惩防工作，全省立案侦查了一批社区矫正领域的职务犯罪案件，有效遏制和预防社区矫正领域的司法腐败行为。

4.完善对行政机关行使职权的检察监督制度

一是探索建立健全行政违法行为法律监督制度。早在2009年初，省检察院就将行政执法监督作为一项职能创新的重点，并确定永康、义乌等检察院作为试点单位，积极介入党委、政府建立的行政执法信息平台，保证了对行政执法行为的知情权。我省的行政执法监督着重监督环境污染、食品卫生、公共安全、土地管理等群众关切、易引发社会矛盾领域中的行政违法行为。2010年与省环保厅联合出台了《关于积极运用民事行政检察职能加强环境保护的意见》，建立环保行政执法与检察机关法律监督协调机制，推动全省环保行政执法监督工作的深入开展。如一个拥有1300头奶牛的大型养殖场，排污设备束之高阁，结果造成掺杂牛粪的污水流入周边河道，让清澈的溪水变得又臭又脏。检察机关在深入调查的基础上向环保、农业、镇政府三家单位发出检察建议，得到积极回应，相关部门迅速组织整改、加强监管。

在监督方式的选择上，检察机关对于群众反映强烈、党委政府关注的敏感性案件，灵活运用执法办案风险评估、沟通协调、口头建议等措施开展"柔性监督"，避免了对正常行政行为造成不当干预，取得良好的政治效果和社会效果。对需要发出书面检查建议的个案，一般多采用事前沟通与事后跟进并举的方式。2011年以来，全省三级检察院向有关行政机关发出纠正违法行政行为的检察建议2801件，被采纳2685件，采纳率达到95%，有力地促进了依法行政。2015年，省检察院与省政府法制办联合发布《关于在部分地区开展行政执法检察监督与政府法制监督协作机制建设试点工作的通知》，确定宁波市等8个市县检察院和政府法制办为试点单位，开展行政执法检察监督与政府法制监督协作机制探索，人民检察院和政府法制办通过建立联席会议、监督信息互通和工作协助、建议落实反馈和案件线索移交等制度，加强配合协作，充分发挥各自的监督职能，是对行政机关违法行政、滥用职权、久拖不决、失职渎职等"乱作为""慢作为"和"不作为"进行协同监督的机制。下一步，将加强对行政违法行为监督的探索和研究，建立检察机关在履行职务犯罪侦查、批准或者决定逮捕、审查起诉、控告检察、诉讼监督等职责中发现行政机关违法行使职权或不行使职权行为的督促纠正制度。探索对行政违法行为实行法律监督的范围、方式、程序，明确监督的效力，建立行政机关纠正违法行为的反馈机制。

二是完善对涉及公民人身、财产权益的行政强制措施实行司法监督制度。这是最高人民检察院2015年的重点工作。当前，一方面要进一步加强对行政强制措施监督的理论研究，重点研究如何准确把握检察监督的对象和范围，如何对行政强制措施实施过程进行监督，如何把握检察监督的介入时机和监督方式，如何体现检察监督的便捷性、及时性等问题。另一方面要积极推动扩大司法监督的主体范围，为检察机关监督行政强制措施提供法律依据；推动完善相关机制，为受到违法行政强制措施侵害的当事人提供便捷的司法救济途径；强化对行政强制措施实施过程的司法监督，及时纠正违法行政强制措施。

5.探索建立检察机关提起公益诉讼制度

公益诉讼是指对损害国家和社会公共利益的违法行为，由法律规定的特定机关和组织向人民法院提起诉讼的制度。2015年5月5日召开的中央全面深化改革领导小组第十二次会议通过了《检察机关提起公益诉讼改革试点方案》，探索建立检察机关提起公益诉讼制度，重点是对生态环境和资源保护、国有资产保护、国有土地使用权出让、食品药品安全等领域造成国家和社会公共利益受到侵害的案件提起民事或行政公益诉讼。在提起公益诉讼之前，检察机关应当依法经过诉前督促程序，法律规定的机关和有关组织没有提起民事公益诉讼，社会公共利益仍处于受侵害状态的，检察机关可以提起民事公益诉讼，向人民法院提出停止侵害、排除妨碍、消除危险、恢复原状、赔偿损失、赔礼道歉的诉讼请求；行政机关拒不纠正违法行为或不履行法定职责，国家和社会公共利益仍处于受侵害状态的，检察机关可以提起行政公益诉讼，向人民法院提出撤销违法行政行为、在一定期限内履行法定职责、确认行政行为违法或无效的诉讼请求。十二届全国人大常委会第十五次会议《关于授权最高人民检察院在部分地区开展公益诉讼试点工作的决定》已经授权最高人民检察院在北京、内蒙古、吉林、江苏、安徽、福建、山东、湖北、广东、贵州、云南、陕西、甘肃13个省、自治区、直辖市检察院开展改革试点，试点期限为二年。

我省检察机关开展公益诉讼探索时间较早。2002年8月，浦江县检察院提起全省首例民事公益诉讼——浦江县良种场拍卖案。检察机关以原告身份主张县良种场处理国有资产的行为严重损害国家利益,扰乱社会公共秩序,要求法院判决房地产拍卖行为无效,依法制裁被告的民事违法行为。法院判决全部予以支持,挽回国有资产损失 50 余万元,取得了较好的法律和社会效果。为切实有效保护国有资产和社会公共利益,浙江省检察院在全国首创民事督促起诉,出台《浙江省检察机关办理民事督促起诉案件的规定(试行)》,要求检察机关以监督者的身份保护国家和社会公共利益,督促有关监管部门或国有单位履行自己的职责,依法提起民事诉讼,该做法在全国被推广。2010 年省委十二届七次全会《关于推进生态文明建设的决定》对检察机关参与公益诉讼提出具体要求,省检察院、省高级法院在嘉兴开展试点。2011—2012 年,平湖市、桐乡市、嘉善县等检察院先后提起 5 起环境保护民事公益诉讼,均取得良好效果。

6.健全行政执法与刑事司法衔接机制

2013 年中共浙江省委办公厅、浙江省人民政府办公厅浙委办发〔2013〕78 号文件转发省法制办等部门制定的《关于加强行政执法与刑事司法衔接工作的实施意见》,对我省行政执法与刑事司法衔接工作做出具体部署。2015 年 2 月省法院、省检察院、省法制办、省监察厅、省公安厅联合制定《浙江省行政执法与刑事司法衔接工作台账管理规定(试行)》,对相关部门在行政执法与刑事司法衔接工作中依法履行各自职责而形成的文件材料的收集、整理、查询、保管和移送等做出明确具体要求。2015 年 3 月,浙江省政府《关于深化行政执法体制改革全面推进综合行政执法的意见》对做好行政执法与司法的衔接工作提出明确要求。下一步工作,检察机关将配合有关部门完善移送案件标准和程序,建立与行政执法机关的信息共享、案情通报、案件移送制度,全面推进全省范围内的行政执法信息共享平台建设,明确信息共享范围、录入时限,建立责任追究机制,争取将建立行政执法共享平台建设健全纳入政府绩效考核中,建立健全检察机关对行政执法的法律监督机制。切实克服有案不移、有案难移、以罚代刑现象,实现行政处罚和刑事处罚的有效衔接。

(三)完善提高司法效率工作机制

1.完善刑事诉讼中认罪认罚从宽制度

2014年6月,全国人大常委会授权最高人民法院、最高人民检察院在包括杭州在内的部分地区开展刑事案件速裁程序试点工作,对于事实清楚,证据充分,被告人自愿认罪,对适用法律没有争议的盗窃、危险驾驶等依法可能判处一年以下有期徒刑、拘役、管制的案件或者单处罚金的案件适用速裁程序。检察机关将继续开展刑事案件速裁程序试点工作,建立完善对刑事案件速裁程序的法律监督机制。还要进一步推动完善认罪认罚从宽制度,健全认罪案件和不认罪案件分流机制。在坚守司法公正的前提下,探索在审查起诉中对被告人自愿认罪、自愿接受处罚、积极退赃退赔的,及时简化或终止诉讼的程序制度,以节约司法资源,提高司法效率。

2.探索轻微刑事犯罪行为的惩治和办案机制

在全省刑事案件增多、司法资源有限、案多人少矛盾突出的情况下,浙江省检察院陆续出台了一系列规范性文件,建立了轻微刑事案件快速办理、刑事和解、外来人员平等办理和未成年人犯罪、老年人犯罪从宽处罚等工作机制,取得了较好的成效。一是建立轻微刑事案件快速办理机制。2007年最高人民检察院下发《关于依法快速办理轻微刑事案件的意见》后,我省检察机关积极在全省推行轻微刑事案件快速办理机制,对案情简单、事实清楚、证据确实充分、可能判处三年有期徒刑以下刑罚,犯罪嫌疑人、被告人认罪的轻微刑事案件,通过整合案件繁简分流、提前介入引导侦查取证、强化捕诉衔接、简化办案流程和简案简审等,实行轻微刑事案件的"快侦、快捕、快诉"办理。2014年联合公安、法院、司法等部门制定下发了《关于轻微刑事案件快速办理机制的若干规定》,对案情简单、事实清楚、证据充分,犯罪嫌疑人、被告人认罪的轻微刑事案件,适度扩大非羁押性强制措施的适用,适度扩大拘役以及非监禁刑的适用。依法简化文书制作、简化审批程序、简化庭审内容,集中移诉、集中审查起诉、集中开庭，并加强信息科技手段运用，提高办案效率。二是加强刑事简易程序办理规范。修改后的刑事诉讼法适度扩大了适用简易程序的案件范围，并规定人民检察院应当派员出席法庭，其目的在于更好地配置司法资源，提高诉讼效率。2012 年 11 月《办理简易程序公诉案件指导意见（试行）》出台，积极推进简易程序公诉案件办理工作，并对办案程序进行规范，进一步分流案件、简化程序、保障当事人的诉讼权利，提升案件质量。三是推行轻微刑事案件和解机制。浙江省检察机关探索刑事和解制度由来已久，2004 年省检察院联合省公安厅出台了《关于当前办理轻伤犯罪案件适用法律若干问题的意见》，率先在全国提出轻伤犯罪案件当事人可以和解，对于达成和解协议的案件，依法予以从宽处理。2007 年制定了《关于办理当事人达成和解的轻微刑事案件的规定（试行）》，2013 年 5 月根据修改后刑事诉讼法，联合省公检法司等部门制定《关于办理当事人和解的刑事公诉案件的若干规定》，坚持依法办案与化解矛盾并重、惩罚犯罪与保障人权并重、法律效果与社会效果并重的原则推进刑事和解。四是健全外来人员诉讼权利平等机制。省检察院积极推行办理外来人员犯罪案件落实宽严相济刑事政策，各地建立外来人员犯罪取保候审风险评估机制，对满足一定条件、符合从宽条件的外来人员轻微刑事犯罪，通过风险评估，依法平等适用不捕、不诉。为外来人员设立帮教基地，较好地解决了外来人员取保候审缺乏保证条件和固定帮教场所的问题。五是完善未成年人、老年人犯罪从宽处罚机制。省检察院制定《关于加强未成年人司法保护工作的意见》《浙江省检察机关附条件不起诉工作规则（试行）》《浙江省未成年人犯罪记录封存实施办法（试行）》等规范性文件，加强附条件不起诉等从宽制度在未成年人刑事案件中的适用。同时，为建立对未成年人和老年人从宽处罚机制，省检察院分别制定了《关于办理未成年人轻微盗窃案件适用宽缓政策的意见（试行）》《关于办理老年人刑事案件的指导意见》等规范性文件来指导全省办案。各地检察机关根据未成年人、老年人特点，积极探索适合未成年人、老年人的办案模式，坚持做到可捕可不捕的不捕、可诉可不诉的不诉。

3.加强办案的科技信息化建设

浙江省检察机关一直注重检察技术应用和信息化建设，坚持“科技强检”工作为检察工作服务、为检察办案服务，编制《全省“科技强检”实施指导意见》《全省电子信息系统机房建设规范》等规范，每年召开科技强检工作会议，在全省网络基础建设、业务软件应用、司法鉴定技术工作、录音录像技术工作等方面均取得了明显成效。从2012年起，省检察院与省高级法院就检法两家执法信息资源共享工作进行了探索。目前，省检察院和省高级法院已相互上传信访信息，省高级法院向省检察院开放了达500万件裁判文书的检索系统，双方每天交换两次刑事案件诉判信息。省公安厅对省检察院提供基础信息查询支持，首期开放查询内容为全省常住人口信息、流动(暂住)人口登记信息、车辆登记注册信息、机动车驾驶人信息和旅馆住宿信息。下一步，省公安厅将全省提请批准逮捕、移送审查起诉案件的基本信息和相关法律文书在线提供给检察院，省检察院将全省侦查监督、公诉部门接收公安移送案件的办理进展情况和监督案件的相关法律文书在线提供给公安，实现办案信息网上快速交换。政法系统信息化共享平台建设，既推动实现跨部门网上执法办案业务协同，提高工作效率，也又有利于各部门间的监督和制约。今后，全省检察机关将充分运用统一业务应用系统和政法信息资源共享平台数据，探索建立全省信息共享应用中心，实现全省数据集中交换；通过视频集中采集控制技术，以高清视频会议系统为基础平台，融合各类视频应用，探索建立视频中心；包括全省讯问录音录像系统联网、监管场所监控视频联网、远程讯问、远程案件讨论、远程侦查指挥、远程接访等应用。

(四)健全检察机关司法办案责任制

检察官办案责任制改革，就是从落实检察官办案主体地位和建立健全基本办案组织出发，通过科学划分检察官与检察长、检察委员会的职责，明确各个主体的司法责任，着力构建符合司法规律的检察机关办案模式和法律监督运行机制，解决长期存在的“责任分散、主体不明、责任难追”和“逐级审批层层把关、集体负责而无人负责”的状况，以实现进一步提高和优化检察权运行质效的目标。为此，省检察院在前述11个检察院开展检察官办案责任制试点。

一是组建检察官办案组织。根据我省检察工作实际，实行检察人员分类管理，落实检察官员额制。检察官必须在司法一线办案，并对办案质量终身负责。担任院领导职务的检察官办案要达到一定数量。业务部门负责人须由检察官担任。根据履行职能需要、案件类型及复杂难易程度，坚持“组织精简、人员精干、满足需求、运转高效”的原则，按刑事检察类、职务犯罪侦查类、诉讼监督类等三类，实行以检察官为主体并配备若干检察辅助人员的独任检察官或检察官办案组的办案组织形式。

二是科学划分办案权限。(1)检察长、检察委员会职权。法律明确应当由检察长、检察委员会行使的职权，以及检察长、检察委员会认为应当由其行使的职权，应由检察长、检察委员会行使，其余职权可由检察长、检察委员会授权行使。(2)部门主要负责人职权。部门主要负责人除作为检察官承办案件以外，还负责协调各办案组办案、政策指导、部署各办案组调研任务、研究重要法律监督事项，以及部门其他行政管理等工作。检察官接受和服从本部门的行政管理。(3)检察官职权。检察官职权范围由检察长决定。除法律明确应当由检察长、检察委员会行使的职权外，其他案件处理决定可以由检察长授予检察官依法独立做出。(4)检察官助理的职权。检察官助理是协助检察官履行检察职责的检察辅助人员。检察官助理向检察官负责，协助检察官开展各项法律业务工作。

三是合理划分办案责任。检察权依法由检察长、检察委员会、检察委员会专职委员、检察官行使，并在各自职责权限内对办案质量终身负责。(1)检察长、专职委员在职权范围内对案件处理决定承担责任，检察官对案件的事实证据承担责任。检察长或专职委员对授权范围内的案件事项进行审核，在意见相同范围内与检察官共同承担责任；审核改变检察官处理决定的，检察长或专职委员对改变的决定承担责任。对于检察官在职权范围内做出决定的事项，检察长不对签发法律文书承担司法责任。

(2)检察委员会委员对检察委员会决定的案件承担表决意见的相应责任。检察官因故意隐瞒、歪曲事实,遗漏重要事实、证据或情节,导致检察委员会做出错误决定的,由检察官承担直接责任。(3)检察官对检察长授权范围内的案件事实证据及处理决定承担责任。对检察长授权范围内的案件事项的处理决定被检察长、专职委员全部或部分改变的,检察官对案件的事实证据承担责任,对未改变的决定与检察长、专职委员共同承担责任。检察官未经授权擅自超越权限做出决定或者改变执行检察长、专职委员及检察委员会决定的,应当承担全部责任。(4)检察官助理对协助办理的案件的事实证据承担相应责任。书记员、检察技术人员、司法警察等其他检察辅助人员参与司法办案工作的,根据职权和分工承担相应的责任,检察官有审核把关责任的,应当承担相应的责任。(5)检察长、专职委员作为检察官直接承办案件时,承担检察官的办案责任。

四是全面实行办案责任终身制。对于检察官的故意行为,重大过失造成一定后果,以及负有监督管理职责的检察人员因故意或重大过失导致司法办案工作出现严重错误的,均承担相应的司法责任。对于检察官等检察人员履行职责中尽到必要注意义务,没有故意或重大过失的,不承担司法责任。对于在事实认定、证据采信、法律适用、办案程序、文书制作以及司法作风等方面不符合法律和有关规定,但不影响案件结论的正确性和效力的,属司法瑕疵,依照相关纪律规定处理。

(五)完善检察委员会制度和检察长列席审委会制度

1.完善检察委员会制度

人民检察院组织法规定,各级人民检察院设立检察委员会。检察委员会实行民主集中制,在检察长主持下,讨论决定重大案件和其他重大问题。应由检察委员会讨论和决定的事项主要包括:贯彻执行党的方针政策和人民代表大会及其常务委员会的决议、命令,重大案件和疑难案件的处理,检察业务工作上的规章、条例和措施,检查总结检察工作经验和其他有关重要事项。根据最高人民检察院工作计划,下一步将对检察改革过程中涉及检察委员会改革的内容进行调研，研究论证《人民检察院检察委员会组织条例》《人民检察院检察委员会议事和工作规则》等相关制度的修改完善。同时，将推动检察委员会工作在议题范围、审议程序、例会制度、文书制作、决议执行等方面的规范，促进提高检察委员会工作规范化水平。

2. 完善检察长列席审委会制度

2010 年 1 月公布实施的最高人民法院、最高人民检察院《关于人民检察院检察长列席人民法院审判委员会会议的实施意见》规定，检察长可以列席同级人民法院审判委员会会议。检察长列席人民法院审判委员会会议的任务是，对于审判委员会讨论的案件和其他有关议题发表意见，依法履行法律监督职责。人民法院审判委员会讨论可能判处被告人无罪的公诉案件、可能判处被告人死刑的案件、人民检察院提出抗诉的案件、与检察工作有关的其他案件或者议题，同级人民检察院检察长可以列席。进一步完善检察长列席审委会工作的重点是：一方面，立足加强对审判活动的监督出发，要充分考虑如何将履行法律监督职责与维护人民法院独立行使审判权协调起来，促进法院审判委员会进一步提高工作质量，推动和促进法院强化对自身的监督，共同维护国家法律的统一正确实施；另一方面，立足促进检察机关自身司法办案质量和法律监督能力角度，从列席中发现和掌握检察机关自身司法办案环节中存在的问题和不足，有针对性地强化对自身的内部监督，有针对性地加强纠错、防错等规范管理，促进自身司法办案质量和水平的提高。

三、规范和制约检察权运行

（一）推进以审判为中心的检察工作机制改革

审判是人民法院审理案件、作出裁判的司法活动，推进以审判为中心的诉讼制度改革，意味着庭审是诉讼的中心环节。法庭是查明事实、认定证据、形成裁判结果的场所。强调司法机关和诉讼参与人的诉讼活动都要围绕庭审进行，确保侦查、审查起诉的案件事实和证据经得起法庭质证的检验，经得起法律的检验，确保诉讼证据出示在法庭、案件事实查明在法庭、诉辩意见发表在法庭、裁判结果形成在法庭。为适应以审判为中心的诉讼制度改革，检察机关在诉讼中将全面贯彻证据裁判规则。刑事检察工作围绕以审判为中心的诉讼制度改革，配合法院、公安部门完善证人、鉴定人出庭制度和举证、质证、认定证据标准，强化侦诉协同、证据审查和出庭公诉；检察机关职务犯罪侦查工作以信息化引导、精细化初查、专业化审讯、规范化办案为重点推进侦查方式转变，严格规范取证程序，依法收集、固定、保存、审查、运用证据；法律监督工作着力于全面履职、刚性履职。同时，在刑事诉讼中全面贯彻落实罪刑法定、疑罪从无、非法证据排除的法律制度。特别是将进一步明确检察环节非法证据排除的范围、程序和标准，加强对侦查行为合法性的监督，保障诉讼参与人的合法权益，提升公诉案件质量。

(二)规范司法自由裁量权行使

1.推进检察机关量刑建议制度

量刑建议是指人民检察院对提起公诉的被告人，依法就其适用的刑罚种类、幅度及执行方式等向人民法院提出建议。量刑建议是检察机关公诉权的一项重要内容，它作为法院量刑的参考，对于推动规范审判自由裁量权、增强量刑程序的对抗性有着积极意义。近年来，量刑程序改革在最高人民法院的大力推动下，在检察机关的积极参与下，逐步成为刑事程序改革的一项重要措施[①]。2003 年 6 月我省宁波市北仑区检察院开始创

---

① 2009 年 6 月 1 日，量刑程序改革在全国 100 多家法院开始进行试点探索。检察机关的量刑建议作为量刑改革的一个重要内容，最高人民检察院于 2010 年 2 月下发《人民检察院开展量刑建议工作的指导意见(试行)》。与此同时，最高人民法院下发了《人民法院量刑程序指导意见(试行)》。之后，最高人民法院、最高人民检察院、公安部、国家安全部、司法部联合制定了《关于规范量刑程序若干问题的意见(试行)》。量刑程序被随后修改的《刑事诉讼法》第一百九十三条吸收。

新刑事审判监督机制探索量刑建议制度,该项创新工作被誉为“北仑模式”。2009 年 7 月,省检察院研究确定在绍兴市、越城区、萧山区、北仑区、南浔区、永康市等六个检察院开展量刑建议改革试点,取得了一定成效。2010 年 9 月,根据《关于规范量刑程序若干问题的意见(试行)》《人民检察院开展量刑建议工作的指导意见(试行)》的要求,在全省检察机关内稳步推进量刑建议制度。省检察院和省高级法院将根据法律和司法解释对量刑建议的范围、提出方式、法院裁决是否采纳量刑建议的理由等具体问题进一步沟通和深化。

2.完善人民监督员制度

人民监督员制度作为一项探索创新,从 2003 年即开始试点。党的十八届三中、四中全会都把深化人民监督员制度改革纳入全面深化改革总布局,最高人民检察院联合司法部研究出台《深化人民监督员制度改革方案》,并经 2015 年 2 月 27 日中央全面深化改革领导小组第十次会议审议通过。作为改革的重点和关键,人民监督员的选任和管理由司法行政机关进行,从制度上解决了“检察机关自己选人监督自己”的问题,提高了人民监督员制度的公信力和权威性。近年来,浙江省检察机关在优化人民监督员选任方式、拓宽案件监督范围、提升人民监督员履职能力等方面做了有益探索。2014 年,浙江被确定为 10 个开展人民监督员选任管理方式改革试点省份之一。2015 年 1 月,省检察院、省司法厅联合下发了《关于人民监督员选任管理方式改革试点工作的实施方案》,对人民监督员的选任机关、选任条件、选任程序、日常管理等做出了详尽的制度安排。2015 年 2 月,省检察院下发了《浙江省检察机关人民监督员监督范围和监督程序改革试点工作实施方案》,从人民监督员的案件监督范围、监督程序、知情保障机制等若干方面作了明确规定。重点在原有人民监督员监督范围的基础上,即人民监督员对人民检察院办理直接受理立案、侦查案件实施监督外,拓展人民监督员监督案件的范围:人民监督员可以参与检察机关管辖的疑难复杂涉法涉诉信访案件办理;参加人民检察院组织的有关执法检查活动,发现有违法违纪情况的,可以提出意见和建议;可以对其他检察工作、检察队伍建设等提出意见和建议。

3.积极探索案例指导工作

浙江省检察机关在全国较早开展案例指导工作。检察案例指导工作的任务，是通过编选和发布典型性和指导性案例，总结检察机关办理新型、疑难、复杂案件的经验，指导全省检察工作实践。省检察院于2009年就制定下发了《案例指导工作暂行规定》(以下简称《案例指导》)。对于检察机关办理的，判决已经发生法律效力、在法律适用上具有典型性和指导性的新型、疑难、复杂案件，在法律适用上具有典型性和指导性的不捕案件、不诉案件，以及在办案经验上具有典型性和指导性的案件，由省检察院法律政策研究室统一编发指导性案例，包括案件名、案号、基本案情、诉讼过程与处理结果、分歧意见、法理评析等内容。经省检察院检察委员会讨论通过、检察长签发后，以《案例指导》形式印发全省各级人民检察院。到目前为止，已经编发了30多期70多个案例，为全省检察机关办案提供参考和指导，促进法律的统一实施，取得较好效果。同时，也为最高人民检察院选送全国性案例，展示浙江检察办案水平搭建了很好的平台。

(三)完善检察权内部管理制约体系

1.科学划分检察人员工作职责

改革后，检察工作人员将划分为检察官、检察辅助人员、司法行政人员三类，分别承担不同工作职责。(1)检察官是依法经过任命，行使国家检察权及法律规定的其他职责的检察人员。(2)检察辅助人员是协助检察官履行检察职责的工作人员，包括检察官助理、书记员、司法警察、司法技术人员等。(3)检察官助理应具有法律职业资格，在检察官的指导下履行对法律规定由人民检察院直接受理的犯罪案件进行侦查、协助检察官审查各类案件、对案件进行补充侦查、草拟案件审查报告等有关法律文书，以及法律规定的其他职责。(4)书记员承担案件的记录工作，负责案件的收转登记、归档和法律文书的收发转递以及检察官交办的其他事项。(5)司法警察办理传唤、押解、看管等强制性事项，参与搜查，执行拘传，协助执行其他强制措施，预防、制止妨碍检察活动的违法犯罪行为，维护检察工作秩序和保障检察工作顺利进行以及法律规定的其他职责。(6)检察技术人员对与犯罪有关的场所、物品、人身、尸体进行勘验或者检查，对检察官承办案件中的某些专门性问题进行鉴定、出具鉴定结论以及法律规定的其他职责。(7)司法行政人员是在检察院从事行政管理事务的工作人员，负责各级人民检察院政工党务、行政事务、后勤管理等工作。

2. 加强对检察官办案的监督制约

检察官办案责任制改革赋予检察官更大权力的同时，必然要求健全完善相应的监督机制。着眼于检察权运行的重点环节，通过建立健全流程管理、强化日常监督、加大检务公开力度、完善司法档案制度、落实司法过错追究机制等一系列措施，实现事中监督和事后监督相结合、内部监督和外部监督相结合、考评与督察相结合，加强对检察官行使职权的监督制约，确保检察权依法正确实施。

3. 完善案件流程管理机制

省检察院先后制定下发《浙江省检察院关于加强案件管理工作的意见》《浙江省检察机关案件管理中心建设实施指导意见》等五项规范性文件，在全省各检察院设立案件管理中心。围绕案件受理、流转、监督、律师接待、案件质量评查和案件信息公开等环节，积极探索研究案件管理工作规律，建立严格规范的案件受理、办理、管理工作机制。搭建全省三级检察院纵向贯通、横向集成、资源共享的案件运行管理平台，除绝密级以外的所有案件，从受理、办理、流转、审批到用印各个环节都在网上操作，案卡、文书等案件信息在本院内部及上下级院之间全程共享。还加强对办案流程监督，积极探索质量评查工作机制。

4. 健全防止内部干预制度

中央政法委制定《司法机关内部人员过问案件的记录和责任追究规定》，最高人民检察院相继出台《最高人民检察院关于加强执法办案活动内部监督防止说情等干扰的若干规定》《最高人民检察院关于检察机关贯彻执行〈领导干部干预司法活动、插手具体案件处理的记录、通报和责任追究规定〉和〈司法机关内部人员过问案件的记录和责任追究规定〉的实施办法(试行)》等规定。2015 年 6 月 5 日,中央全面深化改革领导小组第十三次会议审议通过了《关于进一步规范司法人员与当事人、律师、特殊关系人、中介组织接触交往行为的若干规定》,对广大司法人员做人、处事、用权、交友设定底线。浙江省根据中央和最高人民检察院的部署,将建立严格落实记录、通报与责任追究制度,所有司法机关内部人员过问检察机关司法办案活动的行为,都应当记录并报告(告知)。属于违法干预、违反规定过问检察机关司法办案活动的,要进行通报。违法干预、违反规定过问检察机关司法办案活动造成后果的,要进行责任追究。坚决惩治司法掮客行为,防止利益输送。依法规范检察人员与当事人、律师、特殊关系人、中介组织的接触、交往行为。严禁检察人员私下接触当事人及律师、泄露或者为其打探案情、接受吃请或者收受其财物、为律师介绍代理和辩护业务等违法违纪行为。

(四)构建检务公开的外部监督体系

为保障人民群众参与司法,浙江省检察机关近年来积极构建开放、动态、透明、便民的阳光检察机制,先后出台了《关于全面推进"阳光检察"的实施方案》《浙江省检察新闻宣传工作规则》《浙江省检察机关信息发布和政策解读实施办法》《浙江省检察微博管理办法(试行)》《关于全面推进检察服务中心建设的指导意见》等系列规定,以案件信息公开为核心,大力推进检察机关门户网站群、"两微一端"等新媒体传播平台及检务公开大厅等建设,拓展公开范围、健全公开机制、创新公开形式。

1. 拓展检务公开的内容

一是检察案件信息。主动及时发布重要案件信息和具有指导性、警示性、教育性的典型案例,网上公开生效法律文书,依申请公开案件程序性信息。涉及国家秘密、商业秘密、个人隐私、未成年人犯罪和未成年被害人的案件信息,其他依照法律法规和最高人民检察院有关规定不应当公开的信息,以及当事人申请不公开且理由符合法律规定的信息,不向社会公开。主动公开职务犯罪案件查封、扣押、冻结涉案财物处理结果。主动公开对久押不决、超期羁押问题和违法或不当减刑、假释、暂予监外执行的监督纠正情况。加强与有关部门的协作配合，探索建立涉案财物集中管理信息平台，完善涉案财物处置信息公开机制。二是检察政务信息。主动公开检察机关的性质任务、职权职责、机构设置、工作流程等与检察职能相关的内容，检察工作报告、专项工作报告，检察工作重大决策部署、重大创新举措、重大专项活动等内容和检察机关接受监督的情况。主动公开检察改革进展情况，与检察机关司法办案有关的法律法规、司法解释及其他规范性文件。主动公开违反规定程序过问案件的情况，主动公开检察统计数据及综合分析，主动公开年度部门预算、决算。三是检察队伍信息。主动公开检察机关领导班子成员任免情况，检察委员会委员、检察员等法律职务任免情况，领导班子成员分工情况，检察人员统一招录和重要表彰奖励情况。检察机关有关队伍管理的纪律规定，检察人员违法违纪的处理情况和结果。

2.完善检务公开的方式

一是完善公开审查宣告制度。对存在较大争议或在当地有较大社会影响的拟作不起诉案件、刑事申诉案件，实行公开审查。对于在案件事实、适用法律方面存在较大争议或在当地有较大影响的审查逮捕案件，提起抗诉的案件以及不支持监督申请的案件，探索实行公开审查公开宣告。二是加强检察法律文书释法说理工作。在全国率先印发《浙江省人民检察院关于加强终结性检察决定公开说理工作的规定（试行）》，根据案件性质、案情复杂程度以及社会公众实际需求，突出释法说理的重点，针对案件争议焦点，厘清事实认定、阐明适法依据、讲透法理情理，提高用群众语言释疑解惑的能力和水平，增进当事人和社会公众对检察机关处理决定的理解和认同。三是拓宽联系群众、服务基层的方式。不断健全联系服务群众的平台，探索联系服务群众新方式，着力拓展服务群众的内容，关注基层需求，回应社会关切。广泛开展“检察开放日”活动，推进检察服务进机关、进企业、进乡村、进学校、进社区，加强派驻基层检察室、检察服务联系点等建设，提高服务群众的实效。四是完善新闻发布、新闻发言人制度。提高新闻发布频率，对主动公开的内容以及有重大社会影响的、社会高度关注的、处理上争议分歧意见较大的、矛盾纠纷难以化解的案件等，根据需要及时通过新闻发言人或在检察机关门户网站及浙江检察“两微一端”发布权威信息，引导舆论。五是加强新媒体公开平台建设。以人民检察院案件信息公开系统为主平台，建立网上查询、电话查询、触摸屏自助查询和案管岗位查询“四位一体”案件信息查询机制。探索建立对已公开、已提供服务信息的收集、整理和分析机制。改造升级检察门户网站，积极开通并打造集检察门户网站、微博、微信、微视、新闻客户端、手机短信彩信、APP手机移动互联网应用软件等于一体的互联互动平台，增强信息发布、案件信息查询、在线交流、咨询服务、法律解读等功能，着力构建多层次、多角度、全覆盖的检务公开网络。六是规范检务公开场所建设。推进检察服务大厅建设，整合控告申诉举报接收、来访接待、远程视频接访、案件信息查询、行贿犯罪档案查询、接待律师、律师阅卷、法律咨询、检务宣传、12309举报电话等工作，配置电子显示屏、电子触摸屏、查询电脑等硬件设施，为公众提供“一站式”服务。构建阳光检务网络平台，网上实现检察服务大厅各项服务功能。坚持因地制宜、注重实效的原则，研究制定检察服务大厅建设方案和管理规则。七是加强检察机关外部监督机制建设。健全联系机制，推进邀请人大代表政协委员视察检察工作常态化、制度化。探索依法向社会公开人大代表建议和政协委员提案办理情况和结果。探索拓展人民监督员监督范围，重点监督查办职务犯罪的立案、羁押、扣押冻结财物、起诉等环节的执法活动。完善人大代表、政协委员、特约检察员、人民监督员和专家咨询委员参加检察机关公开审查案件、旁听和评议检察官出庭等制度。健全协商、咨询机制，建立动态化的专家库，健全重大决策咨询、重大问题联合调研等制度，组织特约检察员和邀请知名学者、行业专家参与案件评查、研讨社会关注重点案件。

3.强化检务公开机制保障

一是建立健全公开信息审核把关机制。严格落实《浙江省检察机关政策解读和信息发布实施办法》，按规定内容、工作流程对外发布信息。按照谁办理谁审查、谁把关谁负责的原则，做好公开信息的内容审查、技术处理和质量把关工作。加强对公开信息的保密检查和管理，根据检务信息类别、定密标准建立分级审查程序，明确审查责任。重大敏感案（事）件处理应对进展或结果信息发布，按照《检察机关重大敏感案（事）件处理应对办法》办理。二是建立健全风险评估和预警、处置机制。对拟公开的内容由相关部门和新闻宣传部门共同组织风险评估，建立预警机制，对可能因公开而引起较大负面社会影响的要制定应急预案，加强风险防控。要密切关注案件信息公开后的舆情态势，全面收集、研判检务信息公开引发的社会舆情，认真做好处理应对等工作，及时回应社会关切。三是建立健全民意收集转化机制。探索建立检务公开需求收集和分析机制。广泛开展民意收集活动，经常性开展群众满意度调查，收集人民群众对检察机关在办案、工作作风、队伍建设等方面的意见和评价，征求社会各界对检察机关重大工作部署、重要规范性文件的意见和建议。加强民意转化应用，促进检察工作提质增效。四是建立健全检务公开救济机制。妥善处理保障人民群众知情权和维护其他合法权益之间的关系，人民群众、当事人或者其他符合条件的案件信息查询人认为检察机关应公开而不公开，或不应公开而公开有关检务信息的，可提出申请或复议，检察机关控申部门统一受理后，根据职责分工及时转交相关责任部门调查、处理和答复。五是建立检务公开考评机制。科学制定检务公开考评指标体系，结合实际，研究制定检务公开工作考评标准，把检务公开工作纳入整体检察工作绩效考核范围。六是建立健全检务公开督察机制。把检务公开工作落实情况列入检务督察的重点内容，定期督察和通报，确保检务公开各项措施落到实处。

四、加强检察机关对人权的司法保障

(一)健全冤假错案防范、纠正、责任追究机制

案件质量是检察工作的生命线。为确保案件质量,省检察院相继制定了《关于公诉部门介入命案现场勘查试点工作的指导意见》等20多项规定,从细化制度提升水平入手,从源头上防范冤假错案发生。从2011年开始就探索公诉审查模式改革,试点和研究客观性证据审查模式,取得了明显成效。

1.完善对侦查活动的司法监督

一方面,为加强工作衔接,省检察院联合公安厅制定下发《关于加强侦查监督与公诉工作衔接配合的若干意见》,要求对重特大、社会关注度高、疑难复杂或者其他有可能发生执法办案风险的案件,由侦查监督部门提前介入侦查活动,同时通报公诉部门,就案件的事实认定、证据采信、法律适用等征求公诉部门的意见。另一方面,完善和落实重大案件介入侦查工作机制,对重大案件第一时间介入现场勘查、介入侦查机关第一次讯问,加强对合法收集证据的事前监督。同时,省检察院积极协商公安部门,制定了《关于审查逮捕阶段全面讯问犯罪嫌疑人的意见》《讯问犯罪嫌疑人全程录音录像工作规定(试行)》《关于进一步规范适用逮捕等刑事强制措施若干问题的规定(试行)》《关于捕后羁押必要性审查的实施办法(试行)》《关于死刑案件证据收集审查等问题的若干规定》等一系列规范性文件,加强对侦查机关从看守所外提审嫌疑人的监督,防止违规讯问等情况发生,建立命案以及重大复杂案件的讯问全程同步录音录像及审查逮捕、审查起诉阶段调阅审查等制度,在检察机关审查逮捕、审查起诉、刑罚执行等各个环节构筑起对侦查活动进行全程监督的工作体系。此外,为加强对刑讯逼供和非法取证的源头预防,出台《浙江省检察机关职务犯罪侦查工作防范非法证据的若干规定(试行)》《公诉环节非法证据排除工

作规则(试行)》，积极研究实践中的非法证据排除难题，规范和强化公诉环节非法证据排除工作。对非法证据的认定范围、排除原则、侦查、审查逮捕、审查起诉环节的发现、非法证据的调查核实、非法证据的排除程序，以及庭前会议或庭审中非法证据的排除等内容做出明确的规定，进一步加强对侦查行为合法性的监督。

2.全面推行客观性证据审查模式

为扭转在审查逮捕、审查起诉中过于倚重口供，轻视物证、书证等客观性证据的不正确倾向，专门下发《关于在审查逮捕、审查起诉中全面深入推进客观性证据审查工作的通知》，着重从如何强化客观性证据的审查、挖掘、运用等方面探索，切实发挥客观性证据在校验言词证据、证实犯罪方面的价值和作用，进一步提高案件质量。在审查方法上，一是通过提前介入侦查等侦捕诉协作机制，加强与侦查机关(部门)的沟通协调，通过案情分析会、补充侦查等形式，进一步分析和补强证据体系；二是通过审查在案证据，进一步发现、挖掘并运用客观性证据，补强完善证据体系，并对客观性证据做出合理、科学的解释，排除合理怀疑；三是加强与技术、鉴定单位(部门)的协作配合，建立健全技术性证据审查的制度。专门制定《公诉案件技术性证据审查工作规定》《死刑二审案件技术性证据复核工作规程(试行)》等规定，借助专业技术力量加强对法医、物证、司法会计鉴定、声像资料等鉴定意见，以及勘验检查笔录、视听资料和电子数据等三类技术性证据的审查，为有效运用客观性证据提供专业技术支持。

3.强化当事人的诉讼权利保障

会同省公安厅、省高级法院制定《关于刑事诉讼中充分保障律师执业权利的若干规定》，解决律师在诉讼环节面临的会见难、阅卷难、取证难等问题，对阻碍律师依法执业的情况将予以追责。完善诉权救济机制，制定出台《办理阻碍辩护人诉讼代理人依法行使诉讼权利案件暂行规定》，加强辩护人、诉讼代理人对司法工作人员阻碍诉讼权利的申诉或控告的工作衔接，为诉讼权利受到不当限制或者非法侵犯的当事人提供畅通的救济渠道，倒逼检察权的依法行使。还制定《关于加强和规范刑事法律援助工作的意见》，为犯罪嫌疑人、被告人提供法律帮助给予制度保障。

4.加强案件质量的监督管理

近年来，省检察院制定《关于加强案件管理工作的意见》，进一步加强和完善以质量为主导的案件管理和业务考核标准。严格办案层级审查责任制，明确承办人、部门负责人、检察长、检委会对案件事实、证据和处理意见的责任。严格落实最高人民检察院对协调案件报告的制度规定，要求各地在有关部门组织协调案件时严格按照事实、证据和法律发表意见，正确意见不被采纳的，必须及时向上级院报告，明知事实不清、证据不足而不提出意见或者协调后不及时向上级院汇报，造成冤错案件的，严肃追究有关人员的责任。对近年以来全省检察机关办理的所有判决生效的公诉案件、抗诉案件，做出不起诉决定的案件，死刑案件中二审被改判的、二审被发回重审的以及最高法院不核准死刑的案件，全面进行案件质量评查。

5.完善检察环节纠错机制

建立对犯罪嫌疑人、被告人、罪犯的辩解、申诉、控告认真审查、及时处理机制。全面推行办理刑事申诉案件“十步工作法”，规范刑事申诉案件接收、受理、办理、答复等各个环节，探索开展对社会关注度高、争议大的典型案例公开审查工作。为保障服刑人员申诉权利，联合有关部门制定《关于切实保障服刑人员申诉权利的意见》，认真受理服刑人员及其亲友、辩护人的刑事申诉、控告、举报，重点调查处理监狱内长年不认罪、拒绝减刑、坚持申诉的服刑人员的申诉案件，有效纠正冤假错案。充分发挥刑事执行检察在防范和纠正冤假错案中的职能作用，重点对看守所对犯罪嫌疑人的入所体检活动、办案机关对犯罪嫌疑人的所外提讯、刑讯逼供、暴力取证等活动予以监督纠正。

（二）加强和规范涉案财物管理

中办、国办《关于进一步规范刑事诉讼涉案财物处置工作的意见》和最高人民检察院《人民检察院刑事诉讼涉案财物管理规定》要求切实把涉案财物监管纳入制度化、规范化的轨道。省检察院已根据中央、最高人民检察院的新要求，结合我省实际起草下发了《浙江省检察机关涉案财物管理工作规范（试行）》，进一步规范涉案财物管理程序。一是完善查封、扣押、冻结程序。必须严格依照《刑事诉讼法》《人民检察院刑事诉讼规则（试行）》以及其他相关规定进行，不得查封、扣押、冻结与案件无关的财物。二是建立办案部门与保管部门、办案人员与保管人员相互制约制度。检察机关对涉案财物的管理，将实行“办案与保管分离”的原则，各部门在涉案财物工作中应坚持分工负责、互相配合、互相制约。案件管理部门负责对办案部门和其他办案机关移送的涉案物品进行保管，并依照有关规定对查封、扣押、冻结、处理涉案财物工作进行监督管理；财务部门负责对涉案的款项进行管理；办案部门负责对涉案财物依法进行查封、扣押、冻结、处理，并对按规定不移送的涉案财物进行管理；纪检监察部门依照有关规定对查封、扣押、冻结、保管、处理涉案财物工作进行监督。三是探索建立司法涉案财物集中管理平台。除绝密级案件以外，查封、扣押、冻结、处理涉案财物，必须录入检察机关全国统一业务应用系统，按照有关规定履行审批手续。四是完善涉案财物返还、处置程序。查封、扣押、冻结的涉案财物及其孳息，除依法应当返还被害人或者经查明确实与案件无关的以外，不得在诉讼程序终结之前处理。扣押、冻结的涉案财物实行一案一处理制度。对已结案的扣押、冻结财物该上缴国库的应及时上缴，该发还单位和个人的应及时发还。五是完善涉案财物处理信息公开机制。人民检察院查封、扣押、冻结、保管、处理涉案财物，应当接受人民监督员的监督。六是建立有效权利救济机制。当事人及其法定代理人和辩护人、诉讼代理人、利害关系人对人民检察院的查封、扣押、冻结不服或者对人民检察院撤销案件决定、不起诉决定中关于涉案财物的处理部分不服的，可以依照《刑事诉讼法》和《人民检察院刑事诉讼规则（试行）》的有关规定提出申诉或者控告。七是健全责任追究机制。案件管理部门监督管理时发现不符合有关法律和规定的行为，应当提出纠正意见；纪检监察部门定期进行检查或专项督察，发现违纪违法问题的，依法追究有关责任。

(三)推进涉法涉诉信访工作改革

浙江省作为中央政法委确定的涉法涉诉信访改革工作第三批试点省,于2013年启动了涉法涉诉信访改革工作。浙江省检察机关按照中央、最高人民检察院和省委关于涉法涉诉信访改革的部署要求完善检察机关信访工作机制。

1. 完善信访工作程序

2015年以来,中央政法委先后制定了《关于建立涉法涉诉信访事项导入法律程序工作机制的意见》《关于建立涉法涉诉信访执法错误纠正和瑕疵补正机制的指导意见》《关于健全涉法涉诉信访依法终结制度的意见》等文件,最高人民检察院下发了涉法涉诉信访事项依法导入法律程序、司法瑕疵处理、依法终结等相关配套文件,为依法做好涉法涉诉信访工作提供了依据。为此,一是省检察院制定了《关于进一步加强涉法涉诉信访工作实施意见》,对全省检察机关涉法涉诉信访改革工作进行了部署。二是建立涉法涉诉信访事项导入司法程序机制,畅通入口。将检察机关辖内信访案件依法及时导入法律程序,对非检察管辖的信访案件及时转送或向主管机关反映。对诉访不清、管辖交织的信访案件,加强与党委政法委、公安机关、人民法院的沟通协调。三是建立健全依法处理涉法涉诉信访事项和与其他政法机关相互协调配合机制。省检察院牵头与省高级法院、省公安厅联合制定下发了《关于加强处理涉法涉诉信访案件配合衔接的规定(试行)》,就三机关在日常处理涉法涉诉信访案件的工作程序及工作机制进行了完善,有针对性地解决涉法涉诉信访过程中衔接不畅问题。四是规范涉法涉诉信访工作办理程序。修订实施了《涉法涉诉信访工作首办责任制实施办法》《接访秩序职责分工暂行规定》,规范涉法涉诉信访案件办理工作,明确检察机关内部处理涉法涉诉信访问题的职责分工及办理要求,提高涉法涉诉信访案件的办理效率。根据办案工作需要,采取公开听证、公开示证、公开论证和公开答复等形式进行公开审查,以公开促公信。五是完善涉法涉诉信访终结办法,畅通出口。对已经穷尽法律程序的案件，严格按照最高人民检察院的终结办法和省里有关规定启动终结程序。

2.开展远程视频接访工作

远程视频接访有利于群众就地向上级检察机关反映诉求，减轻劳累奔波之苦；有利于上下级检察机关联合接访、会商案情，共同研究解决群众诉求，促进问题就地解决，逐步实现从走访到视频来访、网上信访的模式转变。是检察机关深化涉法涉诉信访工作改革的重要举措，是落实司法便民利民要求，拓宽群众诉求表达渠道的重要实践。最高人民检察院已经出台《远程视频接访办法（试行）》，明确规定远程视频接访的工作原则和适用范围、预约申请和接谈程序、审查办理和答复反馈以及功能拓展和宣传引导等内容，进一步促进远程视频接访工作制度化、规范化。远程视频接访系统不仅仅承载接访功能，同时还承担讨论案件、答复群众、开展教育培训、召开业务会议等多项功能，实现视频系统使用效果最大化。我省检察机关在全省范围内远程视频进行三级联合接访，系统投入使用后，上下级院业务部门之间沟通交流工作更加方便快捷，工作效率显著提高。

3.探索律师代理刑事申诉制度

2015年6月，中央政法委印发了《关于建立律师参与化解和代理涉法涉诉信访案件制度的意见（试行）》，要求建立律师参与化解和代理涉法涉诉信访案件制度。不服检察机关处理决定的申诉案件大多疑难、复杂，律师参与化解和代理涉法涉诉信访案件，有利于发挥律师的独特优势，增强控告申诉人的诉讼能力，依法维护控告申诉人的权益；有利于实现律师与检察机关的良性互动，增强检察机关依法处理涉法涉诉信访问题的公信力，促进涉法涉诉信访案件得到依法公正处理，促进实现息诉息访。律师参与化解和代理涉法涉诉信访案件是一项重大改革措施，我省检察机关按照最高人民检察院的要求，研究制定全省检察机关开展律师参与化解和代理涉法涉诉信访案件试点工作的具体方案，明确目标任务和原则、试点案件范围、试点地区和期限、工作方法和要求。坚持“先行试点、积累经验”的原则，在 2015 年底启动和积极稳妥地开展试点工作。

4.完善检察环节国家赔偿、司法救助制度

对符合法律规定的国家赔偿是国家承担的义务，是法律赋予当事人的权利，在检察机关是赔偿义务机关的情况下，必须按照法定的赔偿范围、条件、标准和程序办理国家赔偿案件，合理合法地及时实现当事人申请赔偿权利。同时做好对当事人的释法说理、心理疏导、矛盾化解和善后工作。司法救助是社会主义司法制度优越性的重大体现，展现了人民司法的人文关怀和社会责任。司法实践中由于伤害类案件民事赔偿不到位等原因引发申诉的现象较多，有必要建立健全对人身受到伤害或财产受到重大损失的刑事案件被害人或其近亲属、举报人、证人、鉴定人，以及特定民事侵权案件当事人、符合条件的涉法涉诉信访人的司法救助制度。省检察院和省财政厅、省高级法院、省公安厅、省司法厅共同制定了《浙江省司法救助实施办法》，《浙江省检察机关国家司法救助工作实施细则（试行）》将于近期出台，对属于检察机关司法救助范围的，将依法及时落实救助的责任，并且在检察机关内部工作协调上，加强各职能部门和下级检察机关的工作衔接，充分利用司法救助手段，加大主动救助与依申请救助力度，对于被害人损失赔偿不到位的不批捕、不起诉案件，及时通过司法救助化解矛盾，减少该类申诉案件的发生。对生活极为困难的当事人，会同党委政法委、其他司法机关，共同做好一体性的司法救助工作，并主动协调地方有关部门做好对当事人的善后工作，尽可能减少当事人的后顾之忧，消除社会不和谐因素。

专题6：刑事案件客观性证据审查模式改革

一、客观性证据审查模式改革的缘起

刑事司法过程，包括两方面内容：一是审查认定事实，二是解释适用法律。准确认定案件事实，是案件得到正确处理的前提。而认定案件事实，必须遵循证据裁判主义。证据裁判主义，即依据证据认定事实的原则。依据证据来认定事实，需要在一定的理念指导之下遵循一定的规则进行。

案件事实认定是一个在程序范围内的主观心理活动，不同的主体面对同样的证据，由于观念、经验以及责任心的差异，可能会得出不同的事实认定结论，做出不同的裁判结果。在刑事司法实践中，不时会暴露出一些最后得到纠正的冤错案件。刑事冤错案件发生的主要原因是司法机关和司法人员在收集、审查、判断证据上出现了问题，从而错误认定案件事实。媒体曝光的影响重大的冤错案件，无论是云南的杜培武案、湖北的佘祥林案、河南的赵作海案、辽宁的李化伟案，还是内蒙古呼格吉勒图案，浙江的张辉、张高平叔侄案，无一不是因为证据审查判断问题导致案件事实认定错误。进一步细究，则可发现其核心原因在于司法人员在办理这些案件的过程中，过于依赖被告人供述等主观性证据，而忽视对客观性证据进行细致深入的审查。

在对刑事冤假错案产生原因进行深刻反思的基础上，为纠正传统证据审查方式存在的弊端，积极回应人民群众对司法正义的需求，确保刑事公诉案件质量，充分保障被告人的合法权利，浙江省人民检察院于2011年8月率先在全国探索实践以客观性证据为核心的死刑案件审查改革。

通过对客观性证据审查实践探索的经验总结，浙江省人民检察院于2012年9月4日通过了《死刑案件客观性证据审查工作指引(试行)》，内容涉及客观性证据审查工作的总体要求、客观性证据的分类审查、客观性证据的综合审查运用、审查结案的原则等方面，并规定办理其他刑事案件可以参照适用。鉴于客观性证据审查在案件质量保障方面的积极作用，2013年4月17日浙江省人民检察院下发了《关于在审查逮捕、审查起诉中全面深入推进客观性证据审查工作的通知》，决定全面推广客观性证据审查模式。

二、客观性证据审查模式改革的主要内容

以客观性证据为核心的案件审查模式，是指检察机关在办理刑事案件过程中，将审查工作重心从以被告人口供等言词证据为中心转变到以客观性证据为核心上来，凭借客观性证据具有可靠的稳定性和关联性的最佳证据特征，确认案件基础事实脉络，并以此为基础对全案证据予以审查和检验，进而准确认定犯罪事实的审查工作方式，其主要内容包括以下几个方面：

(一)明确客观性证据的范围

客观性证据，是指客观性较强，不易受人的主观认识影响，具有较为稳定的表现形式和判断标准的证据材料，而不仅仅是指物证、书证。包括但不限于：(1)通过证据本身所呈现的形态、特征等物理特点与案件建立关联的物证；(2)通过法庭科学技术进行解释的技术类客观性证据，如DNA生物检验、指纹鉴定、痕迹鉴定、微量物质鉴定、毒物检验、尸体(人身)检验报告等鉴定意见；(3) 通过信息记载的内容与案件建立关联的记录类证据，如书证、视听资料、电子数据等；(4)通过客观记载侦查活动过程并反映案件某一方面事实情节的记叙类证据，如勘验、检查、辨认、侦查实验等笔录；(5)根据生活常识和经验法则可以推定某一事实存在的基础事实。

（二）引入犯罪现场重建方法

审查案件时应当运用犯罪现场重建的方法来全面检视案件证据情况，运用收集在案的客观性证据推演犯罪过程，检验审查认定犯罪事实的准确性。如审查杀人案件时，应通过审查现场勘验、检查笔录，运用收集到的各种痕迹、实物证据，推演行为人进出现场的路线、渐次展开的活动、使用的工具、接触或破坏的物品、形成的痕迹、遗留的物品、犯罪嫌疑人自身是否受伤或粘附有死者血迹及其他物质，根据相关证据确定与死者的接触情况、以何种方式、手段杀死被害人、如何对尸体和现场进行处理或伪装、如何离开现场。引入犯罪现场重建作为证据识别的工具，其目的和作用，一方面，是通过重建和推演现场活动来再现犯罪基本过程，用以印证侦查机关记载和提取的现场状况及痕迹、物证存在的合理性，发现疑点、进一步去伪存真；另一方面，是通过推演来研究现场应该留下而未提取的痕迹和物品，指导侦查机关进一步补充搜集相关证据，得出更接近客观真实的案件事实。

（三）提炼客观性证据审查的原则

客观性证据审查应当坚持四个原则，这些原则是客观性证据审查模式的核心与灵魂，也是实践中必须坚持的工作理念：

一是客观性证据优先运用原则。客观性证据具有更为可靠的证明力和稳定性，应当作为认定案件相关事实的关键性证据予以审查运用，对查证属实的物证、书证等客观性证据应当作为最佳证据在定案中优先采用，在客观性证据证明的基本事实框架基础上，来进一步审查和认定案件的其他事实。

二是客观性证据充分挖掘原则。全面审查侦查活动收集的证据，根据业已收集在案的证据刻画案件事实脉络，运用犯罪现场重建的方法，来进一步审查和发现、挖掘可能存在的客观性证据；另外，也要重视从口供、证言等言辞证据中发现和挖掘客观性证据，发现派生证据、再生证据，形成证据组合运用体系。

三是客观性证据科学解释原则。物证、痕迹证据等本身不会说话，必须进行准确解读，与待证事实建立关联，才能证明案件事实。因此，实践中必须全面、准确把握客观性证据可能蕴含的案件信息，防止对客观性证据解释过度或解释不足。

四是客观性证据全面验证原则。犯罪嫌疑人、被告人的供述、被害人陈述、证人证言等言词证据应当经过客观性证据的检验，并且客观性证据之间能够得到相互印证。

（四）分类指引各类客观性证据的审查

根据法律规定和实践的经验总结，对物证、书证、鉴定意见、视听资料、电子数据、勘验、检查、辨认、侦查实验笔录等各类证据的审查，进行了具体的规范指引，重点列明了实践中需要注意的问题，明确客观性证据的审查路径、方法和要求，确保相关证据的审查质量和效果。

（五）细化客观性证据的审查活动

针对实践中容易疏忽和出现问题的重点审查活动，进一步提出了客观性证据审查的具体要求，对相关审查活动进行细化和规范。

1.强调重要证据复核的亲历性

现场勘验、检查笔录存在疑问的，要求公诉人亲临现场并重点核查，及时发现侦查记载不全面、准确，隐匿证据的不当行为。

2.强调物证审查科学性和关联性并重

除了审查鉴定意见科学性外，还要求公诉人通过比对现场照相、录像、记录等方法，重点查明：物证的来源，物证存在现场的方位，与周围环境物品的关系，物证原始特征和状态等。重视物证与案件的关联性。

3.突出挖掘通信信息的运用指引

通信信息挖掘是当前重要的侦破手段，已在定案中发挥越来越重要的作用，但侦查对通信信息的采集、运用不够全面，重视对象关联度比较多,而对定案其他方面的信息采集关注比较少,因此,我们要求通过加强涉案人员的通讯情况调查,如通信工具使用情况,通讯内容、通信工具所处方位等信息,来强化对案件发生经过、情节的证明作用。

4.强调侦查内卷的调阅审查

审查中对侦查确定犯罪嫌疑人根据、破案经过、技术侦察措施等有疑问的,以及发现侦查机关未随案移送证据、侦查活动反映不全面的,规定公诉人必须调阅侦查内卷,从侦查内卷中发现可供审查的其他材料,以审查侦查活动的规范性、全面性。

(六)规范审查结案的原则和要求

一是规范案件审查报告制作要求。审查报告要突出用客观性证据证明或验证案件相关事实认定。对事实证据分析论证的体例可以先客观性证据后其他证据的方法进行论证;也可以采用根据案件发生过程顺序进行分别论证,但每个环节论证必须突出客观性证据的分析论证。

二是对于客观性证据缺乏的案件,审查报告中应当分析客观性证据缺乏的原因及对定案的影响,评估风险。

三是规定客观性证据缺失案件的处理原则。强调刑事案件在关键事实上缺乏客观性证据,不能排除合理怀疑的,不能定案。

三、客观性证据审查模式改革的成效

死刑案件客观性证据审查试行后,受到理论界的高度关注,实务界的积极肯定,最高检察院曹建明检察长、朱孝清副检察长批示高度肯定,认为客观性证据审查模式作为一种工作方法和工作理念,既体现了刑事诉讼制度的发展方向,顺应证据制度发展的潮流,又是实现精细化办案的有效途径,对提高公诉人的执法能力,强化诉讼监督的效果,维护当事人的合法权益,确保刑事案件尤其是死刑案件质量都起到积极的作用。

（一）检察官以客观性证据为核心的办理理念得以确立

理念是行动的先导。改革试行以来，全省公诉人员对改革认同感普遍形成，在办理刑事案件尤其是死刑案件中，积极改变过于倚重被告人口供的审查思路，坚持以客观性证据为先导，注重客观性证据在定案中的关键作用，逐步养成以客观性证据证实案件关键事实、检验言词证据客观真实性的理念，承办人在审查中自觉补强客观性证据、补充完善证据体系的意识增强。如在试行阶段办结的326件案件中，公诉阶段共补充、补强的客观性证据100件，其中物证7件，书证43件，勘验、检查笔录4件，视听资料21件，电子数据7件，鉴定意见18件。

（二）检察官审查和运用客观性证据的能力得到显著提升

客观性证据审查要求检察官认真细致地去发现、去挖掘客观性证据及其蕴含的案件信息，能够促使承办人运用各种科学方法去解读、识别客观性证据，要求承办人加强从言词证据中去发现、挖掘潜在的客观性证据，丰富证明体系。客观性证据审查模式更多地注重间接证据在定案证据体系中的运用，要求承办人在审查案件时必须全面细致梳理分析在案证据，尤其是在无法完全依靠客观性证据定案的情况下，需要对证据体系进行更细致、全面的分析，在不断的实践中促进公诉人综合审查运用能力提升。如韩某某贩卖毒品一案，公诉人在审查中突出客观证据的挖掘和补正，较为成功地指导侦查人员进行针对客观性证据的补充侦查；通过补充手机通讯清单查明其通讯人员范围确认其身份，通过机票确认其具备作案时间，通过款项往来、住宿登记等印证贩毒行为，从而将证据不足不予逮捕、不移送起诉的韩某某成功追诉，并判处死缓。被告人刘某重大贩卖毒品的案件得以追诉，也正是得益于客观性证据审查模式的实践。该案由于侦查人员过于倚重但却不能突破口供，而导致案件证据收集不足，而未移送起诉。公诉人在办理其他案件中发现线索，指导侦查人员对刘某涉嫌贩卖毒品一案深入查证，通过挖掘通信记录、短信等方式，强化书证等客观性证据的证明作用,在被告人否认的情况下,将一起重大贩毒案件交付审判,被告人被判处无期徒刑。

(三)提高了检察机关审查起诉案件质量

从客观性证据审查模式运用的实践效果来看,既有将争议案件运用客观性证据审查模式而成功审判的,也有在起诉环节发现侦查指控错误的,这些典型案件证明了客观性证据审查模式的实践价值。

一是运用客观性证据审查模式将被告人不如实供述的案件成功指控。近年来,在重视客观性证据挖掘和运用的理念指导下,全省公诉人员积极审查和挖掘客观性证据,将一些争议较大的案件,通过成功补强客观性证据而顺利交付审判并得到法庭裁判采纳。如某县刑侦队长郑某因情感纠葛故意杀人的"零口供"案、法官潘某故意杀害信访当事人案、张某以推撞其妻落水的手段故意杀人案、韩某贩卖毒品案、刘某贩卖毒品案等案,这些案件都是依靠审查和挖掘客观性证据并组成证据锁链定案的成功经验。尤其是省检察院公诉二处办理的杨某某故意杀害双亲一案,该案处理中的认识分歧,更体现了客观性证据审查模式的作用和意义。诉讼过程中有意见认为,现有证据不足以合理排除被告人杨某某提出的"其父先杀其母"、"无预谋动机杀人"辩解。公诉二处通过本案的客观性证据深入分析、对比论证和阐述,指出被告人辩解与被害人遗留在现场的尿液相矛盾,辩解与案发前后被告人的活动轨迹相矛盾,以被告人在案发前后的客观性行为来充分证实杀人预备行为,从而有效驳斥被告人杨某某的辩解。重审后,一、二审法院均采纳了省检察院意见,再次判处杨某某死刑立即执行,后被最高人民法院核准死刑,起到很好的法律效果和社会效果。

二是运用客观性证据审查模式成功发现和纠正指控错误案件 17 起。实践中,省检察院公诉部门在运用客观性证据审查模式强化指控的同时,还运用以客观性证据为核心审查模式纠正 4 起一审错误判决的案件和 13 件侦查指控错误的案件。如李某故意杀人案,除了被告人曾经做过有罪供述（后翻供）外，现场缺乏与被告人建立关联的证据，更无其他客观性证据相印证，且有罪供述“两人迎面相遇，而用棍棒击打被害人头部”与尸检反映被害人后脑部损伤（损伤部位说明的打击点应为后脑部，与供述迎面相遇而加害的情形矛盾）的客观性证据相矛盾，结合案件存在的“过道横梁的打击痕”形成、作案动机等其他诸多不合情理问题，二审环节省检察院公诉二处提出了撤销一审死刑判决意见，后侦查机关撤销了案件。

（四）推动了侦查机关侦查理念和侦查方式的转型

在当前重人证、重口供的侦查模式占主流的现状下，客观性证据审查模式的改革可以积极引导和推动侦查理念和模式的转变，检警关系可以建立良性互动。各地在试行过程中，以介入侦查引导取证、个案退回补充侦查为点，以类案侦查规范、理念推动为面，点面结合，通过工作要求和理念的融合，推动了侦查机关从根本上、源头上重视客观性证据在证明体系中的核心价值作用，促进侦查理念和模式的转变。省公安厅专门邀请课题组负责人为全省百余名刑侦队长讲课，讲解审查模式改革的要求，并结合典型案件剖析传递我们改革举措的意义和方向，进一步统一了侦查人员的思想认识，客观上已经对侦查理念和办案模式产生了积极影响。各地还注重加强与侦查机关相互协作的制度建设，提升侦查机关收集客观性证据的主动性。如绍兴市检察院联合法院、公安机关出台了《关于进一步加强客观性证据收集和审查工作的若干意见》，对客观性证据的收集、运用进行了明确的规范指导。

（浙江工业大学法学院副教授　邓楚开
浙江省人民检察院公诉二处综合科长　黄有富）

第七章　增强全民法治观念，推进法治社会建设：司法行政篇

法治是人类文明的重要成果，是社会治理的内在要求和基本准则。党的十八大以来，习近平总书记站在党和国家事业发展全局的高度，明确提出要坚持依法治国、依法执政、依法行政共同推进，坚持法治国家、法治政府、法治社会一体建设。党的十八届四中全会通过的《中共中央关于全面推进依法治国若干重大问题的决定》，做出了推进法治社会建设等一系列重大部署。这是党中央在协调推进"四个全面"战略布局的新形势下，对社会主义法治建设提出的新要求。深入研究司法行政工作在法治社会建设中的规律，充分履行司法行政职责，对于夯实法治社会建设基础具有重要意义。

一、司法行政部门在法治社会建设中的职能优势

法治社会一般是指法律在全社会得到普遍公认和实行的一种社会状态。法治社会的基本特征：全社会对法治普遍信仰；宪法法律得到有效实施和普遍遵从；社会依法规范运行；公平正义得到切实维护和实现；权利救济及时充分。建设法治社会，最根本的就是在法治的轨道上统筹社会力量、平衡社会利益、调节社会关系、规范社会行为，其核心是让法治成为主导社会运行的基本遵循，使社会关系相对稳定，社会交往可预期、可把握。推进法治社会建设，应当汲取我国传统文化中符合法治建设的精华，充分发挥法治的规范作用、德治的教化作用、自治的自律作用。司法行政

部门既有行政管理、刑罚执行等刚性执法职能，又有法治宣传、法律服务、法律援助等社会性服务资源，还有人民调解等自治手段，充分体现了法治、德治、自治相结合的原则，与法治社会建设的要求高度契合，在推进法治社会建设中具有基础性、先导性、保障性的作用。

（一）加强矛盾调处和利益协调机制建设，需要全面履行司法行政职能

现代社会治理，关键不在于社会当中有没有矛盾纠纷和利益冲突，而在于是否拥有健全完善的矛盾调处机制和利益协调机制。随着利益主体的多元化和利益诉求的多样化，我国进入了各阶层利益博弈的时代，矛盾纠纷、利益冲突已成为人们日常生活的组成部分。推进多层次多领域依法治理，就是要增强体制内对社会矛盾和利益冲突的容纳能力，用动态的稳定观来认识社会矛盾和利益冲突，用健全完善的矛盾调处机制和利益协调机制来解决社会矛盾和利益冲突。

矛盾调处和利益协调，既是推进法治社会建设的重要目标，也是推进多层次多领域依法治理的重要基础。司法行政的人民调解工作，处于"大调解"体系的基础地位，是维护稳定的"第一道防线"。遍布城乡基层、各行各业的人民调解组织，通过及时、有效地对矛盾纠纷进行调解，使双方当事人在自愿的前提下接受并履行调解协议，既能有效防止矛盾纠纷的进一步扩大和升级，又能兼顾双方的利益。司法行政的普法工作，其法律法规宣传的效果反映到行为方式上，就是社会成员更加自觉地遵守法律、维护法律的尊严，遇到矛盾纠纷也能通过法律途径理性解决。司法行政的律师等法律服务职能，通过参与信访处理等，能够依法平衡、协调和维护利益各方的权益，从而消除对立情绪，减少社会矛盾。

（二）加强诉求表达和权益保障机制建设，需要充分发挥司法行政职能

当今社会，人们的维权意识普遍增强，表达诉求、保障权益的呼声和需求比任何时候都要强烈。回应这种呼声、满足这种需求，必须着力构建

科学合理的阶层、群体、个人的诉求表达机制，以及劳资之间、干群之间、阶层之间、群体之间的平等对话协商机制。特别是随着法治进程的进一步加快，党委、政府越来越重视通过举行公共政策听证会、民主恳谈会等协商民主的方式，来达成各方共识，保障社会成员的表达权和其他各种合法权益。

表达民意是衡量一个国家文明、进步的重要标志，也是法治社会建设的“基础设施”。司法行政职能的充分发挥，为包括协商民主在内的诉求表达、权益保障机制建设提供了通途、搭建了桥梁，从而把法治社会建设置于坚实的群众基础之上。通过深入开展法治宣传，一方面，能够促进各级政府和领导干部进一步树立法治理念、服务理念和自觉接受监督的意识，主动听取群众的意见和呼声，以平等主体的身份与人民群众协商对话，改善干群关系，理顺群众情绪；另一方面，能够提高公民的法治观念、法律素质，培养公民意识，让广大公民既懂得依法维权，又懂得依法履行义务，促进有序的政治参与，就自己最关心、最直接的利益问题，依法提出意见建议。通过地方、行业、基层依法治理工作的深入推进，能够加快基层民主化进程，依法保障人民群众当家做主的主人翁地位。广大律师等法律服务工作者，运用自身的专业知识，积极参与政府的管理和决策，为社会治理建言献策，为政府依法行政当好法律参谋，推动协商民主方式的不断完善，避免政府决策盲目性和行政随意性，从政策源头维护群众的权益；以无利害关系“第三方”的身份，发挥懂法律、懂政策、当事人信任的优势，开展宣传引导，能够把群众利益诉求的表达，纳入制度化、规范化、法治化的轨道。平等地获取司法资源，是依法保障公民合法权益的重要前提。司法行政部门承担的法律援助职能，是国家通过制度化的方式，对法律服务资源进行再分配，弥补了有偿法律服务机制存在的缺陷，解决了公民平等的权利、合理的诉求因经济困难而不能实现的问题。

(三)加强法律规范和制度约束机制建设,需要司法行政的支撑

现代社会治理必须依靠法治,良好社会秩序的营造一刻也离不开规则。在法律日益普及、全社会民主意识和法治意识不断增强的今天,仅靠传统的行政方式已经难以适应新形势下社会治理的新要求。推进法治社会建设是在法律框架内的自我完善,必须建立相应的法律、制度体系,形成相应的法律规范机制和制度约束机制,规范和约束社会治理行为,与政策、经济、行政、道德等多种手段并用,与教育、协商、疏导等方法结合,形成协同作战的社会治理合力,构建解决社会问题、促进社会创新发展的长效机制。

厉行法治,是时代的要求,是政府工作的基本准则,也是人民群众的迫切愿望。司法行政部门不仅承担着指导地方和行业普法依法治理的职责,而且,司法行政部门开展法律服务、人民调解、法律援助、社区矫正、安置帮教等各项业务的过程,都是法治宣传的过程。充分发挥司法行政法治宣传功能,对于完善相应的法律、制度体系,形成相应的法律规范机制和制度约束机制,提高社会治理的法治化水平,具有极大的推进作用。通过以领导干部、公务员为重点对象的法治宣传,能够让领导干部、公务员进一步强化"法律高于政府"的理念,促进依法行政,着力建设法治政府,提高政府依法治理社会的水平,学会用法治的思维管理社会事务,用善治的方法处理社会问题,强化和完善解决社会矛盾和利益冲突的法治机制,使法治成为解决社会矛盾和利益冲突的制度化手段,实现社会治理由"运动式"推进向法治化、长效性管理转变。律师等法律服务工作者,可以充分运用自身的法律专业知识,积极参与立法的调研、起草和法律修订工作,为加强地方立法提供智力支持,促进提高立法质量,推动社会治理法律制度的不断完善;通过依法介入司法活动,发挥法律制衡作用,促进规范司法行为,实现司法公平公正。

（四）加强公共安全和应急处置机制建设，需要司法行政的有力保障

加强公共安全和应急处置机制建设，是社会治理的最后一道防线。在这方面，我国创造了诸如群防群治、专群结合、综合治理等行之有效的做法，但在实践中，依然习惯于“一刀切”“一阵风”“搞突击”“搞严打”等治理方式，许多矛盾因此被掩盖起来，并转化为长期积累的不满和怨气，不利于社会矛盾的根本性解决。改变这种现象，确保国家长治久安、人民安居乐业，迫切需要变“重打轻防”为“打防结合、以防为主”，建设适应市场经济体制的要求、具有中国特色的社会公共安全机制和应急处置机制。

矛盾频发和社会积怨，必将导致群体性事件发生，危及社会公共安全。司法行政的许多职能，对于化解矛盾积怨是稳妥有序的“釜底抽薪”，是着眼于利益关系的根本性调整。社区矫正和安置帮教工作，是法治社会建设的基础性工作，是深入推进依法治理的重要领域；加强社区矫正和安置帮教工作，能够让社区服刑人员和刑满释放人员更好地融入社会，夯实社会稳定基础，增强人民群众的安全感。监狱、强制隔离戒毒管理工作，是社会治理的特殊领域和形式；完善监狱戒毒场所内部的各项安全防范措施，切实加强管理，确保监管场所不发生罪犯暴狱、脱逃、袭警、劫持人质等重大安全事故，并通过科学、有效的管理教育，消除罪犯和戒毒人员仇视社会、对抗社会的心理，是社会公共安全和应急处置机制建设的重要内容，也是司法机关为社会大局的安全稳定做出的特殊贡献。律师、基层法律服务、公证、司法鉴定等法律服务工作，具有对基层经济和社会生活中的矛盾进行事前预防的功能，能够将矛盾纠纷纳入法律渠道，依法规范有序地解决。同时，通过整合各种信息反映渠道，健全“12348”法律咨询和人民调解大排查等社会舆情汇集、分析、报送机制，能够增强信息的研判、预测功能，构筑向党委政府反映社情民意的综合平台，为党委政府处理社会矛盾提供可靠的依据；通过加强法治宣传、法律服务、法律援助、人民调解、社区矫正、安置帮教等各种力量的协调配合，推动与各相关部门建立社会治安联动联调联防工作机制，能够为有效处置突发性、群体性事件提供机制保障。

二、浙江司法行政部门参与法治社会建设的基本情况

近年来，全省司法行政部门紧紧围绕省委加强法治浙江建设的决策部署，出台《关于贯彻〈中共浙江省委关于建设“法治浙江”的决定〉的意见》《关于在全面深化法治浙江建设中充分发挥司法行政职能作用的意见》，以“提升司法行政工作法治化水平，服务法治浙江建设”为目标，培育全社会法治信仰，推进社会依法治理，促进社会规范有序，建设完备的法律服务体系，努力建设社会主义法治社会，为深入实施“八八战略”，干好“一三五”、实现“四翻番”，建设“两富”浙江、“两美”浙江提供了有力保障。

（一）健全法治宣传教育体系，推动全社会树立法治信仰

习近平总书记指出，法律要发生作用，首先全社会要信仰法律。法治信仰，是人们对法律发自内心的尊崇、信任和服从，是建设法治社会的思想根基。法治信仰的形成是一个长期的渐进过程，普及法律知识是基础，维护法律权威和尊严是关键，把法律内化为道德准则是升华。中国特色社会主义法律体系已经形成，国家经济建设、政治建设、文化建设、社会建设以及生态文明建设的各个方面实现了有法可依。在这样的背景下，推进法治社会建设，要下大力气培育公民的法治信仰，在全社会形成自觉遵法、学法、用法、守法的浓厚氛围。

1. 围绕党委政府中心工作跟进法治宣传教育

认真贯彻习近平总书记在浙江工作期间调研司法行政工作时要求“各级司法行政部门要树立新的发展观，始终坚持以经济建设为中心，抓住发展不放松”的重要指示精神，坚持把法治宣传教育放在全面深化法治浙江建设和“两富”“两美”浙江建设进程中来谋划和推进，组织开展法律服务“三改一拆”“五水共治”“无违建县”创建、浙商回归、村级组织换届选举等专项法治宣传教育活动，在为群众解疑释惑、排忧解难的过程中培育法治信仰。特别是通过加强对领导干部、公务员、企业经营管理人员的学

法用法和法律顾问工作，促进其依法决策、依法行政、依法经营。主动融入经济建设主战场，先后制定出台了法律服务经济转型升级、重大建设项目、海洋经济、金融改革等指导意见；与省工商联、省经济协作办等部门分别签订法律服务民营企业、服务浙商创业创新等战略合作框架协议；与省中小企业局、省知识产权局、省商务厅组建了各类律师服务团、宣讲团、顾问团；制定实施《司法行政部门帮扶企业十项举措》，得到了党委政府的充分肯定和社会各界的广泛欢迎。五年来，全省各级司法行政机关、行业协会与各类机关、企事业单位和社会组织签订合作协议 226 个，联合出台文件 315 个，成立各类法律服务团 1029 个，律师办理非诉讼案件的数量每年增长 10％以上。全省司法行政干警和法律服务工作者共上门走访企业 25.8 万余家，对 12.9 万余家企业开展“法律体检”，帮助解决法律问题 8.6 万余个。

2.深入推进全民法治宣传教育

一是建立健全科学推进机制。科学制定并认真组织实施“六五”普法规划，制定下发《关于进一步建立健全社会普法机制的意见》。二是建立健全分工协作机制。完善“谁执法谁普法”“谁主管谁普法”的普法责任制，进一步深化主管部门与各行业部门在基本法、专业法宣传实施方面的分工合作，形成党委领导、人大监督、政府实施、政协支持、各部门协作、全社会共同参与的“大普法”工作格局。三是建立健全资源统筹协调机制。统筹协调新闻媒体普法资源，健全新闻媒体公益普法制度，联合有关部门下发《关于加强社会公共场所普法教育阵地建设的意见》《关于加强全省普法志愿服务活动的指导意见》，加强普法讲师团建设，积极筹备成立省普法志愿者总队，分层分类建立社会化法治宣传教育队伍。起草《进一步加强全省新媒体普法教育的意见》，注重发挥网站、微博、微信、网络视听服务、公共视听载体、移动客户端等新型媒体的普法功能。四是建立健全社会化运作机制。逐步建立政府购买、市场投入、公益参与的社会普法教育运作机制，积极鼓励、引导、扶持专业文化团队参与法治文艺节目的创作生产，推动成立“浙江新媒体法治文创联盟”等专业性、社会性普法组织，广泛动员社会力量参与各级法治教育中心、法治文化广场等区域性公共法治宣传阵地建设，形成普法工作全民参与、普法成果全民共享的格局。五是建立健全考核评价机制。建立省普法教育领导小组对各地、各单位法治宣传教育工作定期与不定期相结合的考评和工作情况通报制度，健全法治宣传教育与平安浙江、法治浙江、法治政府建设考核的衔接机制，完善人大代表和政协委员对各地、各部门法治宣传教育工作实施情况年度性、阶段性和专题性检查、视察机制，研究制定《浙江省法治宣传教育绩效评估指标体系》，组织开展“六五”普法总结验收工作。目前，我省普遍建立了党委理论中心组学法、政府常务会议学法制度、领导干部和公务员年度法律考试、领导干部任前法律考试、领导干部年度述法等制度；已建立青少年法治教育基地 589 个，法制学校（村、社区、企业）22234 个，法治文化广场（公园、街区）404 个，普法网站 83 个、政务微信 60 余个、微博 260 余个。

3. 认真开展基层依法治理工作

坚持普法教育与推进基层民主法治建设相结合，把全面依法治国各项要求延伸到城乡各个基层组织。一是深入开展“民主法治村（社区）”创建。制定出台《浙江省省级“民主法治村（社区）”管理办法（试行）》，起草《社区居民公约（范本）》，参与指导村、社区开展村（居）民章程、村规民约、社区公约集中修订，健全依法维权和化解纠纷机制，引导和支持群众通过合法途径维权，依法表达合理诉求。二是深入开展“诚信守法企业”创建。积极推动将“诚信守法企业”创建纳入“信用浙江”建设体系，指导、促进企业建立健全规章制度，组织对企业遵纪守法、依法经营管理等情况进行考核，充分调动企业守法诚信、承担社会责任的积极性。三是完善法律顾问制度。大力推行政府法律顾问、村（社区）法律顾问和企业法律顾问制度，促进基层政府依法行政，提高基层组织依法办事能力和村民自治水平，推动企业依法生产经营。目前，全省有县级以上“民主法治村（社区）”27463 个，其中“全国民主法治村”110 个，省级“民主法治村（社区）”1078 个；有 9215 家企业被授予县级以上“诚信守法企业”称号，其中省级 12 个，市级

1013 个；全省律师担任政府法律顾问 3267 家，村（社区）法律顾问 31381 家，企业法律顾问 21122 家，其他法律顾问 3383 家。

（二）健全刑罚执行与戒毒管理体系，为法治社会建设提供和谐稳定的社会环境

当前，我国处于社会发展的重要战略机遇期，又处于社会矛盾凸显期。罪犯、强制隔离戒毒人员、社区服刑人员、刑满释放人员等特殊人群是影响社会和谐稳定的高危人群。依法惩治和教育改造罪犯，加强对戒毒人员的戒治管理，做好刑满释放人员安置帮教工作，是维系社会秩序、促进社会和谐稳定的基础，对于推动树立宪法和法律权威、建设法治社会具有重要作用。

1. 进一步加强监狱工作

近年来，认真贯彻习近平总书记在浙江工作期间调研司法行政工作时强调要“一如既往地打造‘平安监狱’‘文明监狱’”的重要指示精神，以确保监狱安全稳定为首要职责，以提高罪犯教育改造质量为中心任务，大力加强智能化现代文明监狱建设，全面依法治监、从严治监，为建设平安浙江、法治浙江做出了积极贡献。一是强化科技引领，深入推进智能化现代文明监狱创建工作。出台《关于创建智能化现代文明监狱的指导意见》《浙江省智能化现代文明监狱创建标准（试行）》等制度，基本建成以指挥中心、罪犯管理执法信息平台、罪犯教育改造专网平台、罪犯远程医疗会诊平台“一中心三平台”为主干的智能化管理系统，建成视频监控点位 58952 个、报警装备 10206 个，实现罪犯监管区域、民警执法岗位全覆盖。二是强化底线思维，积极构建监管安全长效机制。全面推进“四防一体化”建设，深化与驻监武警的“三共”建设，大力推进监狱布局调整，依法加大罪犯假释和向外省调犯力度，积极调整监狱企业产业结构，深入推进安全管理标准化建设。三是强化法治思维，全面深化法治监狱建设。制定实施《关于全面推进依法治监从严治监的实施意见》，完善执法制度体系，组织开展减刑、假释、暂予监外执行专项整治活动和“三类罪犯”暂予监外

执行集中清理活动，强化执法监督工作，全面深化狱务公开。四是强化本质职能，切实提升罪犯教育改造质量。坚持把教育改造罪犯作为中心任务，全面实行“5＋1＋1”教育改造模式，推行罪犯“双证制”教育，创新罪犯出入监教育模式，加强罪犯心理健康教育，规范罪犯劳动改造工作，不断拓展社会帮教、亲情帮教、罪犯帮困等工作。五年来，全省共有18057名罪犯获得教育部门颁发的学历证书，有183446名罪犯获得由人力社保部门颁发的职业技能证书，得到了中央政治局委员、国务院副总理刘延东，中央政治局委员、中央政法委书记孟建柱的批示肯定。

2.进一步加强社区矫正工作

一是完善社区矫正组织体系。恢复成立省社区矫正工作委员会，出台《关于进一步加强社区矫正工作的意见》，全面实施社区矫正审前社会调查制度，加强县级社区矫正机构驻法院工作室建设，推进政府向社会力量购买社区矫正服务工作，“党委政府统一领导、司法行政机关牵头组织、职能部门协作配合、社会各界广泛参与”的社区矫正领导体制和工作机制日益完善。二是完善社区矫正执行体系。深入推进县乡村三级社区矫正监管教育帮扶体系建设，加强社区矫正执法大队和社区矫正指挥中心建设，统一规范社区矫正组织职能职责，促进社区矫正执法队伍职业化、专业化。三是完善社区矫正管理体系。制定出台《浙江省社区矫正实施细则（试行）》《浙江省社区矫正工作人员“八条禁令”》等30多项规范性文件和制度，积极推动社区矫正地方立法，在全国率先建立司法行政机关社区矫正执法监督工作机制，全面建立落实公、检、法、司联合执法检查制度，部署开展社区矫正防脱管、防漏管、防严重新犯罪等专项活动。四是完善社区矫正保障体系。在全国首创社区矫正监管安全责任书制度，大力推进社区矫正后勤保障机制建设，严格落实《浙江省社区矫正经费使用管理暂行办法》和《关于严格管理和使用社区矫正专项经费的意见》。目前，全省已成立社区矫正执法大队54个，建立社区矫正指挥中心91个，村（居）社区矫正工作站20758个，矫正小组41602个，社会志愿者47593名。五年来，全省累计接收社区服刑人员12.8万人，期满解除11万人，目前在册 41922 人，社区服刑人员再犯罪率始终保持在 0.1%以下，低于全国 0.2%的平均水平。

3.进一步加强强制隔离戒毒工作

依法稳妥完成劳教制度改革任务，确保了人心不散、秩序不乱、工作不断、国有资产不流失，实现了执法过错、信访滋事、安全事故、舆论炒作“零发生”。深入研究戒毒工作规律，积极探索具有浙江特色的“四四五”强制隔离戒毒新模式，取得了初步成效。一是把握工作属性，推动强制隔离戒毒工作理念转变。根据强制隔离戒毒“惩戒性”“社会控制性”“治疗性”三重属性，在全系统部署开展“理念转换大讨论”活动，通过“八破八立”[①]，破除传统思维和制度惯性，克服对劳教工作模式的依赖，形成了“规范化执法、人文化管理、专业化戒毒、社会化矫治”的戒毒工作新理念。二是把握工作规律，创新强制隔离戒毒工作模式。以“四区分离”为基础，在场所布局上分设生理脱毒区、教育适应区、康复巩固区、回归指导区；以“四式管理”为特色，在教育管理上实行“生理脱毒区病房式管理、教育适应区军营式管理、康复巩固区校园式管理、回归指导区社区式管理”四项机制；以“五大专业中心”为支撑，在组织机构上建立“戒毒医疗、心理矫治、康复训练、认知矫正、诊断评估”五大专业中心。三是把握工作任务，加强强制隔离戒毒教育矫治工作。适应新时期强制隔离戒毒工作任务要求，健全循证戒治、心理戒治、医疗戒治、戒毒教育等机制，不断提高教育矫治质量。四是把握工作特点，完善强制隔离戒毒社会衔接机制。组建“戒毒科学专家咨询委员会”，招募成立“浙江省戒毒帮教志愿者队伍”，与省内外大学、医院和研究机构建立协作关系，与公安部门建立重要执法事项共商、重要情况通报、重要信息共享等协作交流机制。五是把握工作要

① 即破除“重惩罚轻戒毒”的思想，树立科学戒毒、治病救人的理念；破除“重强制轻服务”的思想，树立人文关怀、服务帮扶的理念；破除“重安全轻矫治”的思想，树立安全为先、矫治为本的理念；破除“重形式轻实效”的思想，树立循证矫治、因人施教的理念；破除“重劳动轻康复”的思想，树立科学评估、注重康复的理念；破除“重经验轻创新”的思想，树立与时俱进、敢为人先的理念；破除“重隔离轻开放”的思想，树立开放戒毒、社会支持的理念；破除“重眼前轻长远”的思想，树立功成不必在我、甘当铺路石的理念。

求，优化强制隔离戒毒队伍专业结构。积极引进医学、心理学、康复护理学等专业人员，制定民警职业化教育基础培训“三年行动计划”，编制《浙江省戒毒民警职业技能培训大纲》和配套教材，开展以戒毒医疗、心理矫治、体能康复等为重点的全员大培训，不断提高队伍专业素质。目前，全省司法行政戒毒系统有核心专业人员1329名，占民警总数的84%，其中医护人员91名，心理咨询师622名，专业体适能教练13名，社会体育指导师30余名。

4.进一步加强安置帮教工作

认真落实教育、帮扶、衔接、就业等各项规定，出台《关于加强监狱与市县司法行政机关衔接协作的若干规定》，健全刑满释放人员基本信息传递、刑满释放通知书寄送、“三假”（假姓名、假身份、假地址）人员核查、再犯危险性评估、重点对象接送、人户分离刑满释放人员委托帮教管理、司法所与公安派出所定期核对刑满释放人员信息等一系列衔接制度，切实预防和减少刑满释放人员重新违法犯罪。建立日常排查和重大节点、重要时段排查工作机制，健全监所与基层安置帮教组织之间信息常态沟通机制，积极推进过渡性安置基地规范化建设，通过采取延伸帮教法、分类帮教法和重点时段帮教法，不断巩固刑满释放人员教育改造成果。目前，全省共建有村（社区）帮教工作站20746个、帮教小组41363个，过渡性安置基地1891家；全省列管刑满释放人员157359人，其中安置152426人，安置率达96.9%，帮教155013人，帮教率达98.5%；五年内刑满释放人员当年重新犯罪率仅为0.65%。

（三）健全法律服务体系，让法治社会建设的成果惠及更多群众

完备的法律服务体系，是法治社会的必备要素。我国的法律服务，主要包括律师、公证、基层法律服务、司法鉴定、法律援助以及社会法律咨询服务等。建设法治社会，需要积极拓展和规范法律服务，努力建设规模适度、结构合理、服务优良、运行有序的法律服务体系。

1. 加快建设覆盖城乡居民的公共法律服务体系

始终遵循“覆盖城乡、惠及全民”的原则，大力加强公共法律服务平台建设，努力让城乡居民切身感受到公共法律服务就在身边。坚持“两条腿走路”，一方面，强化政府的主导和推动作用；另一方面，完善社会力量协同服务机制，重点动员法治专门队伍、法律服务工作者和具有法律知识的社会志愿者参与公共法律服务，实现供给主体和供给方式多元化。根据我省经济社会发展水平，将公共法律服务项目分为“五大类”①，实现“项目按需设置、居民自主点单”。建立健全公共法律服务质量评价机制、监督机制、失信惩戒机制，强化全程化质量监管，确保公共法律服务优质高效，提高城乡居民的认同度和满意率。强化资金保障，不断提升公共法律服务体系建设的经费保障水平。目前，全省已建立司法行政法律服务中心 97 个，乡镇(街道)公共法律服务工作站 1334 家，依托村(社区)法律顾问建立村(社区)公共法律服务点 31381 家；浙江公共法律服务网投入运行，“12348”公共法律服务专线功能进一步提升，形成实体平台和网络平台对接互通、有机融合的服务机制。

2. 大力发展法律服务业

坚持依法保障执业权益与严格监督管理相结合，把拥护中国共产党领导、拥护社会主义法治作为法律服务工作者从业的基本要求，进一步加强法律服务队伍思想政治建设，不断增强走中国特色社会主义法治道路的自觉性和坚定性。一是大力发展律师行业。积极争取党委、政府对律师工作的重视和支持，省委办公厅、省政府办公厅出台《关于加强和改进律师工作的实施意见》，大力推荐律师进入“涉外律师领军人才培养计划”“知识产权人才培养计划”等人才培养工程，积极稳妥开展公职律师和公司律师试点工作。加强律师执业权益保障，在省委政法委的协调和推动下，会同公、检、法等部门出台《关于刑事诉讼中充分保障律师执业权利的

① 即旨在培育公众法治信仰的法治宣传教育项目、保障社会公平正义的法律援助项目、推进基层依法治理的村(社区)法律顾问项目、满足群众基本需求的律师公证等法律服务项目、维护社会稳定的矛盾纠纷调处项目。

若干规定》《办理阻碍辩护人诉讼代理人依法行使诉讼权利案件暂行规定》等制度，有效缓解律师执业活动中的会见难、阅卷难和调查取证难“三难”问题。全面推动律师与法官、检察官之间的良性互动，与公安部门协调解决律师查询公民信息等问题，联合省物价局制定《浙江省律师服务收费标准》，为律师创造良好的执业环境。二是大力发展公证行业。制定下发《浙江省司法厅关于进一步加强公证工作的实施意见》《关于进一步明确市县司法行政机关公证管理职能的通知》《浙江省关于办理知识产权保全证据公证的指导意见》《浙江省简化办理小额遗产公证指导意见》等规范性文件，制定颁发《浙江省公证质量标准》《公证错假证认定标准》，修改完善《浙江省公证质量检查规则》，不断提高公证规范化和标准化水平。大力推进公证信息化建设，组织开展“公证质量建设年活动”，强化质量监管，推动公证在服务经济建设和社会治理方面取得显著成效。三是大力发展司法鉴定行业。坚持“规模、品牌、特色”导向，推进司法鉴定规模化发展、规范化运行，加强司法鉴定实验室建设，引导司法鉴定机构走技术型专业化、管理型规范化、质量型品牌化发展之路。扎实开展司法鉴定机构认证认可工作，组织司法鉴定机构参加能力验证活动，积极推进司法鉴定技术标准体系建设，开展司法鉴定文书评议活动，进一步加强鉴定质量管理。联合省法院出台《关于进一步规范司法鉴定工作若干事项的意见》，共建司法鉴定使用与管理衔接机制。四是大力发展基层法律服务行业。制定出台《浙江省合伙法律服务所管理规定（试行）》《关于进一步加强基层法律服务所规范管理的意见》等规范性文件，部署开展司法所与法律服务所“两所分离”和合伙所转制工作，推进基层法律服务所规范运行。加强基层法律服务队伍建设，定期组织全省基层法律服务所主任和骨干人员培训班，不断提高基层法律服务工作者法律素养和业务能力。目前，全省有律师事务所 1206 家，执业律师 14702 名；公证处 92 家，执业公证员 454 名；司法鉴定机构 53 家，司法鉴定人 726 名；基层法律服务所 487 家，基层法律服务工作者 2807 名。五年来，全省律师共办理各类业务 112 万余件，年均增长 11%；公证机构共办理各类业务 331 万余件，年均增长

2%；司法鉴定机构共办理各类业务37万余件，年均增长10%；基层法律服务工作者共办理各类业务28万余件，年均增长4%。

3. 完善法律援助制度

全省司法行政部门认真贯彻落实习近平总书记在浙江工作期间"要让每一位群众懂得打'官司'、愿意打'官司'、打得起'官司'，信得了打'官司'的最终结果"的重要指示精神，大力加强法律援助工作，实现了"应援尽援""应援优援"的工作目标。一是从适应经济社会发展需求出发，全面推动"三个纳入"，调整完善"三项标准"，不断扩大法律援助范围，将交通、医疗、家庭暴力、虐待遗弃及其他人身伤害事故中合法权益受到侵害的事项纳入法律援助范围，对赡养抚养、假冒伪劣农资侵权，因环境污染造成种养殖业损害、因见义勇为产生民事权益纠纷等事项实行免经济状况审查，制定实施《浙江省司法鉴定法律援助工作规定》，在全国率先出台《关于推行申诉案件法律援助工作机制的意见》，努力化解社会矛盾，维护社会公平正义。二是从适应人民群众权益保障需求出发，深入推进覆盖城乡居民的公共法律服务体系建设，健全行业部门法律援助工作站，将村(社区)法律顾问吸收为法律援助联络员，全面实施绿色通道、上门服务、预约服务、网上服务等便民服务措施，深入开展"农民工讨薪专项行动""法律援助情暖军营工程""法律援助进监所"等专项法律援助活动，努力让人民群众切身感受到权益有保障、公正可预期。三是从适应强化法律援助案件质量要求出发，制定出台《浙江省法律援助案件质量标准化管理规定》和与之相配套的刑事、民事法律援助案件质量评估指导标准，广泛推行案件质量行业评估制度，全面落实旁听庭审、案件回访和结案审查等案件监督制度，严把案件质量关。四是从适应法律援助工作实际需求出发，积极争取党委政府支持，修订《浙江省法律援助经费使用管理办法》，推动各地建立健全案件补贴标准动态增长机制，加大欠发达地区法律援助专项资金转移支付力度。目前，全省有法律援助机构102家，法律援助工作人员525人；已在12个行业领域建立法律援助工作站2872个，建立村(社区)、城乡劳动力市场等法律援助联系点3.2万余个。五年来，全省各级法律援助机构共办理案件30万余件，受援人数超过33万余人，为困难群众挽回经济损失或取得利益38亿余元。

4. 进一步加强人民调解工作

完善人民调解组织网络，健全传统人民调解组织，大力加强行业性专业人民调解组织建设，推动人民调解工作向矛盾纠纷多发、易发的行业和领域延伸，会同有关部门出台了一系列制度，积极开展医疗纠纷、交通事故、劳动争议、保险、婚姻家庭、学生伤害、商会等人民调解委员会建设。加强人民调解员队伍建设，编印《人民调解工作手册》《人民调解案例选编》，制定并认真实施人民调解员培训规划，持续改善队伍年龄和知识结构，不断提高队伍专业化和专职化水平。完善人民调解与行政调解、司法调解联动机制，积极推进行业性专业调委会与行业主管部门行政调解的衔接，会同相关部门出台《关于进一步加强"警调衔接"机制建设的意见》《关于进一步推动人民调解协议司法确认工作的通知》《关于办理当事人和解的刑事公诉案件的若干规定》，"警调""检调""诉调"衔接机制进一步完善。制定《关于加强人民调解工作规范化建设的意见》，大力加强人民调解组织建设、队伍建设、制度建设、业务建设和基础设施建设。成立浙江省人民调解协会，强化行业自律和专业服务。目前，全省共有人民调解委员会42731个，其中在15个行业领域建立专业人民调解委员会1181个；有人民调解员158310名，驻基层法院（法庭）人民调解工作室198个；"警调衔接"建设率达96.87％。五年来，全省各类人民调解组织共调处矛盾纠纷299万余件，调解成功率达98.4％。

（四）健全司法保障体系，提升推进法治社会建设能力

推进法治社会建设，关键是要有一支忠于党、忠于国家、忠于人民、忠于法律的社会主义法治工作队伍。通过法治工作队伍的工作，把党的政策和国家法律传导好、落实好，把人民群众的诉求和事情反映好、解决好，把法治社会事务筹划好、建设好。律师、公证、司法鉴定是司法制度的重要组成部分，对于促进公正司法、维护社会公平正义具有重要作用；司法

行政部门承担的国家司法考试等职能，可以为加快建设法治社会提供强有力的人才保障。

1. 着力为司法活动提供保障

主动适应以审判为中心的诉讼制度改革，广大律师依法履行辩护和代理职责，协助司法机关查明案件事实、正确适用法律，防范冤假错案，促进司法公正；加强公证公信力建设，强化公证的法定证明力和强制执行效力，有效发挥公证在事实认定和预防、减少诉讼中的职能作用；加强高资质高水平鉴定机构建设，优化司法鉴定机构布局，落实鉴定人出庭制度，完善与鉴定意见使用部门的沟通协作机制，为司法活动提供公正、高效的司法鉴定服务。始终坚持把国家司法考试工作规范化、标准化、信息化建设摆在重要位置，出台《关于加强国家司法考试基地建设的指导意见》《预防和处置司法考试突发事件工作规定》，完善厅领导蹲点巡考和各处室主要负责人带队督考制度，实行试卷运送安全工作责任制度和承诺制度，全面实行全程网络化报名管理系统，全力保障国家司法考试顺利有序进行，为司法活动提供人才保障。2002 年首次国家司法考试以来，我省已成功组织 13 次考试，全省报名参加国家司法考试共有 195985 人次，实际参加考试 155812 人次，考试成绩合格 30584 人，平均合格率 19.6%；共为全省法院、检察院系统输送具有法律职业资格人才 7387 名，向律师、公证行业输送 7783 名。

2. 全面深化司法行政体制机制改革

一是注重统筹推进司法行政体制机制改革。根据司法部和省委政法委部署要求，制定《浙江省司法厅贯彻落实省委十三届四次全会〈决定〉重点改革任务分工方案》《贯彻实施司法部〈关于深化司法行政体制改革的意见〉的分工落实方案》《浙江省司法厅深化司法体制机制改革工作方案》，起草《全面深化司法行政改革框架意见调研报告》《建设完备的法律服务体系调研报告》《完备的公共法律服务体系建设调研报告》，积极稳妥地推进司法行政体制机制改革。二是大力推进人民监督员选任管理方式改革试点工作。在深入调研、摸清底数的基础上，联合省检察院制定出台

《关于人民监督员选任管理方式改革试点工作实施方案》，经报名、资格审查、组织考察、公示、决定等程序，圆满完成省市两级人民监督员选任工作。积极探索分级管理和分类管理相结合、个案考核和年度考核相结合的管理模式，研究人民监督员表彰和退出机制，研究制定《人民监督员考核管理办法》《人民监督员培训细则》。最高人民检察院、司法部还在我省召开人民监督员管理办法调研座谈会，对我省的工作给予了肯定。三是深入推进涉法涉诉信访工作改革。完善信访人通过厅长信箱、来信、来访、来电、电子邮箱、传真等方式反映问题的处理机制，开通全国信访信息系统，积极推进"阳光信访"，畅通群众诉求渠道。认真贯彻《关于做好涉法涉诉终结案件后续管理工作的意见》（浙信联办〔2014〕3 号）等规定，对依法应当通过诉讼、仲裁等法定途径解决的诉类事项，引导信访人按照法定途径解决。出台《浙江省司法厅信访事项联席会议制度》《律师进驻信访联席会议办公室值班制度》，完善监地协作机制，合力处理重大、疑难、复杂信访问题。

3. 大力推进司法行政队伍正规化建设

认真贯彻习近平总书记在浙江工作期间调研司法行政工作时指出"要坚持政治建警、从严治警、文化育警、科技强警、从优待警"的重要指示精神，根据司法行政系统队伍庞大、管理对象特殊，长期经受复杂环境和消极因素考验的实际，深入开展政法干警核心价值观教育、社会主义法治理念、党的群众路线教育实践、"三严三实"专题教育实践等活动，总结提炼出"弘扬法治、促进和谐、公正执法、服务为民"的浙江司法行政机关精神和公务员"六戒六要"行为规范，"忠诚、公正、廉明、奉献"的浙江监狱戒毒民警核心价值观和"特别能吃苦、特别能战斗、特别能忍耐、特别能奉献"的浙江监狱民警精神，"忠于法律、勇于担当、诚信务实、勤勉尽责"的浙江律师职业精神，筑牢队伍高举旗帜、听党指挥、忠诚使命的思想基础。按照正规化、专业化、职业化建设的要求，全面深化大规模干部培训工作，健全岗位练兵的长效机制，分层组织实施执法教育培训。积极培育和宣传先进典型，打造"十大百优暨最美司法行政人"评选表彰品牌，推出司法行政“群英谱”，激发干警的工作事业心和职业自豪感。叫响“向机关看齐、向党委看齐、向我看齐”，持之以恒地贯彻落实中央八项规定和省委“28 条办法”，以常抓的韧劲和长抓的耐心抓好纪律作风建设。坚持把党风廉政建设和反腐败工作摆在突出位置，全面落实党委主体责任和纪委监督责任，打造了一支政治过硬、业务过硬、责任过硬、纪律过硬、作风过硬的高素质司法行政队伍。

三、司法行政部门深化法治社会建设的未来展望

我国经济发展进入新常态，法治社会建设进入新阶段，司法行政部门深化法治社会建设既面临着良好的发展机遇，也面临着严峻的挑战。全省司法行政部门要深入贯彻落实党的十八届四中全会精神，深入学习贯彻习近平总书记在浙江考察时的重要讲话精神，按照省委十三届六次、七次全会部署要求，牢固树立“干在实处永无止境、走在前列要谋新篇”的使命意识，不断强化实干导向、问题导向、效果导向，以永无止境的追求、要谋新篇的作为，在新的历史起点上推动我省法治社会建设不断开创新局面，为实现“更快一步、更进一步，继续发挥先行和示范作用”而努力奋斗。

（一）要在维护社会和谐稳定上谋新篇

习近平总书记在浙江考察时强调“一个好的社会，既要充满活力，又要和谐有序”。深入学习总书记的重要讲话精神，我们进一步认识到，平安建设是一项庞大的系统工程，必须牢固树立底线思维，坚持问题导向，自觉运用法治思维和法治方式维护社会和谐稳定。要切实做好监狱工作。深入推进智能化现代文明监狱创建活动，发挥试点单位的示范、突破、带动作用，力争通过 3—5 年的努力，全面完成创建目标任务。牢固树立安全是建出来的不是保出来的、是抓出来的不是喊出来的理念，清醒认识监狱安全是各项建设综合作用的体现，全面加强“四防一体化”建设，扎实推进安全管理标准化工作，完善突发性事件应急处置预案，以确保“万

无一失”。制定实施《关于全面推进依法治监从严治监的实施意见》，健全执法制度体系，强化执法监督，进一步严格减刑、假释、暂予监外执行等工作，提升监狱工作法治化水平。坚持把教育改造罪犯作为中心任务，认真落实“双纳人”政策①，实施“双证制”教育，推进标准化、点单式教学，不断增强教育工作的针对性和实效性，努力把罪犯改造成为适应社会、自食其力的守法公民。要切实加强强制隔离戒毒工作。适应戒毒人员持续快速增长实际，未雨绸缪，切实采取有效措施，确保场所持续安全稳定。针对吸毒人员既是违法者，也是受害者和特殊病人的特点，准确把握戒毒工作规律，全面梳理“四四五”戒毒模式落实的每一个细节问题，完善场所区域功能设置，理顺组织架构，科学设计工作流程和标准，加快构建一整套符合戒毒规律、具有浙江特色的制度体系，逐步建立与强制隔离戒毒工作相适应的场所管理、警务管理机制。加强戒毒教育矫治，根据戒毒人员吸食毒品的种类、成瘾程度、心理行为特征等，创新教育矫治方式方法，努力提高戒断率，降低复吸率。加大民警队伍专业化建设，组织开展全员培训、技能比武，积极引进医学、心理学、康复护理学等专业人员，加强与医院、科研机构、康复训练中心等专业机构合作，不断提高戒治工作科学化水平。要切实加强社区矫正工作。牢牢准确把握社区矫正工作社会化属性，坚持专群结合，进一步完善县乡村三级社区矫正监管教育帮扶体系。始终将安全稳定工作作为重中之重，对安全稳定形势保持清醒认识和高度警觉，进一步完善安全隐患排查整治和预防工作机制，确保不发生重大恶性案件和影响社会稳定的重大事件。以省人大深化司法监督工作为契机，健全社区矫正执法机构，强化执法队伍教育培训，扎实推进指挥中心规范化建设，主动邀请“两代表一委员”视察社区矫正执法工作，不断提升社区矫正执法水平。认真贯彻落实司法部等六部委《关于组织社会力量参与社区矫正工作的意见》，广泛动员和组织社会力量参与社区矫正工作，积极有序推进“关心桥驿站”建设试

① 即把未成年服刑人员文化教育纳入国民教育序列，把服刑人员文化、职业技术教育培训纳入成人教育培训体系。

点，着力为社区服刑人员提供个性化的教育帮扶服务，提高社区矫正工作质量。完善刑满释放人员衔接制度，帮助刑满释放人员顺利回归社会，进一步降低重新违法犯罪率。要切实做好人民调解工作。坚持和发展“枫桥经验”，创新人民调解工作方式方法，更加注重用法律事实分清是非、用权利义务思维判断对错，在法治轨道上化解矛盾纠纷。继续发展和规范行业性专业人民调解组织，大力加强专职人民调解员队伍建设，组织召开物业纠纷人民调解工作现场会，探索扩大物业、环保等重点领域试点工作。研究出台进一步完善人民调解与行政调解联动工作体系的指导意见，完善人民调解与司法调解联动工作程序和规范。组织开展全省第四批星级规范化司法所考评验收工作和第二批星级规范化司法所复评工作。探索出台《浙江省人民调解员等级评定实施办法》，强化司法所长和人民调解员队伍培训，加强省人民调解协会建设，提升人民调解工作整体水平。

（二）要在培育全社会法治信仰上谋新篇

习近平总书记在浙江考察时强调要“乐见群众用法、支持群众用法”。深入学习总书记的重要讲话精神，我们进一步认识到，良法善治是人民群众的美好愿景，也是国家经济发展社会和谐的基石。建设法治社会，核心是要让守法成为民族精神、让法治成为全民信仰。司法行政部门管理和指导的法治宣传教育、依法治理、司法考试等工作，在培育法治信仰、推进法治实践等方面具有重要作用；公共法律服务、律师辩护代理、司法鉴定、公证等工作，对于促进和保障公正司法、提高司法公信力具有重要作用。要深入开展普法依法治理工作。组织开展全民法治宣传教育30周年暨“六五”普法系列宣传活动，认真做好“六五”普法总结、验收和表彰工作，科学谋划“七五”普法规划。认真策划“12·4”国家宪法日系列宣传活动，在全社会普遍开展宪法教育，弘扬宪法精神。召开全省法律服务“五水共治”工作推进会，继续做好法律服务“三改一拆”“五水共治”工作。加强与相关部门的沟通协调，深化开展领导干部和公务员年度法律知识学习考试，研究出台非人大任命领导干部任职法律考试相关措施；制定实施法治教育纳入国民教育体系意见，推进青少年法治教育实践基地建设，做好第五届“法在心中”全省青少年法治主题宣传活动总结表彰。健全普法宣传教育机制，发挥宣传、文化、教育部门和人民团体在普法教育中的职能作用，建立法官、检察官、行政执法人员、律师等以案释法制度，推动落实“谁执法谁普法”责任制。制定出台加强新媒体普法教育意见，成立全省新媒体法治文化作品创作联盟，建立省、市、县、乡镇（街道）四级联动的新媒体普法集群，打造全省微博、微信、客户端等新媒体普法矩阵，提升新媒体普法的策划、管理和运营能力。加强新闻宣传工作，学会按媒体的节奏说话，善于用讲故事的方式，把司法行政重点工作、感人事迹及时传递到社会，让人民群众熟悉、支持司法行政工作。围绕基层党组织和基层政权建设“六个体系”，进一步深化基层组织、部门、行业依法治理工作，组织开展省级“民主法治村（社区）”复查考核，继续指导各地做好村规民约（社区公约）制订修订工作；探索开展“民主法治乡镇（街道）”创建试点，研究深化“诚信守法企业”创建活动，不断推进依法治理向面上拓展、向基层深入。要全面推进公共法律服务体系建设。牢牢把握公共法律体系价值取向，明确公共法律服务体系建设目标任务，推进公共法律服务体系建设有序开展。加强一体化服务平台建设，制定出台《关于加强县乡村三级公共法律服务实体平台建设的意见》，健全县、乡、村三级公共法律服务中心（站、点）；依托“浙江公共法律服务网”，将各级法律服务实体平台串联起来，将各类法律服务资源整合起来，形成实体平台和网络平台对接互通、有机融合的服务机制，缩小公共法律服务供给的时空距离和质量差异，努力让城乡居民在公共法律服务资源的享用上得到同等待遇。加强多元化供给模式建设，强化政府的主导和推动作用，完善社会力量协同服务机制，组织动员法治专门队伍、法律服务工作者队伍、具有法律知识的社会志愿者队伍等力量共同参与公共法律服务，实现供给主体和供给方式多元化。加强菜单化服务项目建设，按照“项目按需设置、居民自主点单”的要求，围绕“五大类”公共法律服务项目，研究制定统一的法律服务项目清单，推进公共法律服务项目产品化，努力实现“菜单式”供给、“订单式”服务，确保公共法律服务“适销对路”、精准服务。加强科学化考评标准建设，牢固树立质量至上的理念，建立健全服务质量评价机制、监督机制、失信惩戒机制，强化全程化监管，努力实现公共法律服务的规范化、标准化、信息化，提高城乡居民的认同度和满意率。加强常态化保障机制建设，积极争取党委政府的重视支持，强化政策和资金保障，加大政府购买公共法律服务力度，确保公共法律服务体系建设可持续发展。要切实发挥法律服务在法治建设中的职能作用。扎实推进律师队伍全面法治教育，引导广大律师把思想和行动统一到中央关于全面依法治国的决策部署上来，增强走中国特色社会主义法治道路的思想自觉和行动自觉。适应人民群众日益增长的法律服务需求，大力发展法律服务业，不断壮大律师、公证员、基层法律服务工作者、法律援助工作者、司法鉴定人队伍，加快培育高端、专业法律服务人才，完善激励法律服务人才跨区域流动机制，优化法律服务队伍结构和区域布局。围绕以审判为中心的诉讼制度改革，落实好律师辩护代理、鉴定人出庭等制度，强化公证的法定证据效力，更好地发挥服务和保障司法活动中的职能作用。完善领导干部下访律师随同、律师信访值班等制度，引导当事人依法理性表达诉求、维护权益，促进突发性、群体性事件和信访事项在法治的轨道上得到妥善解决。认真组织实施国家司法考试工作，加强浙江警官职业学院教学和培训指导，为我省法治建设培养、选拔更多的优秀法律人才。

（三）要在促进市场经济法治化上谋新篇

总书记在浙江考察时要求浙江“在适应和引领新常态中做出新作为”“实现科学发展、可持续发展”。深入学习总书记的重要讲话精神，我们进一步认识到，市场经济是法治经济，法治通过一套可预期的、有强制执行力的市场交易规则，能够降低交易成本、减少市场风险，激发生产力发展的内生动力。司法行政部门在经济发展中不仅具有服务保障的职能，还有独特的建设性作用。要积极适应经济发展转型升级新需求，围绕省委省政府“十招拳法”，完善法律服务重点工作、重点领域、重点项目的长效机制，通过团队化、专家型的服务模式，为党委政府中心工作提供常态化的深度法律服务。进一步落实《司法行政部门帮扶企业十项举措》，认真总结近年来服务经济社会发展的经验做法，集成资源、集中力量、集聚优势，优化法律服务模式，深化企业“法律体检”活动，增强企业抵御市场风险能力。要积极适应“互联网＋”时代新变化，认真贯彻落实国务院《关于积极推进“互联网＋”行动的指导意见》，组织引导法律服务工作者深入研究“互联网＋”新业态、新模式带来的法律风险，不断开发法律服务新产品，着力为互联网与各产业融合创新提供针对性法律服务，推动“互联网＋”向经济社会各领域加速渗透，促进“互联网＋”产业健康有序发展。要积极适应经济全球化发展新趋势，围绕我省加快实施走出去战略，引导法律服务工作者认真梳理与我省经济交流互动频繁国家的投资环境和法律环境，加强对企业的法治宣传和法律咨询服务，切实做好国际投资、国际贸易、反倾销、反垄断等涉外法律事务，帮助我省企业更好地了解外国有关法律制度、参与国际经济合作与竞争，依法维护我省公民、法人在海外的正当权益。加大涉外法律服务专业人才培养，建设“通晓国际法律规则、善于处理涉外法律事务”的涉外法律服务人才队伍，提升涉外法律服务工作水平。

（四）要在推动司法行政体制机制改革上谋新篇

总书记在浙江考察时要求浙江“勇当改革开放的排头兵”。深入学习总书记的重要讲话精神，我们进一步认识到，改革既是“走在前列”的强大动力，更是“要谋新篇”的题中之意，浙江司法行政工作要“继续发挥先行和示范作用”，就必须进一步解放思想、与时俱进，不断在深化司法行政体制机制改革上下功夫。要牢固树立改革全局观，根据中央和省委关于司法行政体制机制改革的决策部署，坚持从省情出发，把眼前需要与长远谋划统一起来，把解决具体问题与解决深层次问题结合起来，切实发挥改革牵引作用，以改革激发司法行政工作活力。要围绕

"完善刑罚执行制度"的要求，认真贯彻落实中央政法委《关于严格规范减刑假释暂予监外执行切实防止司法腐败的意见》，健全提请罪犯减刑假释暂予监外执行工作流程，完善监狱执法办案责任制，促进和保障严格公正文明执法；认真贯彻落实司法部《关于进一步深化狱务公开的意见》，全面深化狱务公开工作，进一步增强监狱执法透明度；推动罪犯医疗制度改革，着力解决罪犯基本医疗保障问题，研究罪犯暂予监外执行就医与社会医疗保险衔接的办法。要围绕"健全社区矫正制度""制定社区矫正法"的要求，推动社区矫正地方立法，进一步完善社区矫正工作机构，建立健全监狱刑罚执行和社区矫正相互衔接、统一协调的刑罚执行体系。要围绕中央和省委关于律师制度改革的任务，进一步加强思想政治建设，教育引导律师自觉把拥护中国共产党领导、拥护社会主义法治作为从业的基本要求；完善公职律师、公司律师制度，构建社会律师、公职律师、公司律师等优势互补、结构合理的律师队伍；认真落实《关于刑事诉讼中充分保障律师权利的若干规定》，健全律师执业保障和执业权利救济机制，完善律师和律师事务所违法违规执业惩戒制度；依法规范律师与司法人员的接触、交往行为；引导律师把精力放在熟悉案情、研究法律、提高职业素养上。要围绕"完善法律援助制度"的要求，认真贯彻落实中办、国办印发的《关于完善法律援助制度的意见》，推动建立法律援助补充事项范围和经济困难标准动态调整机制，深化开展法律援助参与申诉案件代理工作试点，全面推进法律援助标准化建设，完善法律援助值班律师制度，年底前市县两级法院法律援助工作站实现全覆盖。要围绕"健全统一司法鉴定管理体制"的要求，进一步完善司法鉴定管理与使用相衔接的运行机制，推动将司法审判急需的鉴定事项纳入统一登记范围；进一步完善司法行政机关和行业协会相结合的统一管理机制，修订《浙江省司法鉴定机构内部管理评价细则（试行）》，健全司法鉴定机构、人员监督管理制度和鉴定投诉处理程序，提升鉴定管理水平。要围绕"完善人民陪审员制度""完善人民监督员制度"的要求，认真贯彻落实《人民陪审员制度改革试点方案》《深化人民监督员制度改革方案》，认真履行司法行政机关参与人民陪审员选任管理工作的重要职责，做好由司法行政机关选任、管理人民监督员工作。围绕“完善法律职业准入制度，健全国家统一法律职业资格考试制度，建立法律职业人员统一职前培训制度”，深入研究司法考试制度改为国家统一法律职业资格考试制度后的工作衔接，推动建立法律职业人员统一职前培训制度。

（五）要在提高队伍建设法治社会能力上谋新篇

总书记在浙江考察时强调“从严治党是一个永恒课题，党要管党丝毫不能松懈，从严治党一刻不能放松”。深入学习总书记的重要讲话精神，我们进一步认识到，从严治警、打造一支过硬的司法行政队伍，是浙江司法行政工作发挥先行和示范作用的重要保证。要切实加强理想信念教育，教育引导广大干警和法律服务工作者深入学习习近平总书记系列重要讲话，系统、完整、准确地掌握马克思主义基本理论，掌握辩证唯物主义和历史唯物主义思想武器，从而把理想信念建立在对科学理论的理性认识上，建立在对社会发展规律的正确认识上，建立在对基本国情的准确把握上，切实增强中国特色社会主义道路自信、理论自信、制度自信。全面开展“三严三实”专题教育，严明党的政治纪律和政治规矩，自觉做党和人民的忠诚卫士。探索创新“党建＋”工作方式，选优配强基层党支部书记，不断提升基层党组织的凝聚力、战斗力。完善干部选拔任用机制，为担当者担当，让有为者有位，积极营造崇尚实干、敢于担当、风清气正的良好政治生态。探索建立现代警务机制，健全监狱工作目标责任制和民警个人实绩考评办法，创新推广基层民警一日执法工作流程。探索建立与队伍专业化建设要求相适应的教育培训模式，健全教育培训体系，继续推进岗位练兵制度化、专题化、实战化，深化开展大规模干部教育培训工作；强化依法治国教育，引导广大干警和法律服务工作者自觉把执法（执业）为民的职业良知与秉公执法（执业）的法治精神统一起来，带头遵守法律、厉行法治。深化落实党风廉政建设“两个责任”，把正面教育与反面警示、增强党性与正风肃纪、解决问题与完善制度结合起来，探索形成不敢腐、不能腐、不想腐的有效机制，让广大干警习惯于站在群众的立场上做事、习惯于在媒体的聚焦下说话、习惯于在社会的监督下工作、习惯于在法治的轨道上履职。

专题7:推进覆盖城乡居民的公共法律服务体系建设

2014年4月21日,习近平总书记在听取司法部工作汇报时指示“努力做好公共法律服务体系建设”,党的十八届四中全会进一步明确“推进覆盖城乡居民的公共法律服务体系建设”这一重大任务。法律的真谛在于对人民群众权利的确认和保障,法治的宗旨在于尊重和保障人民群众的权利。推进公共法律服务体系建设,顺应国家治理体系和治理能力现代化的新要求,回应人民群众对公平正义和权益保障的新期待,都体现了司法行政部门向社会提供公共服务的新职能,为新时期法律服务工作改革发展指明了方向。

浙江是全国较早开展公共法律服务体系建设探索实践的省份。2008年1月,浙江省委、省政府部署实施“全面小康六大行动计划”,提出“加快形成惠及全民的基本公共服务体系”。同年4月,制定出台《司法行政工作服务保障民生五年行动计划》,组织实施服务保障民生“五大工程”。2012年4月,省政府出台《浙江省基本公共服务体系“十二五”规划》,对公共法律服务工作提出要求。2013年6月,研究制定《关于推进城乡基本公共法律服务体系建设的意见》。2013年11月,省委十三届四次全会将“构建覆盖城乡的公共法律服务体系”列为重点改革项目。2014年12月,省委十三届六次全会进一步强调“完善法律服务供给机制,构建覆盖城乡、惠及全民的公共法律服务体系”。浙江各级司法行政部门按照省委、省政府的部署,大力推进覆盖城乡居民的公共法律服务体系建设,努力让更多的城乡居民共享法治建设成果。

一、构建系统化制度体系,在把握规律中加强公共法律服务顶层设计

公共法律服务体系是一个新概念,没有现成经验和模式可借鉴。浙江省司法厅在实践探索中,牢牢把握公共法律服务体系价值取向:一是"法律",通过提供专业化的法律服务,让人民群众接触法、了解法、运用法,认识到法律既是保障自身权利的有力武器,也是必须遵守的行为规范,在全社会营造自觉守法、遇事找法、解决问题靠法的良好氛围;二是"公共",坚持公益性、普惠性原则,让法律服务像医疗、教育、交通服务一样,成为一种普遍提供、均等享受的社会公共产品;三是"服务",把"固化的法律条文"转变为"温暖的法律服务",实实在在地送到城乡居民手中,让人民群众切身感受到"法律服务就在身边",增强城乡居民的获得感;四是"覆盖",推动公共法律服务体系覆盖到城乡各个领域和各类群体,保障城乡居民特别是困难群众、弱势群体同等享受公共法律服务。遵循公共法律服务体系的价值取向,研究制定《关于加快推进覆盖城乡居民公共法律服务体系建设的指导意见》《公共法律服务指标体系》《县乡村公共法律服务中心(站、点)建设标准》,出台《关于加强司法行政法律服务中心建设的指导意见》《关于推进全省村(社区)法律顾问工作的意见》《关于进一步深化法律援助惠民服务的意见》《关于加强行业性专业人民调解委员会建设的意见》《关于支持律师资源不足地区律师业发展的实施意见》等一系列配套制度文件,明确公共法律服务体系建设目标任务、项目标准和路径设计,推进公共法律服务体系建设有序开展。

二、构建一体化服务平台,推动公共法律服务更多地向社会治理末端延伸

法律的专业性决定了不可能每个人都成为法律专家,但要保证每个

人在遇到法律问题或权利受到侵犯时，都能及时找到法律服务平台，获得有效的法律帮助。遵循“覆盖城乡、惠及全民”的原则，浙江积极构建城乡一体化、网上网下一体化的法律服务平台，推动公共法律服务资源向农村、基层、经济欠发达地区和社会弱势群体倾斜，实现广泛覆盖。一是加强实体平台建设，依托司法行政法律服务中心及司法所、村（社区）法律顾问窗口，整合司法行政部门服务保障民生各项资源，建设县、乡、村三级公共法律服务中心（站、点），努力在服务区域上实现全覆盖；依托行业法律援助工作站、行业性专业调委会等载体，将公共法律服务体系延伸到妇女、儿童、老年人、残疾人等特殊群体，努力在服务对象上实现全覆盖。二是加强网络平台建设，以省厅门户网站为中枢，整合全系统各类网站资源，改造升级“12348”公共法律服务专线，建设“浙江公共法律服务网”，将线下法律服务资源择优架构到线上平台，运用网络技术将各级法律服务实体平台串联起来，将各类法律服务资源整合起来，并逐步与手机、电视终端联动，形成实体平台和网络平台对接互通、有机融合的服务机制，解决海岛、山区和偏远农村群众寻求法律服务难的问题，让群众足不出户便可享受优质高效的法律服务。

三、构建多元化供给模式，引导更多社会力量参与公共法律服务

享有公共服务是公民的基本权利，提供公共服务是政府的基本职责。公共法律服务体系建设的责任主体是政府，实施主体是司法行政部门。司法行政部门既要当好公共法律服务的提供者，更要当好公共法律服务的组织者。浙江法律服务业相对发达，但人民群众日益增长的法律服务需求和法律服务资源不足之间的矛盾依然存在。在实践中，着重组织动员三个方面力量参与公共法律服务：一是法治专门队伍。落实司法行政部门牵头、相关职能部门联动的工作机制，组织动员政法干警等法治专门队伍参与公共法律服务体系建设，切实发挥法治专门队伍在公共法律服

务中的示范带动作用。二是法律服务工作者队伍。切实发挥律师协会、公证协会、人民调解协会等行业组织作用，组织动员法律服务工作者积极投身公共法律服务工作；加强政策引导，制定出台《关于支持律师资源不足地区加快公共法律服务体系建设的指导意见》等制度文件，建立激励法律服务人才跨区域流动机制，鼓励和支持城区优质法律服务资源向农村和欠发达地区延伸，增强基层公共法律服务供给能力。三是具有法律知识的社会志愿者队伍。完善公众参与服务机制，部署开展法律服务志愿者招募活动，组织动员高校法律专业的师生、退休政法干警等社会专业力量参与公共法律服务，实现供给主体和供给方式多元化。

四、构建菜单化服务项目，围绕城乡居民需求提供精准法律服务

人民群众对法律服务的需求，就是公共法律服务体系建设的方向。根据浙江经济社会发展水平，从人民群众的诉求和期盼中把握公共法律服务需求，将公共法律服务项目分为“五大类”——旨在培育公众法治信仰的法治宣传教育项目、保障社会公平正义的法律援助项目、推进基层依法治理的村（社区）法律顾问项目、满足群众基本需求的律师公证等法律服务项目、维护社会稳定的矛盾纠纷调处项目。研究制定统一的法律服务项目清单，实现“菜单式”供给、“订单式”服务，确保公共法律服务“适销对路”、精准服务。

五、构建科学化考评标准，强化对公共法律服务质量全程化监管

公共法律服务同整个服务业一样，视质量如生命。牢固树立质量至上的理念，加强公共法律服务的规范化、标准化、信息化建设，建立健全服务质量评价机制、监督机制、失信惩戒机制，强化全程化质量监管，确保公

共法律服务优质高效，可以提高城乡居民的认同度和满意率。具体做法是：一是加强对“人”的考评，重点是对公共法律服务队伍进行标准化衡量，增强法律服务队伍的服务意识、责任意识，提升服务的规范化水平。二是加强对“事”的考评，重点是对公共法律服务案件（事项）进行标准化衡量，健全服务流程，开展“第三方”质量评估和群众满意度测评，确保服务的社会效果。三是加强对“物”的考评，重点是对公共法律服务设施进行标准化衡量，制定法律服务设施的具体标准，统一服务场所标识、指引和功能设置，打造服务品牌，扩大公共法律服务的受众面和影响力。

六、构建常态化保障机制，确保公共法律服务体系建设可持续发展

健全完善的政策保障，是公共法律服务体系实现长效化、制度化发展的基础。浙江省委、省政府高度重视公共法律服务体系建设工作，将其纳入平安浙江、法治浙江建设考核，纳入公共服务范畴，纳入政府工作整体规划。强化资金保障，建立以政府资金主导、社会投入协同、公益捐赠辅助的多元化投入机制；加大政府购买公共法律服务力度，完善政府采购目录中的法律服务项目，提升公共法律服务体系建设的经费保障水平。建立公益性法律服务补偿机制，对积极参与公共法律服务的机构和人员，给予适当的政策倾斜、表彰奖励。注重宣传引导，提高人民群众的知晓率，为公共法律服务体系建设营造良好的外部环境。

公共法律服务体系建设是“为子孙万代计、为长远发展谋”的德政工程。下一步，我们将认真贯彻“四个全面”战略部署，始终坚持在把握规律中谋划，在融入大局中推进，在分类指导中实施，在传承创新中发展，进一步深化公共法律服务体系建设，努力为全面深化法治浙江建设做出新的更大贡献。

（浙江省司法厅厅长　赵光君）

第八章　增强全民法治观念，推进法治社会建设：基层治理篇

党的十八届三中全会指出，全面深化改革的总目标是完善和发展中国特色社会主义制度，推进国家治理体系和治理能力现代化，会议同时对加强社会治理提出了一系列要求。党的十八届四中全会提出了推进法治社会建设的重大任务，强调要推进多层次多领域依法治理，提高社会治理法治化水平，指出"全面推进依法治国，基础在基层，工作重点在基层"，提出了"基层治理法治化"的要求。省委十三届六次全会做出《关于全面深化法治浙江建设的决定》，指出要"坚持系统治理、依法治理、综合治理、源头治理，提高社会治理法治化水平"。推进基层社会治理法治化，必须深入贯彻落实中央和省委精神，坚持党的领导、人民当家做主、依法治国有机统一，善于运用法律手段、通过法治方式推进基层社会治理，化解不安定因素，维护基层社会和谐稳定，促进国家治理体系和治理能力的现代化。

一、基层社会治理法治化的重要意义

基层社会治理是社会治理的重心和基础。推进基层社会治理法治化，对于实现我省治理体系和治理能力现代化，维护改革发展稳定大局，全面建成小康社会，具有十分重要的意义。要从全局性、基础性、战略性高度出发，结合浙江实际，深入理解和把握基层社会治理法治化的重要意义。

(一)基层社会治理法治化是落实依法治国方略,全面深化法治浙江建设的必然要求

2006 年,省委十一届十次全会做出了关于建设法治浙江的决定。经过多年坚持不懈的努力,法治浙江已成为法治中国的一个典型样本。习近平总书记关于建设法治浙江的战略思想和战略举措中有不少内容在建设法治中国中得以充分体现。“九层之台,起于垒土。”基层是依法治国的根基,法治国家最终要体现在基层,法治政府最终要服务在基层,法治社会最终要落脚在基层。一方面,法治建设的薄弱环节在基层。一些地方的法治型、服务型政府建设相对滞后,部分基层干部人治思维和官本位思想仍然存在,习惯凭经验和个人想法做决策、下命令,甚至不懂法、不用法,有法不依、执法不严。一些基层群众法律意识不强,学法、守法、用法氛围不浓,“信访不信法”“违法维权”较为突出,基层法治意识亟须增强。另一方面,法治建设的活力源泉也在基层。广大干部群众在基层法治方面的创造性实践,是对社会主义法治的丰富和完善,是落实社会主义法治理念的依托和基础。在推进法治建设中,许多长期困扰基层的问题,必须依靠法规制度和法治手段解决。只有推进基层社会治理法治化,做好基层基础工作,把依法治国各项要求落实到城乡各个基层组织,成为人民群众“身边的法治”“家常的法治”“管用的法治”,法治才能获得不竭的发展动力,法治建设才有坚实的支撑,从而确保法治浙江建设继续走在全国前列。

(二)基层社会治理法治化是坚持以法治为引领,深入推进平安浙江建设的基础工程

建设平安浙江,是习近平总书记在浙江工作期间做出的重大决策部署。多年来,我省坚持一张蓝图绘到底、一任接着一任干,走出了一条以平安建设促进经济社会发展、保障人民安居乐业的平安路,在全国打响了平安建设的浙江品牌。当前,随着社会转型进入关键期,平安建设面临着许多的新情况新问题。社会结构上,人口结构、城乡结构、就业结构等变

化巨大，在给经济社会发展带来活力的同时，也给社会保障、劳动就业、公共安全等领域的服务管理带来了不少难题。组织程度上，传统单位的组织化程度降低、权威减弱，社会组织、自组织十分活跃、权威增强，政府调控与社会协调互联、政府功能与社会功能互补、政府力量与社会力量互动的趋势更加明显。社会纠纷上，群体性、突发性、敏感性、关联性更强，牵涉面更广，涉及的法律关系更复杂，处理难度更大，一些案(事)件很容易成为社会热点，冲击社会心理。影响群众安全感的问题仍然不少，比如全省犯罪总量正趋于平稳并呈逐年下降态势，但犯罪诱发因素仍大量存在；道路交通和安全生产事故、食品安全问题时有发生；一些基层社会矛盾易发多发；网上网下问题相互交织。基层社会治理法治化是平安建设的基础工程和保障工程。深入推进平安浙江建设，必须准确把握社会发展的阶段性特征，进一步创新社会治理理念，更加注重运用法治思维和法治方式推进基层社会治理，破解平安建设难题，着力建设基础更牢、水平更高、人民群众更加满意的平安浙江。

(三)基层社会治理法治化是维护改革发展稳定大局，确保我省全面深化改革顺利推进的有力保障

当前，我省围绕全面深化改革，推出了“五水共治”“三改一拆”“四边三化”“四换三名”等一系列重大战略举措。随着我国经济发展步入新常态，全省经济社会发展进入新阶段，社会结构和利益格局深刻调整，再加上城乡之间、地区之间发展仍不平衡，由此产生了一些新的社会矛盾和问题。特别是经济下行压力依然较大，一些由区域性结构性过剩引发的行业矛盾纠纷增加，部分企业经营困难，针对企业的违法犯罪增多，非法集资、金融诈骗等案件对经济、金融秩序带来的危害加大，过去经济高速增长掩盖的矛盾和风险显性化。为此，必须牢固树立大局意识、服务意识，把基层社会治理法治化放在更加突出的位置，与深化改革、推动发展紧密结合起来，围绕打好“五水共治”“三改一拆”等转型升级“组合拳”，充分发挥法治的调节、促进、规范作用，自觉处理好激发活力与规范秩序、打击犯

罪与服务经济社会发展等关系，为全面深化改革创造安全稳定的社会环境、公平正义的法治环境和优质高效的服务环境。

（四）基层社会治理法治化是维护人民群众合法权益，顺应人民群众对美好生活新期待的重要途径

党的十八大提出了全面建成小康社会的目标，为人民群众过上更美好生活描绘了光明前景。近年来，人民群众对过上美好生活的向往有了新的内涵。在权益维护上，人民群众不仅关注生命财产安全，而且关注能否喝上干净的水、吃上放心的食物、呼吸上清洁的空气，对健康的追求越来越强烈；不仅看管理的效率和质量，而且看服务的态度和作风，对社会公共服务质量和水平的追求越来越强烈。在安全需求上，人民群众不仅关心政法机关破了多少案件、预防和减少了多少案（事）件，更看重自身的实际感受；期盼的不单是严管高压下暂时的安全稳定，更是常态治理下持久和谐的安全稳定。在公正实现上，人民群众不仅关注打击犯罪、维护稳定成效如何，而且关注是不是依法办案，能不能维护当事人和犯罪嫌疑人的合法权益，对有尊严的生活追求越来越强烈。人民群众对安居乐业、合法权益、公平正义的新期待，给基层社会治理提出了新课题。新形势下的基层社会治理法治化，必须把人民放在心中最高位置，把实现好、维护好、发展好人民根本利益作为出发点和落脚点，把人民满意作为检验成效的根本标准，努力谱写好“中国梦”的浙江篇章。

二、基层社会治理法治化的浙江实践

近年来，我省坚持以“八八战略”为总纲，坚持和发展“枫桥经验”，深入推进平安浙江、法治浙江建设，认真践行社会主义法治理念，注重以法治思维和法治方式推进社会治理，持之以恒、久久为功，积累了一些成功经验，取得了显著成效。全省社会治理法治化、制度化程度明显提高，刑事法案、信访总量、安全生产事故总量连续保持“零增长”，矛盾纠纷调处

成功率不断提高。目前，我省已被公认为全国最安全的省份之一，衡量社会和谐稳定状况的几个主要指标逐年转好，老百姓生活水平、幸福指数稳步提升。

（一）突出发挥党的领导核心作用，社会治理体系进一步健全

各地各部门充分发挥党委统揽全局、协调各方的领导核心作用，切实加强党对社会治理工作的组织领导。省、市、县、乡四级都建立平安建设领导小组和法治建设领导小组，形成了党政统一领导、平安办和法治办组织协调、各成员单位共同参与的强有力的社会治理组织领导体制。省委、省政府出台了《浙江省平安市、县（市、区）考核办法》，每年完善平安综治考核体系，进一步健全领导责任制、部门责任制和目标管理责任制，建立落实督查暗访、领导约谈、模拟测评等制度，促使各级政府成为推进社会治理、深化平安建设的主导力量。积极发挥社会组织在社会治理中的协同作用，通过公益创投、培育孵化、推行购买服务等方式，支持和引导社会组织承接政府一些社会管理服务事务，参与矛盾调解、社区矫正、安置帮教、流动人口管理、爱心救助、扶贫帮困等公益服务，激发社会自我调节的活力。目前，全省 11 个市、96.7%的县（市、区）建立了“枢纽型”的社会组织服务平台，正式登记社会组织总数达 3.64 万个，每万人拥有社会组织 6.6 个。坚持党的群众路线，广泛动员和组织群众依法有序参与社会治理，全省建立了一支 80 余万人的群防群治队伍，发展各类志愿者 400 余万人，广泛开展村（社区）、学校、企业、家庭等系列平安创建活动，形成了全省上下共建和谐社会、共享美好生活的生动局面。扎实推进社会治安综合治理、社区矫正、流动人口居住登记、人民调解工作等地方立法工作，社会治理领域立法占现行有效地方性法规总数的 32.2%，充分发挥了法治对社会治理的引领、规范和保障作用。

（二）突出维护人民群众合法权益，源头治理的制度化法治化水平进一步提高

各地各部门以维护群众合法权益、促进社会公平正义为出发点和落

脚点，坚持源头治理、综合施策，探索建立了一批行之有效的制度机制。全面推行重大决策社会稳定风险评估机制，在“扩面、提质、增效”上下功夫，凡是直接关系群众切身利益且涉及面广、容易引发不稳定问题的重大事项，都把风险评估作为前置程序，尽可能做到应评尽评。近三年，全省共评估涉及群众切身利益、民生问题等领域的重大事项 12673 件，暂停或取消决策 548 件，最大限度防止因决策不当引发社会矛盾。健全矛盾纠纷大调解体系，全面推广建立县乡村三级调解工作平台，健全人民调解、行政调解、司法调解联动工作体系，推广建立医患纠纷、交通事故纠纷、劳动争议、环保纠纷、物业纠纷等行业性、专业性调解组织 7220 余个，积极推广“和谐促进工程”“和事佬”协会等载体，组织引导社会力量和第三方参与调解，提高了化解矛盾纠纷的整体效能。建立完善民主协商机制，健全社会立法协商、社会公示、决策听政、专家咨询等制度，总结推广“温岭模式”“传化做法”“义乌工会社会化维权模式”等经验，广泛开展和谐劳动关系创建活动，推行企业职工工资集体协商和协调劳动关系三方机制，充分调动各方参与协商的意识和热情。畅通群众诉求表达机制，连续 10 年坚持省领导下访，广泛开展县委书记大接访活动，探索民生热线、绿色邮政、网上信访等经验做法，不断完善诉讼、仲裁、行政复议等法定诉求表达机制，推动群众的合理诉求在法制轨道上得到有效解决。

（三）突出问题导向、满意导向，社会治安防控和综合治理的社会效应进一步显现

各地各部门牢固树立问题导向、满意导向，注重以法治方式解决影响平安稳定的各类问题，增强依法治理的社会效应和实际效果。坚持把维护社会政治稳定放在首位，深入开展反渗透、反暴恐、反邪教斗争，依法严厉打击严重刑事犯罪活动，积极防范、妥善处置群体性事件和个人暴力极端事件，维护全省社会大局稳定，确保一系列重大活动安全顺利进行。建立健全社会治安重点地区排查整治长效机制，主动对接“五水共治”“三改一拆”“四边三化”等中心工作，有针对性地组织开展“两排查一促进”“排

查整治、强基促稳”等专项行动，定期确定治安重点地区并对其进行挂牌整治，解决了一批群众反映强烈的突出问题。加大食品药品安全监管力度，加强食品安全“三网”和农村药品安全“两网一规范”建设，全面开展“食品（药品）安全创建”等活动。全面落实安全生产工作责任，深入推进企业安全生产标准化和诚信机制建设，实行重大隐患治理挂牌督办和整改效果评价制度，有效预防和减少了重大生产安全事故发生。坚持社会公共安全“大防控”，整体规划、及时优化防控布局，统筹情报指挥、视频网络、基础设施建设，全省建成社会治安视频监控探头 127.5 万个，建立应急救援队伍 2 万余支，制定应急预案 29.7 万个，健全了点线面结合、网上网下结合、人防物防技防结合、打防管控结合的动态治安防控体系。

（四）突出总结推广基层实践经验，社会治理法治化的基础进一步夯实

深入开展社会管理创新综合试点工作，按照“远近结合、虚实结合、点面结合”的原则，统筹规划社会治理创新工作目标，每年集中力量突破一两个重点难点问题，探索形成了“网格化管理、组团式服务”等一批在全国有影响的经验做法。目前，全省 90 个市（县、区），建有 90 个社会矛盾大调解平台、85 个社会应急联动救助平台、87 个“81890”式社会公共服务平台、87 个社会组织服务平台、89 个网络舆情研判导控服务平台，以及社会稳定风险评估等各类基础平台，最大限度地整合政府、社会、企事业单位的各种管理服务资源，使基层治理从“单兵种作战”发展到“集团军作战”。2013 年开始，各地致力推进“亮点”普遍化、系统化，依托乡镇（街道）社会服务管理中心，充分发挥其统筹调度、分流办理等“枢纽”作用，大力推进“网格化管理、组团式服务”与平安建设信息系统“两网融合”工作，在行政村、城市社区划分出 10.8 万个网格，配备 23.4 万名专兼职网格员，开通 6.9 万个 PC 终端或移动终端，基本摸清了重点人员、场所、出租房屋、企业和社会组织等基础信息，大大提高了基层社会治理效能和为民办事服务质量。认真贯彻落实《浙江省社会管理重大项目建设“十二五”规划》，

大力实施“七二五”项目工程（即七大类、二十三项、五十八个支撑子项目），建设了一批重大设施，构建了一批机制制度，培养了一批人才队伍，基本形成具有浙江特点的社会治理项目体系。2014 年初，省委、省政府制定出台了《浙江省创新社会治理工作方案》，推进四个方面 16 个项目创新，着力解决影响社会治理效能的深层次问题，为实现社会治理法治化打下坚实基础。

（五）突出强化基层群众依法自治，崇尚法治的社会风尚进一步形成

各地不断完善和落实基层民主选举、民主决策、民主管理、民主监督制度，坚持村（居）民直接民主选举制度，制定出台了城市居民委员会选举规程，在全国率先实现行政村建立村务监督委员会，大力推行基层民主恳谈、民情沟通日、民情日记、民情档案以及网上民意直通车等有效做法，全面实行村务、政务、厂务公开，依法保障了基层群众的知情权、表达权、参与权、监督权。比如，诸暨市枫桥镇探索实行村级重大事项“三上三下”民主决策机制，使村里的重大事务由村民自己议、自己定、自己干、自己管。即“一上一下”征求意见，对村级重要事务或建设项目由村两委会提出规划方案，送发村民征求意见；“二上二下”酝酿论证，对征求到的村民意见或建议由村两委会集体汇总分析，将修改方案提交党员议事会和村民代表恳谈会酝酿论证，达成共识；“三上三下”审议决策，将经过村两委会酝酿完善后的方案，提交全体党员和村民代表联席会议审议表决后组织实施。各地积极探索建立以城乡社区党组织为核心、以群众自治组织为主体、社会各方广泛参与的新型城乡社区治理机制。宁波市以区域化党建为引领，探索建立以社区联合党委决策主导、社区协商议事组织统筹议事、社区便民服务中心执行落实的“三位一体”新型社区基础架构，全市已建成新型社区 427 个。嘉兴市积极探索“法治、德治、自治”相结合的基层社会治理机制，普遍推广建立百姓参政团、道德评判团、百事服务团，搭建基层群众参与重大决策、公共事务的平台，形成“大事一起干，好坏大家

判，事事有人管”的良好局面。注重发挥社会规范的积极作用，桐乡市、龙游县等地全面修订完善村规民约、社区公约等社会自治规则，充分发挥其在协调社会关系、规范社会行为、保障群众利益方面的积极作用。深入实施全民普法规划，加强社会主义法治理念教育，加强法律顾问制度和法律援助制度建设，全省 97.5％的村(社区)开展了“民主法治村(社区)”创建活动，93％的村(社区)配备了法律顾问，95％的村(社区)达到村务公开民主管理规范化建设标准，营造了全社会学法遵法守法用法的良好氛围。

这些年来，在推进基层社会治理的实践中，我们积累了一些有益的经验：一是必须坚持在党的领导下有序推进。党的领导是中国特色社会主义最本质的特征，是社会主义法治最根本的保证。要充分发挥党的领导核心作用，充分发挥党的理论优势、政治优势、组织优势、制度优势和密切联系群众的优势，充分发挥基层党组织的战斗堡垒作用，努力把基层党组织的组织资源转化为基层社会治理的资源。二是必须坚持人民主体地位。人民是国家的主人，是社会的主体，也是推进基层社会治理、建设法治社会的主体。要以促进社会公平正义、增进人民福祉为出发点和落脚点，紧紧依靠人民推进基层社会治理，充分调动基层群众的积极性，克服只讲“官”治、不讲“民”治，只讲治“民”、不讲治“官”的偏失。三是必须坚持运用法治思维和法治方式。发挥好法治对基层社会治理的引领、规范和保障作用，坚持用法治思维和法治方式预防化解矛盾，引导和支持人们依法理性表达诉求、依法律按程序维护权益。各级领导干部要自觉带头守法，善于运用法治思维和法治方式开展工作、解决问题，有效实施社会治理。四是必须坚持充分调动全社会的积极性。尊重各类社会主体的依法治理主体地位，尊重基层和群众的首创精神，进一步激发基层社会活力。要为社会主体预留充分的自治空间，支持其自我约束、自我管理，发挥社会规范在基层社会治理中的积极作用。五是必须坚持以培育法治文化为基础。把全民普法和守法作为依法治国的长期性基础性工作，深入开展法治宣传教育，增强人们学法遵法守法用法的意识，确立以法治为基础的生活方式。弘扬中华民族的优秀传统文化，增强法治的道德底蕴，以道德滋养法治精神，强化道德对法治文化的支撑作用。

三、基层社会治理法治化需要更加注重“六个结合”

总的看，我省基层社会治理体制与经济社会发展阶段性特征是基本适应的。但也要清醒地认识到，我省社会建设总体仍相对滞后于经济建设，基层社会治理还存在许多问题和不足，基层社会治理的法治化水平有待进一步提升。当前和今后一个时期，必须加深对基层社会治理规律性的认识，以“永无止境”的追求、“要谋新篇”的担当，善于用法治精神引领基层社会治理，用法治思维谋划基层社会治理，用法治方式破解基层社会治理难题，进一步把基层社会治理纳入法治轨道。在具体实践中，要更加注重“六个结合”。

（一）继承与创新相结合

从“社会管理”到“社会治理”，一字之别，反映了党在社会建设和发展思路上的重大转变，充分体现了党治国理政理念的升华。比如在政府与社会的关系上，重新清晰界定两者的关系，政府从全能政府向有限政府转变，从管控政府向服务政府转变，从权力政府向责任政府转变。在社会治理的主体上，从主要是党和政府对社会公共事务进行管理，转变为除党和政府外，还强调社会各方面的多方参与、共同治理。在社会治理的方式上，从传统的自上而下、带有强制性的管理，转变为上下互动、侧重于公共性和协商性的管理，通过沟通协商，实现政府治理和社会自我调节、居民自治的良性互动。与此同时，前些年在社会管理的实践中已内在地体现了社会治理的一些理念、内容和方式，积累了许多宝贵经验。为此，既要看到从社会管理到社会治理在认识上的飞跃和实践上的创新，又不能一讲社会治理，就简单地否定过去社会管理工作和行之有效的措施。必须善于汲取我国传统社会治理优秀文化成果，同时又要顺应世界发展潮流，善于学习借鉴人类治理社会文明一切优秀成果。这就需要我们不断解放思想，从社会治理的深刻内涵出发，摒弃以往“靠强制、重管理”的旧有观念，树立秩序与活力并重、服务与管理并行的新理念，在继承中不断开拓创新基层社会治理的思路。

（二）维稳与维权相结合

习近平总书记指出，从人民内部和社会一般意义上说，维权是维稳的基础，维稳的实质是维权；对涉及维权的维稳问题，首先要把群众合理合法的利益诉求解决好；单纯维稳，不解决利益问题，那是本末倒置，最后也难以稳定下来。近年来，随着人们思想观念、价值取向日益多元化，利益关系深刻调整带来的心理失衡现象增多，各类社会矛盾易发多发，涉及土地征用、房屋拆迁、劳动社保等问题相对突出。一些地方从源头上预防的措施不多，化解的办法有效性不够，要么采取“压”的办法，致使越压越反弹；要么简单地“花钱买平安”，致使“大闹大解决、小闹小解决”；要么干脆放任不管，致使问题越拖越大。为此，要正确处理维稳与维权的关系，对涉及维权的维稳问题，首先要把群众合理合法的利益诉求解决好。让矛盾的解决、诉求的回应，最终在规范的、法律的轨道上解决。要乐见群众用法、支持群众用法，把依法维护人民群众合法权益作为根本任务，把引导人民群众依法表达诉求作为基本要求，形成办事依法、遇事找法、解决问题用法、化解矛盾靠法的良好氛围，促进社会和谐安定。

（三）党政主导与社会参与相结合

党的十八届三中全会强调，要加快构建政府治理和社会自我调节、居民自治良性互动的基层社会治理体系。长期以来，我们往往习惯于用社会管理、行政管理的理念和方式来抓工作，一有新任务或者是遇到难题，首先想到的是要钱、要物、要人、要编，但由于客观条件的限制，往往又很难得到满足，从而影响了工作的开展、任务的完成。事实上，经过30多年的改革开放，我国的社会结构和社会形态已经发生了深刻变化，利益多元、思想多元、价值多元的趋势日益明显，仅仅依靠传统的社会管理方式将难以为继。当前，基层“多元”治理格局有待进一步形成，基层社会组织发育不足，城乡居民自治能力不足，参与公共事务的热情和动力不足。虽然我省的社会组织和社会工作发展较快，但对社区居民自治、公益类、慈善类等社会组织培育相对滞后，社区社会组织数量不够，在承担社区服务、参与社区治理方面作用发挥不够；对一些“草根”组织的管理还跟不上，甚至对当地社会稳定产生负面影响。为此，要坚持和发展“枫桥经验”，加强党委领导，发挥政府主导作用，鼓励和支持群团组织、社会组织、自治组织、经济组织等各种组织广泛参与，把法治精神贯彻落实到他们的社会行为之中，形成“众星拱月”“星光灿烂”的生动局面。

（四）前端治理与末端处理相结合

目前社会治理领域的很多矛盾和问题，看似发生在“末端”，源头则在“前端”。这就需要把末端处理与前端治理有机统一起来。在末端处理上，一方面要善于运用法治思维和法治方式，完善多元化矛盾纠纷解决机制，提高防范化解实效；另一方面要切实提升突发事件应急处置水平，健全社会应急联动机制，最大限度减少各类突发事件给社会造成的危害和负面影响。在前端治理上，坚持抓早、抓小、抓苗头，深入分析其产生根源，着力解决深层次问题。特别是注重抓好“网格化管理、组团式服务”工作，在做精、做细、做实上下功夫，实现网格工作力量统筹、工作机制统筹和信息采集工具统筹，不断提升前端发现和控制水平；注重抓好重大决策社会稳定风险评估工作，做到应评尽评，从源头上预防和减少社会矛盾；注重在末端处理中发现前端治理带有普遍性、趋势性的问题，推动基础性制度建设和创新，夯实社会治理工作根基，提高防控各类风险的能力。

（五）网上与网下相结合

没有信息化，就没有基层社会治理的现代化。现代信息技术的迅速发展，对现有的社会治理结构和社会秩序既带来机遇，也带来挑战。近年来，“互联网＋”概念开始进入人们的视野，互联网时代发展到对众多传统行业升级改造的特定阶段。网络空间在“线上”不断扩展，上网人数逐年增长，平均上网时长逐年增加，除了当前已有的电子政务、电子商务领域外，个人理财、医疗健康、劳动就业、法律服务、日常家居等领域都呈现网络化发展趋势。应该看到，互联网是一把双刃剑，变革亦有两面性。一方面，物联网、云计算、移动互联网、大数据等新一代信息技术在社会应急、社会治安、食品药品安全等社会治理诸多领域的应用有着巨大潜力，可以增强社会活力，提升社会服务；另一方面，社会信息化条件下，人们的思维方式、行为方式都发生深刻变化；社会主体在虚、实两个空间切换，在客观上造成了监管的对象不明确，增大了社会治理的难度，也可能带来社会不稳定因素。为此，既不能消极对待，也不能简单盲目，必须趋利避害，坚持“网上”与“网下”相结合、“网格”与“网络”相同步、“线上”与“线下”相联动，善于运用现代科技手段，善于应用互联网工具平台，善于防控潜在风险，探索建设一套适应“互联网＋”要求的基层社会治理机制和法治体系。

（六）法治德治自治相结合

近年来全省各地的“三治”探索实践证明，法治、德治、自治是实现基层社会治理体系和治理能力现代化的“三脚架”。即“法治”发挥着定纷止争的规范作用，“德治”发挥着自我教育的滋养作用，“自治”发挥着自我管理的修复作用，三者相辅相成。当前，仍有一些地方的社区组织“行政化”现象严重，“空心村”“超级村”“城中村”等大量出现，给传统城乡治理模式带来了许多新的问题和挑战。少数地方黑恶团伙和“村霸”为害一方；宗族宗派势力干扰村务，不同派别之间相互诋毁、相互攻击、相互“唱反调”、相互告状，造成一些乡村干部“说话没人听、办事没人跟”，产生了“村级组织失序、村务管理失控、村民自治失灵”的“三失”现象。为此，必须持之以恒地推进法治德治自治相结合的城乡社区治理体系，把完善制度体系、重构价值体系、创新组织体系统一起来，不断提升基层社会治理法治化的工作效能，推动向既有秩序又有活力转变，进而打造富强、民主、文明、和谐、美丽的基层社会生态系统。

四、提升基层社会治理法治化水平的总体思路和主要任务

当前和今后一个时期，我省推进基层社会治理法治化的总体思路是：深入贯彻党的十八大和十八届三中、四中全会精神，深入学习贯彻习近平总书记系列重要讲话精神，按照全面建成小康社会、全面深化改革、全面依法治国、全面从严治党的总体布局，坚定不移地走中国特色社会主义法治道路，以深入实施“八八战略”为总纲，以建设平安浙江、法治浙江为总载体，坚持和发展“枫桥经验”，更加注重党政主导下的社会多元主体共同治理，更加注重以法治思维和法治方式防范化解社会风险，更加注重源头治理、综合施策，努力形成党政善治、社会共治、基层自治的良好局面，推进实现社会治理体系和治理能力现代化，为建设“两富”浙江、“两美”浙江创造良好社会环境。

（一）培育树立公民法治信仰，着力形成全社会自觉学法遵法守法用法的浓厚氛围

法治信仰，是人们对法律发自内心的尊崇、信任和服从，是建设法治社会、推进依法治理的思想根基。习近平总书记指出，法律要发生作用，首先全社会要信仰法律。培育全社会的法治信仰，重点抓好三方面工作：

第一，大力弘扬社会主义法治精神。通过深化领导干部、公务员、青少年、企业经营管理人员等重点对象法制宣传教育，深化法律“六进”活动等举措，在广大干部群众中树立法律的权威，牢固树立宪法和法律至上、尊重和保障人权、维护公平正义、监督制约公权、司法职权独立、社会和谐的理念，做到内心敬畏、行为践行，使法治内化为人们的自觉意识。切实把法治精神全面贯彻到社会治理的全过程、各环节，进而实现社会治理各项工作法治化。

第二，大力培育和弘扬社会主义核心价值观。坚持法治与德治并举，注重把外在的法律内化为人们自觉的道德意识。加强社会主义核心价值

观、浙江人共同价值观、《浙江省公民道德建设纲要》的宣传教育，引导公民养成良好的意志品质，培育公民对法治的坚定信仰。把社会主义核心价值观有机融入社会治理各个环节，落实到立法、执法、司法、守法各个方面，让依法治理具有更加深厚的道德基础。

第三，大力推进普法工作与依法治理的深度融合。坚持把“五水共治”“三改一拆”等转型升级“组合拳”，作为基层普法工作的活教材，利用正反典型，以案释法，不断增强普法工作的针对性、实效性和渗透力。坚持以普法教育对象对法律的接受和运用程度为评价尺度，研究制定《浙江省普法教育评价指标体系》，引入社会评价功能，建立科学、量化的普法教育效果评估机制，为加强和改进普法工作提供有力保障。创新普法工作方式方法，总结“民主法治村（社区）”“诚信守法企业”创建经验，完善创建内容和考核方式，促使村、社区、企业等基层单位遵法守法。

（二）健全全省“一张网”的基层社会治理网络体系，进一步规范基层综合服务管理平台

近年来，我省围绕提升基层社会治理整体效能，总结推广了“网格化管理、组团式服务”等一批成功经验，迫切需要上升到法规制度层面进行规范。

1. 乡镇（街道）社会服务管理中心定位和权限需要法规制度确认和规范

2014 年，我省专门整治农村和社区“机构牌子多、考核评比多、创建达标多”问题，着力减少基层负担，优化基层资源配置。当前，乡镇（街道）社会服务管理中心职能定位、牵头协调部门、运作机制等有待进一步规范。仍有一些部门和基层政府过多地分配任务给社区，多的达 200 余项，使社区疲于应对政府事务性工作。除了“三多”问题之外，社区信息系统多、服务热线号码多、创建活动多等问题也比较突出。要明确中心为党委、政府服务人民群众、推进社会治理的综合性工作平台，在党委、政府的统一领导下，做好辖区内平安建设、综合治理、维护稳定、服务群众等工

作，主要承担“网格化管理、组团式服务”的指导协调，社会治理信息分析研判、平安建设工作督查考核等职能。中心应根据实际需要充分整合力量，特别是承担综治、信访、警务、社区矫正、刑释人员安置帮教、人民调解、安全生产、禁毒、流动人口服务管理、消费维权等工作的部门，应在中心派驻人员或授权代理有关事项。县（市、区）职能部门在乡镇（街道）设立的派出机构，要配合完成中心指派的工作任务。中心实行“集中办公、集约管理、集成服务”，完善以矛盾联调、治安联防、问题联治、事件联处、平安联创等为主要内容的网上网下联动工作机制，不断提升工作效能。充分运用“浙江省平安建设信息系统”与“网格化管理、组团式服务”“两网融合”的优势，在完善乡镇（街道）社会服务管理中心的基础上，加快推进县乡两级社会治理综合指挥平台建设，横向打通部门信息渠道，纵向贯通县、乡、村和网格四个层面。

2.“网格化管理、组团式服务”机制落实需要法规制度保障

当前，一些地方还存在网格划分不科学、专兼职网格员不落实、团队组建不科学、功能发挥不到位、保障措施不落实等问题，由此带来基层“横不到边、纵不到底”的管理空白和漏洞。按照属地性、整体性、适度性的原则，在行政村、城市社区以下调整优化网格，将原先分层、分级、分系统划分的大小“网格”全部纳入全省“一张网”的统一布局。鼓励和支持相关部门积极参与网格化管理工作，统筹职能、力量、资源和经费。根据社会治理复杂程度、财政保障力度等因素，加强对基层各类协辅人员特别是统筹流动人口专管员的统筹整合工作，因地制宜发展建立一支可持续、较稳定的专兼职网格员队伍，履行信息收集和传递、矛盾调解、政策宣传、为民服务等职责，实现多员合一、一员多用，由当地乡镇（街道）统一调配使用。全面建立健全网上网下联动工作机制，对网格员采集上报的信息，逐级在网上及时进行分析梳理、流转处理、督办反馈，做到网上反映情况、受理矛盾，网下解决问题、提供服务。落实网格化管理工作保障，合理解决网格员劳动报酬。

（三）紧盯影响社会和谐稳定的突出问题，善于以法治方式破解社会治理难题

从影响社会和谐稳定的突出问题、制约社会治理的关键环节入手，着重规范四方面制度建设。

1. 推进重大决策社会稳定风险评估地方立法

以法规形式明确，凡是涉及群众切身利益的重大决策，都要认真组织社会稳定风险评估，严格运用好评估结论，切实做到“不评估、不决策，不评估、不实施”，坚决杜绝“评归评、干归干”的现象，努力从源头上预防和减少社会矛盾。严格落实责任，进一步健全检查考核体系，划定“责任”红线，维护制度的严肃性。健全公示、听证、对话、协商等制度，大力推进社会稳定风险评估项目信息化动态监管，支持和规范第三方评估机构参与重大决策社会稳定风险评估，逐步建成完善配套制度体系。

2. 依法解决利益群体诉求问题

正确处理维稳与维权的关系，按照“合理诉求解决到位、相关政策宣传到位、个别困难帮扶到位、违法行为打击到位”的思路，进一步完善和落实利益群体诉求解决机制，明确政策界限，切实把利益群体合理合法利益诉求解决好。加强相关法规政策的宣传，使群众由衷感到权益受到了公平对待、利益得到了有效维护。对利益诉求群体和信访人员扰乱公共秩序、妨碍社会管理的违法行为，必须依法进行处理，坚决纠正“不闹不解决”的现象。

3. 以法规制度规范矛盾纠纷大调解工作

巩固和完善县、乡矛盾纠纷大调解平台建设，进一步健全人民调解、行政调解、司法调解联动的工作体系，积极发展行业性、专业性调解组织，形成党政动手、依靠群众、源头预防、依法治理、综合施策的化解矛盾新格局。

4. 完善环境污染和食品药品安全执法相关规定

针对在办理环境污染和食品药品安全案件中“认定难、取证难、鉴定难”问题，在2013年最高法、最高检发布《刑法（修正案八）》司法解释的基

础上，进一步对环境污染的检测数据、重金属范围的认定、食品添加剂“足以造成严重食物中毒事故或者其他严重食源性疾病”的认定，以及行政机关与司法机关的协作配合等问题，做出更为明确的解释说明，以提高司法解释的实际操作性。同时，围绕省委省政府治水治气总体部署，加快建立健全相关环保政策法规。

（四）健全立体化社会治安防控体系，依法打击违法犯罪活动

2015 年初，中央办公厅、国务院办公厅印发了《关于加强社会治安防控体系建设的意见》。我省认真贯彻落实，及时下发了《关于加强社会治安防控体系建设的实施意见》，按照目标化管理、项目化推进的思路，确定了 36 项社会治安防控体系建设重点项目，每个项目都明确了牵头单位、参与单位和工作要求。到 2015 年末，有一批项目取得突破性进展；到 2017 年，要基本完成工作任务。

1.坚持依法打击，确保除恶务尽

紧密结合实际，围绕社会治安领域的突出问题，组织开展有针对性的专项打击行动，坚决打击犯罪分子的嚣张气焰。依法严厉打击暴力恐怖活动、邪教违法犯罪活动，坚持打早打小、露头就打，维护国家安全。建立健全常态化打击机制，依法打击黑恶势力、涉枪涉爆、盗抢骗和黄赌毒等各类违法犯罪活动，切实净化社会生态、社会风气，让老百姓居家更安心、出行更放心、生活更舒心。尤其是对危害食品药品安全、环境污染、非法集资、金融诈骗、传销等重点问题，对严重精神障碍患者、扬言报复社会人员等重点人群，对枪支弹药、易燃易爆等重点物品，各地各有关部门密切配合，开展专项打击整治，强化风险预警，加强宣传教育，提高公众识别和防范能力；深化部门协作、区域协作，把末端查控与前端治理紧密结合起来，着力增强打击整治的综合效果。

2.坚持依法整治，及时消除隐患

重点加强流动人口服务管理工作，加大对出租房管理整治力度，不断挤压流动人口犯罪空间。健全特殊人群救治管控机制，特别是对严重精神障碍患者，落实好帮困救治机制，确保应治尽治、应收尽收、应管尽管。

全面加强物流和邮件、快件的寄递安全管理，严格执行收寄验视制度、加快推行实名登记制。严格散装汽油管理，坚决落实散装汽油售卖“实名登记、异情报告、监控覆盖和专机销售”安全管理制度。强化对重点场所的管控，加强人员密集场所和重点要害部位安全防范，加强公共交通安全监管，实现公交车载及各站点的视频监控全覆盖。以偏远农村、城乡接合部、城中村、中小旅馆、外来流动人口集聚地等作为重点区域、重点部位、重点场所，深入开展社会治安重点地区排查整治。

3.完善运行机制，力争常态长效

完善社会治安形势分析研判联席会议制度，定期开展对社会治安形势的整体研判、动态监测，及时提出对策建议，切实解决社会治安防控联动性不强、合力不够等问题。进一步实战指挥机制，推行扁平化勤务指挥模式，形成统一指挥、反应灵敏、运转高效、合成作战的快速反应机制，切实解决指挥调度不畅、应急响应滞后等问题。按照“反应快速、协调有力、指导有方、处置有效”的要求，进一步健全完善网络舆情应对和依法处置工作机制，切实解决互联网恶意炒作情况多发的问题。

（五）健全社会动员体系，鼓励和支持社会各方面依法参与社会治理

专群结合、群防群治是我们党的政治优势和优良传统。要把基层社会治理法治化与群众工作有机结合起来，健全社会动员体系，增强组织群众、发动群众的号召力，创造性地推动工作落实。

1.发挥基层党组织的领导核心作用

深入贯彻落实省委十三届七次全会《关于全面加强基层党组织和基层政权建设的决定》，突出基层党组织的政治责任和政治属性，切实强化政治引领功能，提升服务能力和水平，加强对基层各类组织的统一领导和对群众的教育引导。充分发挥基层党组织在全面深化平安浙江、法治浙江建设中的重要作用，推动基层工作依法开展、基层事务依法办理、基层问题依法解决，进一步推进关口前移、重心下移、力量下沉，真正把基层党

组织建设成为维护社会和谐稳定的坚强战斗堡垒。

2.充分发挥人民群众的主体作用

坚持宣传先行,通过各种行之有效的形式,大张旗鼓地开展平安综治宣传、法治宣传活动,最大限度地赢得人民群众的理解和支持,最大限度地激发人民群众的参与热情。善于利用新兴媒体,通过设立微信公众号、微信群、论坛、政务微博等各种互动平台,把群众积极性充分调动起来。深入开展基层系列平安创建活动,着力打造"平安细胞"创建工程,在精细化和覆盖面上下功夫,将平安创建活动向更广领域拓展。要发展壮大平安志愿者队伍,建立完善的平安志愿者的招募注册、业务培训、队伍管理、行动集结等工作机制,在全省打造一支庞大的平安志愿者队伍,培育成千上万耳聪目明、疾恶如仇、胆大心细的浙江群众,打造平安建设真正的"铜墙铁壁"。

3.建立完善社会组织培育扶持和监管机制

抓紧研究制定指导、规范各类社会组织发展的法规政策,为社会组织参与社会事务、维护公共利益、救助困难群众等构建制度化渠道。抓好"枢纽型"社会组织,加大对同类别、同性质、同领域社会组织的联系、管理、服务力度,在政治上发挥桥梁纽带作用、业务上发挥引领聚合作用、管理上发挥工作平台作用。建立健全政府购买服务机制,加快制定出台政府购买社会服务的政策文件,围绕社会基本公共服务、社会公益服务、社区便民服务、社会管理服务等内容,把一些社会组织能办的事交给社会组织,逐步加大政府购买服务力度,及时、充分向社会公布购买服务的相关信息,不断拓展社会组织的发展空间。同时,强化对基层"草根"组织的依法管理,研究制定社区社会组织备案管理办法,将其纳入依法管理的渠道。

(六)探索健全法治、德治、自治相结合机制，着力构建城乡基层社区治理新模式

坚持法治、德治、自治相结合，是创新基层社会治理方式的重要途径和基本方法。要深入研究现代基层社会治理的特点和规律，创造性地运用好、发展好“三治”的经验做法，不断凝聚基层社会治理法治化的正能量。重点要抓好三方面工作：

1. 探索搭建党政主导的“三治”平台

进一步健全以社区(村)党组织为核心、以基层群众自治组织为主体、以社区社会组织为补充、社区居民和驻区单位广泛参与的社区治理结构。坚持在基层党组织的领导下，探索多元主体参与治理模式，因地制宜推广决策听证会、民主恳谈会、矛盾协调会、居务监督会等决策、议事、协商平台，探索推行百姓参政团、道德评判团、百事服务团、和谐促进会和文体团队等自治性、活动性组织，推动社区民主协商、合作治理，促进居民之间的情感交流和关系和谐。

2. 厘清城乡社区自治职责

从法规制度上进一步明确、落实基层城乡社区各项自治权，划清行政权力和自治权力的边界，明确社区自治组织依法履行职责基本事项，以及协助政府工作事项。通过规范行政事务“禁入清单”和社区拒绝行政事务的“负面清单”，实行社区事务“准入制”等模式，增强居(村)民委员会的自治功能，促进民事民议、民事民办、民事民管。在此基础上，以平安建设信息系统为骨干平台，加快制定社会治理领域信息技术系统和平台的相关标准，加强社区信息系统的整合对接，避免信息系统重复建设、信息重复录入，切实减轻基层社区(村)的工作负担。

3. 突出村规民约、社区公约的规范作用

指导村、社区结合实际，在法律的框架下制订完善村规民约、社区公约等自治章程，力争让每个村民、市民知规知约、守规守约、用规用约。制订修订村规民约、社区公约，必须坚持在法律法规框架下制定规约条文，不得与宪法、法律、法规相违背，不得与党和国家的方针、政策相抵触。制

定章程时要把法治与德治紧密结合起来，突出维护社会秩序、社会公共道德、村风民俗、精神文明建设等方面内容，既发挥法律的强制作用，又高度重视道德的教化作用，引导公民遵法守法，恪守道德良知，鼓励社区成员之间以契约合意进行自我规范，努力把社区建设成凝聚力强、认同度高的生活共同体。

专题8：基层法治建设的“枫桥经验”

2016年是“法治浙江建设”10周年，在“法治浙江”建设的轨迹中，有着高度重视基层法治建设的鲜明特征。“枫桥经验”是享誉全省的基层治理示范品牌，我省一直把其作为法治浙江建设的重要内容，2006年《关于建设“法治浙江”的决定》（以下简称2006年浙江《法治决定》）和2014年《关于全面深化法治浙江建设的决定》（以下简称2014年浙江《法治决定》）都强调要“坚持创新发展‘枫桥经验’，夯实法治建设的基层基础”。枫桥镇作为“枫桥经验”的发源地，一直立足于基层实际，坚持用法治思维与法治方式解决基层矛盾。尤其自十八届四中全会明确提出“推进基层治理法治化”以来，枫桥镇顺应法治化趋势，不断探索基层法治新经验，打造“枫桥经验”升级版，形成新时期“法治枫桥经验”，引领基层社会治理新走向。

一、“枫桥经验”与法治浙江建设的内在关系

首先必须厘清“枫桥经验”与法治建设的关系，才能找准两者的结合点，然后针对性地对基层法治实践进行提升，打造真正意义上的“法治枫桥经验”。

（一）“枫桥经验”是推动法治浙江建设的重要载体

法治浙江把“坚持以人为本”作为基本原则之一，强调要“坚持法治为民，切实维护社会公平正义”。切实贯彻落实法治浙江建设的“法治为民”思想，必须借助一定载体来实现。“枫桥经验”是推动法治浙江建设的重要载体，一方面因为她的本质跟法治浙江建设相吻合，同样都注重“以人

为本”，“枫桥经验”在不同时期都能尊重人、理解人、关爱人、教育人、提高人。另一方面因为《法治浙江》创新发展“枫桥经验”已明确成为推动法治浙江建设的重要载体，如2006年浙江《法治决定》规定要“总结、推广和创新枫桥经验。建立健全矛盾纠纷疏导化解机制、打防控一体化工作机制和基层管理服务机制，完善社会治安综合治理的方法和途径，积极推进综治网络建设，把综治工作覆盖到全社会”。2014年浙江《法治决定》规定要“坚持创新发展‘枫桥经验’，夯实法治建设的基层基础。把新时期‘枫桥经验’作为法治浙江建设的重要载体，以法治精神丰富和发展‘枫桥经验’，不断放大‘枫桥经验’效应”。

（二）法治浙江建设是创新“枫桥经验”的重要途径

“枫桥经验”在诞生之初主要是“通过依靠和发动群众、实现矛盾不上交”的经验。现在随着时代的变化、法治要求的提高，“枫桥经验”应相应转型升级，要运用法治思维和法治方式服务群众、解决矛盾。因此，习近平总书记在“枫桥经验”50周年时做出重要指示：“要求创新群众工作方法，善于运用法治思维和法治方法解决涉及群众切身利益的矛盾和问题，把‘枫桥经验’坚持好、发展好，把党的群众路线坚持好、贯彻好。”从习近平总书记的指示来看，已经明确把“群众路线”和“法治方式”作为解决矛盾和问题、创新发展“枫桥经验”的两大途径。可见，在新的历史时期，法治建设已经成为推动“枫桥经验”创新发展的重要途径之一，浙江法治建设将为浙江“枫桥经验”转型升级提供坚强的后盾。

二、基层法治“枫桥经验”的探索

法治浙江建设始终坚持工作重心下移、力量下沉，所以十年来在全省遍地开花。枫桥镇作为“枫桥经验”的最初发源地，一直致力于创新、丰富法治浙江建设在基层的实践。目前已经探索出基层法治建设的八大路径，打造法治背景下“枫桥经验”的升级版。

（一）完善农村法律顾问审备制

为促进依法决策、规范办事，有效防范和避免决策、工作中的法律风险，切实提高基层治理法治化水平，枫桥镇在 2015 年 3 月出台了《关于建立枫桥镇农村法律顾问审备制度的实施意见》，强化农村法律顾问职责，对行政村的工程建设、集体资产运作、农村私人建房等八方面村级重大事项进行合法性审查备案。未经审备的，不予批准、不得实施。农村法律顾问审备制度切实把依法治理延伸到了行政村，更好依法维护了村级集体和群众的合法权益。新制度出台一年来，枫桥已经审查备案了 257 件，从源头上预防因违法办事而导致的矛盾纠纷。

（二）探索基层治理标准化建设

基层没有立法权，不能制定更为细化的法律条款，因此可以通过“标准化建设”形成一套制度体系，作为基层意义上的“立法”。枫桥镇在 2014 年向国标委成功申报了全国首批社会管理和公共服务综合标准化试点，这是首批试点项目中唯一以基层社会治理为试点内容、以乡镇为申请单位的项目。通过近两年的项目实施，枫桥镇从“矛盾化解、公共安全、违法监管、公共服务、民主自治”5 大方面制定了一整套可操作、有实效的基层社会治理标准体系，具体又包括基层社会矛盾纠纷大调解建设规范、信访事项办理工作规范、社会治安防控体系建设规范、网络舆情处置规范、突发事件管理规范、特殊人群管理规范、村务公开和民主自治管理规范、村规民约制订修订工作规范、违法监管规范等 23 个子标准。经过两年的标准化建设，枫桥镇逐步实现了全镇基层治理各环节标准齐全、各项管理服务行为规范、人民满意度提升的目标，初步彰显出标准化建设的“类法律”作用。

（三）加强村规民约软法之治

村规民约又被称为“软法”，能有效推动村民自我约束、自我管理。

十八届四中全会强调要发挥乡规民约在社会治理中的积极作用，枫桥镇重新推动各村修订村规民约，内容包含“守法讲规矩”，要求“不损坏公共设施、不侵占集体财物、不拖欠集体款项、不偷盗劳动果实”；包含“小事不出村”，要求“不造谣传谣滋事、不参加迷信活动、不忽视消防安全、不参与越级信访”。通过这样的“软法”，对农村中普遍存在的不讲规矩但又够不上违法犯罪的行为进行制约，轻则批评教育、舆论谴责，中则黑榜公布、微信曝光，重则取消资格（如取消入党、建房资格）、损害赔偿等。经过一年多的推行，枫桥民风大有提升，村规民约的“软法”作用显露出来。

（四）夯实民主法治村（社区）建设

“民主法治村（社区）”创建工作是我省的特色经验，习近平同志在浙江主政期间就力推这项工作，将其作为在基层推进“法治浙江”建设的一项好的载体。枫桥镇一直重视民主法治村（社区）建设，近年来探索形成三方面做法：一是制定民主治村标准。早在2008年，枫桥镇就印制了民主治村手册，把各项民主治理制度汇编成册，推动各村规范化操作。2015年，枫桥镇又印制村级权力清单手册，提升民主治村标准，对村级重大决策事项、村级招投标管理事项、村务财务管理事项、村集体资产处置事项等共13大类36个方面的操作流程进行统一规定，推动村级民主决策、民主管理、民主监督更加规范有序。二是推广“三上三下”重大事项民主决策机制。所谓“三上三下”，即“一上一下”征集议题，村两委会初拟要决策的重大事项，上门入户征求广大村民意见；“二上二下”酝酿论证，对征求到的村民意见或建议，村两委会集体汇总分析，然后将修改方案提交党员议事会、村民代表恳谈会反复进行磋商、论证，进一步达成共识；“三上三下”审议决定，村两委会讨论确定后的方案，先由党员会议审议通过，最后提交村民代表会议民主表决是否实施。三是创建“民主法治型”乡村。先在杜黄新村开展试点，设立村级法治大课堂，推行法律顾问审备制，加强对村干部、党员和群众的普法宣传，提升农村居民的法治素养，目前已经在全镇各村推广。“民主法治型”乡村创建有效推动村级运用法治思维和法治方式去解决矛盾，通过法律手段实现“定纷止争”。

（五）打造法治规矩型党员干部队伍

基层法治的关键在人，基层党员干部的法治水平直接决定着基层法治化实现的程度。枫桥镇着力打造法治规矩型队伍，重点从三个群体来抓。一是打造依法担当的党政机关干部。要求党政机关干部增强法治意识，遇事想法、有事找法、办事靠法；要求党政机关干部有依法担当能力，对一切违纪违法行为，坚决依法抵制。二是打造规矩型村干部。规范村干部小微权力，抓实抓好村“三资”零违规、“四不”承诺零违背、“四违”零容忍、村工程零投诉和村公务零招待等五件事，从源头上控制村干部违纪违法行为。三是打造“红枫”党员队伍。要求党员签订“零四违”“零非访”“零脏乱”“零污水”等“四零”公开承诺，着力解决党员示范不明显、行为不规范的问题。对党员日常表现进行量化管理，按季认定党员现实表现，对表现好的表彰为先锋党员，对表现最差的评定为警示党员。如果连续两次评为警示党员的或教育不改正的，启动不合格党员调查。2014 和 2015 年，枫桥镇共有 7 名党员被劝退或除名。

（六）探索矛盾纠纷法治甄别疏导机制

基层政府不能把所有矛盾包揽过来，要加强源头甄别和分类疏导。2015 年 3 月，枫桥镇出台了《关于建立枫桥镇矛盾化解甄别疏导机制的实施意见》，开展了新探索：一是及时甄别。镇社会服务管理中心和社会治理“一张网”办公室根据平安通信息网等汇总矛盾纠纷和各类诉求，及时开展分类甄别，坚持依法处置和自愿调解有机结合，切实把矛盾化解在初始阶段。二是依法劝导。对涉法涉诉、应由司法机关办理的民事侵权案件、不宜调解的案件、多次调解无果的矛盾纠纷，劝导当事人通过司法途径依法维护自身权益，发放依法处置劝导书。新制度出台一年来，已经发放了法治劝导书 68 份。三是依法调解。在双方当事人自愿的基础上，整合人民调解、司法调解、行政调解和社会组织调解力量，综合开展多种形式的依法调解工作。四是联合会审。对当事人提交诉求不适合调解或不愿意接受劝导依法处置的，由镇社会服务管理中心牵头，联合派出所、检察室、法庭、司法所进行会审甄别，应依法处置的直接移交相关政法部门。

（七）加强信访法治化处置

信访不信法、越级信访是当前基层治理中最突出的难题。枫桥镇探索以“法治”引领信访工作：一是加强信访源头处置。2015 年，枫桥镇开展“走村不漏户、信访不出户”活动，整合干部力量，强固全镇 186 个网格，摸底式排查可能导致信访的问题。当年化解各类矛盾 992 起，成功率达到 98.4%，其中 85%化解在村级。二是分类引导信访案件。细化对不同信访案件的指引，按法定途径分类处理，同时将信访制度与诉讼、调解、行政复议等纠纷解决机制和权利救济制度进行合理对接。如建立信调对接机制，将可以调解的信访案件移送至调解途径。每月 15 日大接访时，有三名以上调解志愿者[①]在信访大厅接待，把可以调解的信访案件引导到调解途径，对不能调解的案件也加强劝导，引导合法、理性信访。实施两个月以来，调解志愿者已经劝导了 10 多起信访案件，调解成功了 4 起案件。三是加大对非法信访打击力度。在解决群众合法合理诉求的同时，加大对以非法获利为目的，组织、教唆、串联上访人员的打击力度，构成犯罪的予以追究刑事责任。2014 和 2015 年，枫桥共有 3 人被刑事拘留，16 人被行政拘留，29 人被谈话。

---

① 这些调解志愿者是枫桥镇调解志愿者联合会的会员，由镇调委会（杨光照等人），村（居）调解主任和治保主任。以及企业、学校、医院、行业协会的优秀调解员共 100 人组成。志愿者参与每月 15 日大接访，在大厅轮流值班，协同化解疑难信访案件。

(八)完善基层法律服务体系

为推进覆盖农村的公共法律服务体系建设，加强民生领域法律服务，枫桥镇提供"三化"法律服务：一是提供多样化法律宣传。通过"12·4"法制宣传、建立法治广场、印制村级权力清单、开设法治大讲堂等多种形式，普及法律知识、弘扬法治精神，营造遵法学法守法用法的浓厚氛围。二是提供便捷化法律咨询。枫桥司法所与市(县、区)法律服务中心建立视频连线，整合优质法律服务资源，为群众提供可视化法律解答；枫桥法庭与行政村建立 QQ 视频连线，提供专业性法律解答；枫桥法律服务所把名片发到行政村，及时提供法律咨询。三是提供人性化法律援助。扩大援助范围，健全司法救助体系，只要符合援助条件的，由枫桥司法所向市里申请，都可以实报实销，从而保证困难群众在权利受到侵害时，能及时获得法律援助。

三、基层法治"枫桥经验"的启示

"枫桥经验"历久弥新，顺应当前法治发展趋势，将基层治理引入法治化轨道，运用法治思维和法治方式化解矛盾纠纷，提升基层治理能力，打造全新升级模式。"法治枫桥经验"的实践可以为全省基层带来四方面启示。[①]

(一)要善于发挥基层党组织战斗堡垒作用，引领基层治理法治化

十八届四中全会强调要推进基层治理法治化，要求"发挥基层党组织在全面推进依法治国中的战斗堡垒作用，增强基层干部法治观念、法治为民的意识，提高依法办事能力"。枫桥镇打造法治规矩型党组织，增强党政干部和基层党员法治为先、法治为民的意识，要求党员干部做依法办事

① 刘佳义：《推进基层治理法治化》，《光明日报》2014 年 12 月 8 日。

的表率,如带头拆违章建筑、做出“四零”承诺等。经过两年多的从严治党,枫桥镇出现了党内风清气正、党外认同模仿的良好态势。枫桥的实践证明,通过基层党建引领基层治理法治化,是提升基层治理法治化水平最基本、最有效的方法。

(二)要把群众路线和法治方式有机结合起来,夯实基层治理法治化

群众路线是“枫桥经验”的生命线、传家宝,而法治方式则是“枫桥经验”的新思维、新路径,两者必须有机结合、相辅相成,才能焕发出新的生命力。从枫桥镇的实践来看,近年来在推动基层治理法治化过程中,政府不仅提高自身依法行政的要求,而且发动广大党员、群众、社会组织共同参与依法治理基层事务,充分尊重人民群众在法治中的主体地位,有效夯实基层治理的根基。枫桥的实践经验表明,在基层治理过程中,一定要实现党的群众路线与法治方式有机融合,提高基层社会自我消解能力,才能从根本上改善基层法治水平。

(三)要创新基层法治建设的各类载体,丰富基层治理法治化

基层法治建设要靠各种行之有效的载体来推动。枫桥镇通过深化民主法治村(社区)建设、加强村规民约“软法”之治、成立调解志愿者联合会、组建“枫桥大妈”群防群治队伍、建立镇大调解中心等各类载体,推动了基层法治多样化,营造了浓郁法治氛围。枫桥的实践表明,在基层法治过程中,必须积极探索和创新各类法治载体,才能让群众切实地认识到法治的重要性,从而乐于参与其中、协同政府解决基层事务。

(四)要探索基层治理的标准体系,规范基层治理法治化

跟其他基层治理相比,基层法治有着更高的规范化、程序化的要求。因此要探索一套成熟的、适合本土的基层治理标准体系,有效规范基层治理。枫桥镇通过“基层社会治理标准化”综合试点,形成了权责明确、程序

规范、易于操作的基层治理标准体系，避免了以往基层治理中普遍存在的随意性、人治性等现象，有效提升了基层治理法治化水平。枫桥的实践表明，在基层治理过程，要制定一套符合自身特色的基层治理标准体系，作为基层“立法”的补缺，推动基层治理规范化建设。

（中共绍兴市委党校枫桥经验研究所副所长，副教授　卢芳霞）

附　录

全面深化法治浙江建设

中共浙江省委书记　夏宝龙

全面深化法治浙江建设，是深入贯彻党的十八大和十八届三中、四中全会精神的必然要求，是全面落实习近平总书记系列重要讲话精神的应有之义，是实现浙江在全面推进依法治国进程中走在前列的担当之举，是深入实施“八八战略”，建设物质富裕、精神富有的现代化浙江和建设美丽浙江、创造美好生活的重要保障和支撑。我们一定要从全局和战略的高度，把全面深化法治浙江建设这一重大决策谋划好、部署好、落实好。

一、始终坚持党的领导，全面提高依法执政能力和水平，为全面深化法治浙江建设提供根本保证

依法执政，是促进国家治理体系和治理能力现代化的根本要求，是社会主义法治的重要内容，是全面深化法治浙江建设的关键所在。全面深化法治浙江建设，必须全面提高依法执政能力和水平，健全党委领导全面深化法治浙江建设的制度和工作机制，加强谋划部署和组织领导，确保在党的领导下宪法法律得到有效实施，确保各级党组织和党员干部自觉在宪法法律范围内活动，确保党的主张贯彻到全面深化法治浙江建设全过程和各方面。

依法执政关键是依宪执政，必须把全面贯彻实施宪法作为根本的活动准则。《宪法》是国家的根本法，是治国安邦的总章程，具有最高的法律地位、法律权威、法律效力。

我们要深刻认识，宪法同党和人民进行的艰苦奋斗和创造的辉煌成就紧密相连，同党和人民开辟的前进道路和积累的宝贵经验紧密相连。维护《宪法》权威，就是维护党和人民共同意志的权威。捍卫宪法尊严，就是捍卫党和人民共同意志的尊严。保证《宪法》实施，就是保证人民根本利益的实现。我们要落实好中央明确提出的健全宪法实施和监督制度、国家宪法日、建立宪法宣誓制度等要求，更加自觉地恪守宪法原则、弘扬宪法精神、履行宪法使命，把《宪法》作为根本的活动准则，坚决维护宪法尊严、保证宪法实施。任何组织或者个人，都不得有超越《宪法》和法律的特权。一切违反宪法和法律的行为，都必须予以追究。

各级党委要发挥领导核心作用，统筹法治建设各项工作。坚持总揽全局、协调各方，支持和推动人民代表大会制度与时俱进，支持和推动协商民主广泛多层制度化发展，支持人大、政府、政协、审判机关、检察机关依法依章程履行职能，领导和支持工会、共青团、妇联等群团组织在全面深化法治浙江中发挥作用。加强和改进对政法工作的领导，推动政法委更好地把握政治方向、协调各方职能、统筹政法工作、建设政法队伍、督促依法履职、创造公正司法环境。同时，要一手抓法治、一手抓德治，既重视发挥法律的规范作用，又重视发挥道德的教化作用，实现法律和道德相辅相成、法治和德治相得益彰。

各级党组织和广大党员干部要发挥政治核心作用和先锋模范作用，维护《宪法》法律权威。坚持在《宪法》法律范围内活动，依照《宪法》法律行使权力或权利、履行职责或义务，带头依法办事，带头遵守法律，克服官本位思想和特权观念，增进对法律的敬畏之心，做遵法守纪的表率。提高运用法治思维和法治方式的能力，做任何工作特别是作重大决策都善于从法律的角度去思考、去分析、去解决，真正依法行使好手中的权力，并自觉接受对权力的监督。要把法治建设成效作为衡量各级领导班子和领导干部工作实绩重要内容，把能不能遵守法律、依法办事作为考察干部重要依据。

要加强党内法规制度建设，强化规范性文件监督管理。依法执政，不仅要求党在《宪法》法律范围内活动，也要求加强党内法规制度建设。遵守党章是党员和领导干部的基本要求；对党内法规制度进行规范，是法治思维、法治方式在党的政治生活中的体现。要认真落实省委党内法规制定工作五年规划纲要，完善我省党内法规制度，健全党内法规和规范性文件备案审查制度。

要用好党管干部、党管人才的组织优势，建设一支德才兼备的高素质法治队伍。按照政治过硬、业务过硬、责任过硬、纪律过硬、作风过硬的要求，加强立法队伍、行政执法队伍、司法队伍以及律师队伍和教师队伍建设。要教育和引导立法、执法、司法工作者牢固树立社会主义法治理念，恪守职业道德，肩扛公正天平，手持正义之剑，做到忠于党、忠于国家、忠于人民、忠于法律。律师是法治队伍的重要组成部分，要大力加强律师队伍思想政治建设，把拥护中国共产党的领导、拥护社会主义法治作为律师从业的基本要求。要加强法治理论研究，坚持用中国特色社会主义法治理论全方位占领党校、高校、科研机构、法学教育和法学研究阵地，建设高素质法治领域学术带头人、骨干教师、专兼职教师队伍。

二、坚持立法先行，着力健全具有浙江特色的法规规章

全面深化法治浙江建设必须立法先行，解决我省地方立法总体上还滞后于经济社会发展的问题，消除“形象立法”“拼盘立法”等现象，改变立法工作机制建设“碎片化”等倾向，更好地发挥立法的引领和推动作用。

党委要加强对地方立法的领导，挑好担子、负起责任。党领导立法是党的领导在社会主义法治建设方面的具体体现，也是党坚持依法执政的重要内容。党委要切实增强领导地方立法的意识，完善党对立法工作中重大问题决策的程序，及时听取关于地方法规制定和修改重大问题的报

告，及时研究决定涉及重大体制和重大政策调整的立法事项，真正把领导地方立法的责任扛起来。

要推进科学立法、民主立法，提高立法质量。科学立法的核心在于尊重和体现客观规律，民主立法的核心在于为了人民、依靠人民。要充分发挥人大及其常委会在立法工作中的主导作用，加强和改进政府立法制度建设，发挥专家学者的优势，发挥立法研究机构作用，立改废释并举，使地方立法顺应我省经济社会发展的需要，符合中国特色社会主义法律体系的要求。要创新公众参与立法方式，广泛听取各方面意见和建议，使立法更好地体现民情、汇聚民意、集中民智。要健全立法程序，优化立法流程，明确立法权力边界，从体制机制和工作程序上有效防止部门利益和地方保护主义法律化。

要加强重点领域立法，做到立当其时、立能管用。立法要有前瞻性，要管长久，不能刚立就要改；立法要有针对性，瞄准现实问题有的放矢；立法要有及时性，什么领域急需，就立即跟进相关领域立法，做到立急需的法、管用的法、能够解决现实问题的法。要紧紧围绕省委重大决策部署，加强省委重点工作的立法配套，重视深化改革方面的配套立法，妥善解决改革先行先试的法律问题，既解决改革试验的法律依据问题，又保证国家法律的统一。

三、增强执法的严肃性，充分发挥行政机关实施法律法规的重要主体作用

政府是执法主体。促进治理体系和治理能力现代化，要求政府各部门依法行政。全面深化法治浙江建设，必须把加快建设法治政府作为重点，深入推进依法行政，严格法律实施，加快行政体制改革，着力解决部分领域行政审批事项和环节仍然过多的问题，解决行政不作为、慢作为的问题，解决行政管理体制不够顺畅的问题，解决行政权力运行约束机制不够健全的问题，解决执法不严、违法不究的问题。重点要把握以下几大

原则：

要强化有权必有责、用权必担责的理念。要增强法治意识、规则意识、责任意识，努力改正“摆平就是水平、搞定就是稳定”等错误认识，改正用行政命令取代合规性监管、凭经验处理替代依法处理等错误做法，改正把依法行政与经济发展对立起来、把提高行政效率与按程序办事对立起来、把维护公共利益与保障公民权利对立起来等错误倾向。

要做到法定职责必须为、法无授权不可为。法治政府要有所为、有所不为，该管的要管好，不该管的就要放手。要进一步推进简政放权，同时，简政放权不是弱权卸权、放任不管，对放下的权要监管到位，不能以放权为理由，只管那些简单的、好管的事，而把该履行的职责推给下面，把复杂的问题推给别人。“四张清单一张网”建设，是我们推进政府自身改革、建设法治政府的标志性工程、导向性工程。实行权力清单制度是为了实现“法无授权不可为”，实现责任清单制度是为了实现“法定职责必须为”，“四张清单一张网”分别从限制政府权力、赋予市场自由、减少微观干预、打造阳光政务、强化政府责任等五个方面，搭建政府全面履职的制度架构。建设“四张清单一张网”，对于消除权力寻租空间、激发市场活力、打造最优发展环境，具有不可估量的重大意义。我们要高度重视，坚持不懈地推进下去、进行到底。同时，对下放的权力，必须加强监督，做到收放自如，而不能一放了之，真正使下放的权力能够惠及基层、群众和企业。

要敢于执法、秉公执法。天下之事不难于立法，而难于法之必行。法律不能有效执行，再多再完善的法律条文也是一纸空文，法治浙江就会成为一句空话。我们强调敢于担当，严格执法就是很重要的担当，该严格执法的没有严格执法就是失职，要对群众深恶痛绝的违法事件零容忍，要对影响社会和谐稳定的违法事件零容忍，要对挑战党的执政地位的违法事件零容忍，树立惩恶扬善、执法如山的浩然正气。执法还必须坚持一个标准，“一碗水端平”，“一把尺子量到底”，做到不畸轻畸重、不时宽时严，这样执法才体现公平、法律才有权威、政府才有公信力。

四、提高司法公信力，努力让人民群众在每一个司法案件中都感受到公平正义

司法公正对社会公正具有重要引领作用，司法不公对社会公正具有致命破坏作用。司法公正寓于个案公正之中，只有在每一个司法案件中彰显公正，才能使人们信服、让群众满意，司法权威才能树立起来。全面深化法治浙江建设，必须把公正司法作为生命线，着力改变一些部门和干警重实体轻程序、重口供轻客观证据、重有罪证据轻无罪证据、重协调配合轻监督制约、重判决轻执行等错误做法，不断提高司法公信力，从根本上减少并逐步消除司法不公现象，守好维护社会公平正义的最后一道防线。

要把公平正义刻进每个司法人员的内心里。司法人员是公平正义的守护者，司法人员的个人品质决定了司法工作的品质，司法人员的职业良知影响着司法机关的形象和法律的尊严。司法人员自身要硬起来，自觉遵守司法职业道德，严格按照法定权限履行职责、行使权力，依据统一的活动规范、行为准则处理各种权力和利益关系，在司法活动中体现法治的精神。

要设置干预司法行为的高压线。我国宪法规定，人民法院依照法律规定独立行使审判权，人民检察院依照法律规定独立行使检察权，不受行政机关、社会团体和个人的干涉。党政机关和领导干部不得让司法机关做违反法定职责、有碍司法公正的事。司法人员要刚正不阿，勇于担当，敢于依法排除来自司法机关内部和外部的干扰，坚持公正司法的底线。不干预司法机关独立办案是提高司法公信力的保证，加强对司法机关和办案人员的监督也是提高司法公信力的保证，二者缺一不可。必须依法加强对司法机关的领导、对司法机关和人员的监督。

各级党委及政法委要加强领导，人大常委会要加强监督，纪委要发挥监督职能，司法机关的党组和纪检组要在党风廉政建设上自觉履行主体责任和监督责任。

要加强人权司法保障，切实防止冤假错案的发生。司法作为化解社会矛盾、解决社会纠纷的法律救济手段，是与公民的人身权、财产权密切相关的。保障公民权益的一个重要方面，就是要加强人权司法保障，这就要求我们正确处理好打击犯罪与保护人权、程序公平与实体公正、追求公正与注重效率的关系。要把罪刑法定、疑罪从无、非法证据排除等法治原则贯彻到具体工作中，保障司法过程中当事人的知情权、陈述权、辩护辩论权、申请权、申诉权，健全错案防止、纠正、责任追究机制，完善和落实我省 33 项防止冤假错案制度，建立健全办案质量终身负责制和错案责任倒查问责制，确保案件办理有人负责、错案出现有人担责。

要让司法权在阳光下行使。阳光是最好的防腐剂。司法权在阳光下行使，才能更有权威，更好地取信于民。要继续推进审判公开、检务公开、警务公开、狱务公开，依法及时公开执法司法依据、程序、流程、结果和法律文书，全面落实庭审全程录音录像和侦查询问同步录影录像等要求，使每个案件都经得起实践、历史和群众的检验深入推进司法体制和工作机制改革，是促进司法公正的重要渠道。全面深化法治浙江建设，必须完善司法管理体制和司法权力运行机制，充分发挥司法的权利救济、定分止争、制约公权、维护社会公平正义等基本功能。

要确保司法体制改革的正确政治方向。坚持党的领导，是我国社会主义司法制度的根本特征和政治优势。深化司法体制改革就是要建立公正高效权威的社会主义司法制度，推动中国特色社会主义司法制度自我完善和发展，而不是另起炉灶，更不是搞西方“三权分立”那一套。完善司法管理体制和司法权力运行机制，必须在党的统一领导下进行。各级政法委员会是委领导政法工作的组织形式，必须加强对深化司法体制改革的组织领导，强化指导协调和督促检查，确保各项改革顺利推进、取得实效。

要从实际出发推进司法体制改革。我们搞司法体制改革，坚持从实际出发，就是要突出中国特色、时代特征、浙江特点，与我国政治制度相适应，与我省经济社会发展水平相适应。要博采众长，积极吸收借鉴世界上优秀法治文明成果，但不能照搬照抄外国司法制度。要坚持遵循司法规律和从实际出发相结合，按照可复制、可推广的要求，推动制度创新，着力解决影响司法公正、制约司法能力的深层次问题。司法调解是化解矛盾纠纷的有效手段，各级法院要正确把握调解与裁判的关系，善于运用多元化纠纷解决机制，坚持调判结合，能调则调、当判则判，最大限度实现案结事了。

推进司法体制改革既要积极又要稳妥。司法权是中央事权，司法体制改革事关全局，政治性、政策性很强，必须在中央统一领导下，自上而下有序推进，确保司法体制改革的方向、思路、目标符合中央精神。在这个前提下，既要充分发挥改革的积极性，大胆探索，勇于创新，又能自行其是。对近期要重点抓好的改革和试点工作，必须加快推进；对涉及面广、需要中央决策的，尽快提出改革建议；对需要修改法律的，必须待中央完善相关法律后再推进。要蹄疾而步稳、急而不躁，既与时俱进，又不脱离经济社会发展阶段盲动冒进，把改革的进度和力度与社会可承受程度统一起来，使改革有利于社会安定，得到人民群众的理解支持。

五、增强全民守法观念，营造崇尚法律、遵守法律、维护法律的社会氛围

全面深化法治浙江建设，必须把推进法治社会建设作为基础，着力解决普法教育的针对性不强、法律服务城乡差异较大等问题，弘扬社会主义法治精神，建设社会主义法治文化，增强全社会自觉厉行法治的意识，形成守法光荣、违法可耻的社会风尚，使全省人民都成为社会主义法治的忠实崇尚者、自觉遵守者、坚定捍卫者。

重点工作推进到哪里，法治宣传教育就要跟进到哪里。普法必须是活生生的，必须是有现实指向的，必须是有载体的。要充分利用“宪法日”等载体，加强宪法实施的宣传教育。要紧紧围绕省委的“五水共治”“三改一拆”等重点工作开展普法，做到重点工作推进到哪里，普法力量就下沉

到哪里，普法宣传就跟进到哪里，使推进重点工作的每一个过程都成为普法的过程，使推进重点工作的每一天都成为普法日，使推进重点工作的每一次行动都成为活生生的普法教育。

要冲破旧思想旧观念的藩篱。要把领导干部作为普法教育的重点；把宪法法律列入党委中心组学习内容，列为党校、行政学院、社会主义学院必修课，不断提高领导干部自觉运用法治思维和法治方式想问题、作决策、办事情的能力。要把法治教育纳入国民教育体系，从青少年抓起，注重引导群众摆脱头脑中那些与法治思维格格不入的旧思想旧观念，让办事依法、遇事找法、解决问题用法、化解矛盾靠法成为全社会的共识。

要把法律服务切实推进到“最后一公里”。全面深化法治浙江建设，必须把建设完备的法律服务体系作为重要内容，将基本公共法律服务纳入政府基本公共服务范畴，为人民群众提供公益性、均等性、普惠性、便利性的法律服务。特别是要提供综合法律服务，有效整合法律服务资源，建好法律服务中心、法律服务工作站和法律服务点，加强公共法律服务专线、电子网络平台等建设，推动律师、公证、司法鉴定、人民调解、法律援助等各项服务在一个平台上运转，让老百姓可以根据自己的需求点菜下单，享受到“一条龙”“一站式”法律服务。要提供普惠式的法律服务，推动法律服务资源向基层倾斜、向贫困地区倾斜、向农民倾斜，逐步使乡镇（街道）的法律服务组织提供“家庭律师”式的服务，让人人都能享受到优质的法律服务。

（摘自夏宝龙同志12月3日在省委十三届六次全会上的讲话）

中共浙江省委关于全面深化法治浙江建设的决定

中国共产党浙江省第十三届委员会第六次全体会议深入学习贯彻党的十八届四中全会精神，按照《中共中央关于全面推进依法治国若干重大问题的决定》的部署，结合浙江实际，研究了全面深化法治浙江建设问题，作出如下决定。

一、全面深化法治浙江建设的总体要求

（一）深入学习贯彻党的十八届四中全会精神和习近平总书记系列重要讲话精神

党的十八届四中全会审议通过的决定，是加快建设社会主义法治国家的纲领性文件，开启了迈向法治中国新里程，为全面深化法治浙江建设指明了方向，提供了根本遵循。全省各级党组织和广大党员干部要把学习贯彻党的十八届四中全会精神和习近平总书记系列重要讲话精神作为重大政治任务，深刻认识全面推进依法治国的重大意义，深刻领会全面推进依法治国的指导思想、总目标、基本原则和重大部署、重要举措，切实增强使命意识和责任担当，认真落实依法治国各项任务。

（二）坚持和发展法治浙江建设的主要经验。改革开放以来，省委高度重视法治建设，先后作出依法治省和建设法治浙江的决定

几届省委沿着习近平同志开创的法治浙江建设道路砥砺前行，坚持把法治浙江建设作为深入实施“八八战略”的重要内容和重要保障，作为

我省社会主义民主政治建设的总抓手，把法治浙江建设放到建设物质富裕精神富有现代化浙江和建设美丽浙江、创造美好生活战略布局中谋划和推动，坚持不懈、循序渐进，开拓进取、干在实处，取得了丰富的理论成果、制度成果和实践成果。2006年以来法治浙江建设的生动实践，进一步加深了对为什么建设法治浙江、建设什么样的法治浙江、怎样建设法治浙江等重大问题的认识和把握，为全面深化法治浙江建设积累了经验。

——是坚持党的领导，建立“一把手”负总责的法治浙江建设领导体制机制。按照党委总揽全局、协调各方的原则，大力推进依法执政，健全党内民主制度，完善依法决策机制，加强和改进人大和政协工作，支持各级政府依法行政，加强对政法工作的领导，把党的领导贯彻到法治浙江建设的全过程和各方面。建立以省委书记为组长的省委建设法治浙江工作领导小组，形成党委统一领导，人大、政府、政协各负其责，部门协同推进，人民群众广泛参与的法治建设工作格局。坚持“一把手抓、抓一把手”，明确工作重点，落实工作责任，开展法治创建活动，统筹推进法治浙江建设各项工作。

——是坚持法治为民，切实维护社会公平正义。把维护公平正义、保障人民根本权益作为制度安排、法规制定和各项工作的出发点和落脚点。围绕推进基本公共服务均等化，大力实施公民权益依法保障行动计划，强化法治便民利民惠民措施，健全覆盖城乡居民的公共服务体系。推进司法体制机制改革，实施“阳光司法”工程，强化法律监督，坚决纠正冤假错案，建立健全防止错案制度机制，以司法公正促进社会公正。妥善协调各方面的利益关系，拓宽利益诉求表达渠道，建立健全领导干部下访接访制度，加强法律服务、法律援助和司法救助，切实维护群众合法权益。

——是坚持服务中心，为市场取向改革和经济转型升级提供法治保障。围绕深入实施“八八战略”，围绕实施“四大国家战略举措”和打好“三改一拆”“五水共治”等转型升级“组合拳”，把法治建设与深化改革、推动发展紧密结合起来，统筹推进立法、执法、司法、普法工作，充分发挥法治的调节、促进、规范作用。坚持市场取向改革，转变政府职能，深化行政审批制度改革，推进行政执法规范化，率先开展“四张清单一张网”建设，更多地运用法律手段调节经济关系、规范经济行为，依法维护各类市场主体的合法权益，为多种所有制经济共同发展营造良好法治环境。

——是坚持发挥法治引领和保障作用，不断提升平安浙江建设水平。法治是平安建设的重要保障，平安是法治建设的重要目标。自觉运用法治思维和法治方式破解各类早发先发的矛盾和问题，强化法治在化解社会矛盾、维护和谐稳定中的重要作用，以法治引领和保障平安浙江建设。全面推行重大决策社会稳定风险评估及责任追究制度，落实安全生产责任制，依法防范和处置公共安全重大突发事件。构建立体化社会治安防控体系，加强社会治安重点地区和突出问题排查整治，深化社会治安综合治理。落实平安建设主体责任，强化考核督查，统筹推进经济、政治、文化、社会、生态等领域“大平安”，持续提高群众安全感和满意度。

——是坚持法治和德治相结合，发挥法律的规范作用和道德的教化作用。一手抓法治、一手抓德治，倡导社会主义核心价值观，弘扬与时俱进的浙江精神，践行当代浙江人共同价值观。开展精神文明创建活动，开展“最美”现象系列活动，树立道德模范，继承优秀传统文化，增强法治建设的道德底蕴。深入开展“法律六进”等法治宣传教育活动，推进领导干部学法用法，弘扬法治精神，建设法治文化，培育公民的法治意识和法治信仰，促进法治和德治相得益彰。

——是坚持创新发展“枫桥经验”，夯实法治建设的基层基础。把新时期“枫桥经验”作为法治浙江建设的重要载体，以法治精神丰富和发展“枫桥经验”，不断放大“枫桥经验”效应。加强基层社会治理创新，深化基层组织和部门、行业依法治理，推广村(居)务监督委员会制度、“网格化管理、组团式服务”、和谐劳动关系构建、民主恳谈等基层治理形式。健全“大调解”工作体系，构建基层多元化纠纷解决机制，把矛盾化解在基层、在当地。积极探索基层法治建设载体，深入开展民主法治村(社区)、诚信守法企业等创建活动，发挥群众在法治建设中的主体作用。

——是坚持一张蓝图绘到底，一以贯之抓落实。几届省委秉承习近平同志提出的法治浙江建设理念、思路和方法，按照省委十一届十次全会决定的部署，坚持把建设法治浙江作为一项重大战略任务，咬定青山不放松，一任接着一任干。坚持问题导向，从解决群众反映强烈的突出问题入手，明确法治建设主攻方向，拓展法治实践平台，丰富法治建设抓手，蹄疾步稳，善作善成。把长远目标与阶段性目标、重点任务与年度工作结合起来，从具体工作抓起，从群众关心的实事做起，积小胜为大胜，不断取得法治建设新进展。

在全面深化法治浙江建设进程中，必须坚决贯彻中央提出的坚持中国共产党的领导、坚持人民主体地位、坚持法律面前人人平等、坚持依法治国和以德治国相结合、坚持从中国实际出发五条原则，在实践中继续坚持、不断深化和发展八年来法治浙江建设的主要经验。

（三）准确把握全面深化法治浙江建设面临的形势

法治浙江建设起步早、起点高、基础好。当前，浙江面临的建设物质富裕精神富有现代化浙江和建设美丽浙江、创造美好生活的任务十分繁重，各种矛盾多发，机遇与挑战并存，全面深化法治浙江建设的地位更加突出、作用更加重大。面对全面建成小康社会、全面深化改革、全面推进依法治国的新形势新要求，要充分认识全面深化法治浙江建设的重大意义，切实增强政治自觉、思想自觉、行动自觉，不断开创法治浙江建设新局面。

必须清醒看到，法治浙江建设还存在许多与新形势新要求不适应、不符合的问题。主要表现为：有的法规规章针对性、操作性不强，立法机制不够健全，群众参与立法不够，立法科学性有待提高；有的地方和领域有法不依、执法不严、违法不究现象还比较严重；少数执法司法人员作风不正，执法司法不规范、不文明，甚至办金钱案、关系案、人情案；有的领导干部法治意识不强，依法办事能力不足，知法犯法、以言代法、以权压法、徇私枉法行为仍有发生；部分社会成员尊法信法守法用法意识淡薄，依法维权意识和能力不强；有的地方和单位对法治建设不够重视，工作抓得不够紧、不够实,法治建设发展不平衡、不协调。对这些问题,必须高度重视,切实加以解决。

(四)全面深化法治浙江建设的指导思想

认真贯彻落实党的十八大和十八届三中、四中全会精神,高举中国特色社会主义伟大旗帜,以马克思列宁主义、毛泽东思想、邓小平理论、“三个代表”重要思想、科学发展观为指导,深入贯彻习近平总书记系列重要讲话精神,坚持党的领导、人民当家做主、依法治国有机统一,坚定不移走中国特色社会主义法治道路,坚持依法治国、依法执政、依法行政共同推进,坚持法治国家、法治政府、法治社会一体建设,实现科学立法、严格执法、公正司法、全民守法,促进治理体系和治理能力现代化,为深入实施“八八战略”,干好“一三五”、实现“四翻番”,建设物质富裕精神富有现代化浙江和建设美丽浙江、创造美好生活提供有力法治保障。

(五)全面深化法治浙江建设的目标

总目标是在全面推进依法治国、建设中国特色社会主义法治体系、建设社会主义法治国家进程中继续走在前列。要认真落实形成完备的法律规范体系、高效的法治实施体系、严密的法治监督体系、有力的法治保障体系和形成完善的党内法规体系的要求,全面提升全省经济建设、政治建设、文化建设、社会建设、生态文明建设以及党的建设的法治化水平,到2020年,力争在六个方面走在前列。

——是要紧紧围绕依宪执政、依法执政,在社会主义民主政治建设方面走在前列。人民代表大会制度、中国共产党领导的多党合作和政治协商制度、民族区域自治制度、基层群众自治制度进一步巩固和完善。各级党组织和党员干部带头遵守宪法法律,以法治思维和法治方式推动改革发展的能力明显增强。基本形成省委党内法规制度体系。

——是要紧紧围绕科学立法,在健全地方法规规章方面走在前列。遵循法定程序,完善立法体制机制,推进科学立法、民主立法,统筹推进法规规章制定、评估、清理、修改、废止、解释等各项工作，形成更加完备的与法律、行政法规相配套，与经济社会发展要求相适应，具有浙江特色的地方法规规章体系。

——是要紧紧围绕严格执法，在建设法治政府方面走在前列。各级政府依法全面履行职能，严格规范公正文明执法效果得到社会公认，依法行政水平明显提高，率先基本建成职能科学、权责法定、执法严明、公开公正、廉洁高效、守法诚信的法治政府。

——是要紧紧围绕公正司法，在推进司法体制机制改革方面走在前列。加快完成司法体制机制改革的各项任务，基本形成科学合理的司法管理体制和规范高效的司法权力运行机制。司法机关依法独立公正行使职权，司法公信力显著提升。

——是要紧紧围绕全民守法，在提升全民法治意识和法律素养方面走在前列。社会主义法治精神深入人心，社会主义核心价值观和当代浙江人共同价值观得到普遍认同，全社会尊崇宪法、遵守法律、信仰法治的氛围基本形成。

——是要紧紧围绕法治人才保障，在打造一支政治强、业务精、作风正、敢担当的社会主义法治工作队伍方面走在前列。思想政治建设不断加强，优势互补、结构合理的法治专门队伍和法律服务队伍、法学专家队伍等不断壮大，法治人才培养交流机制不断完善。

二、全面提高依法执政能力和水平

(一)严格遵守和维护宪法法律

坚持依法治国首先要坚持依宪治国，坚持依法执政首先要坚持依宪执政。全省各级党政机关、基层组织和社会团体、企事业单位都必须以宪法为根本活动准则，维护宪法法律权威，捍卫宪法法律尊严，追究和纠正一切违反宪法法律的行为，保证宪法法律实施。依法撤销和纠正违宪违法的规范性文件。落实宪法宣誓制度。开展宪法日活动。

（二）完善党的领导方式和执政方式

坚持党的领导，是社会主义法治的根本要求，是全面深化法治浙江建设最根本的保证。必须坚持党领导立法、保证执法、支持司法、带头守法，统筹推进法治建设各领域工作。要善于使省委的重大决策经过法定程序成为全省人民的意志，善于使党组织推荐的人选经过法定程序成为地方各级国家政权机关的领导人员，善于通过地方各级国家政权机关实施党委对经济社会发展各项事业的领导，善于运用民主集中制原则维护中央权威、推动中央和省委决策部署贯彻落实、维护全省安定团结的良好局面。

坚持党委总揽全局、协调各方。把加强党的领导同人大、政府、政协、审判机关、检察机关依法依章程履行职能、开展工作统一起来，充分发挥这些组织中党组的领导核心作用。领导和支持工会、共青团、妇联等人民团体和社会组织在全面深化法治浙江建设中发挥作用。

深化党的建设制度改革。完善民主集中制各项制度，加快推进党内民主制度建设，完善党员民主权利保障制度。健全党委依法决策程序和机制，强化全委会决策和监督作用。科学配置党委部门及内设机构权力职能，继续开展地方党委权力公开透明运行试点。规范各级党委主要领导干部职责权限。全面实行党代表任期制，继续深化地方党代会常任制试点。围绕推进好班长好班子好梯队建设，深化干部人事制度改革。

加强和改进党对政法工作的领导。政法委员会是党委领导政法工作的组织形式，必须长期坚持。进一步健全党委定期听取政法机关工作汇报制度。各级党委政法委员会要把工作着力点放在把握政治方向、协调各方职能、统筹政法工作、建设政法队伍、督促依法履职、创造公正司法环境上。建立健全政法机关党组织重大事项向党委报告制度、党组（党委）成员依照工作程序参与重要决策和重要业务制度。加强政法机关党的建设，在法治建设中充分发挥党组织政治保障作用和党员先锋模范作用。

落实依法治军要求，支持和加强国防、军队和后备力量建设，推动军民融合深度发展。贯彻落实保障“一国两制”实践和推进祖国统一的法律法规。

（三）支持和推动人民代表大会制度与时俱进

坚持和完善人民代表大会制度，推动人大工作理论与实践创新。健全党委领导人大工作制度，支持和保障人大及其常委会依法行使立法、监督、决定、任免等职权。加强党委对人大选举工作的领导。推进全省各级人大“两个联系、一个发挥”工作，深化代表联络站和代表履职平台建设。加强议案和建议处理工作。加强各级人大及其常委会自身建设，优化代表、常委会组成人员和专门委员会组成人员结构，提高专职委员比例。加强对乡镇人大工作的指导。

（四）支持和推动协商民主广泛多层制度化发展

坚持和完善中国共产党领导的多党合作和政治协商制度，构建程序合理、环节完整的协商民主体系。加强政党协商，依法开展人大立法协商，深入推进政府协商，认真做好人民团体协商，扎实开展基层组织协商和社会组织协商，探索创新协商途径渠道，丰富协商方式方法，增强协商实效。发挥人民政协在发展协商民主中的重要渠道作用，开展专题协商、对口协商、界别协商、提案办理协商。建立健全协商议题提出、活动组织、成果采纳落实和反馈机制。完善民主党派直接向党委提出建议制度。

（五）提高党员干部法治思维和依法办事能力

党员干部是全面深化法治浙江建设的重要组织者、推动者、实践者，必须对宪法法律怀有敬畏之心，牢记法律红线不可逾越、法律底线不可触碰，带头遵守宪法法律、带头依法办事，切实提高运用法治思维和法治方式深化改革、推动发展、化解矛盾、维护稳定能力。把宪法法律列入党委（党组）中心组学习内容，列为党校、行政学院、社会主义学院必修课。健全领导干部任前法律知识考试、领导干部下访律师随同等制度。把法治建设成效作为衡量领导班子和领导干部工作实绩重要内容,纳入政绩考核指标体系。把能不能遵守法律、依法办事作为考察干部的重要内容,在相同条件下,优先提拔使用法治素养好、依法办事能力强的干部。对特权思想严重、法治观念淡薄的干部要批评教育,不改正的要调离领导岗位。

(六)加强党内法规制度和工作体系建设

党章是最根本的党内法规,必须严格遵行。落实省委党内法规制定工作五年规划纲要,加快构建内容科学、程序严密、配套完备、运行有效、富有浙江特点的党内法规制度体系。完善党内法规制定体制机制。加大党内法规和规范性文件备案审查和解释力度。探索建立党内规范性文件备案审查与地方性法规、政府规章和行政规范性文件备案审查衔接联动机制。探索开展党内法规执行情况和实施效果评估。建立健全党内法规和规范性文件定期集中清理制度和即时清理机制。

党规党纪严于国家法律。各级党组织和广大党员干部不仅要模范遵守国家法律,而且要按照党规党纪以更高标准严格要求自己,坚定理想信念,践行党的宗旨。坚持抓早抓小,着力解决苗头性倾向性问题,严肃查处违反党规党纪行为。

三、健全具有浙江特色的法规规章

(一)完善地方立法体制机制

加强党对立法工作的领导,完善党委对地方立法工作中重大问题决策的程序。有立法权的地方人大制定五年立法规划,报同级党委批准。地方立法涉及本行政区域内重大体制和重大政策调整的,必须报同级党委讨论决定。地方性法规制定和修改的重大问题,人大常委会党组应向同级党委报告。坚持党委研究重要法规、规章草案制度。

健全有立法权的人大主导立法工作的体制机制。建立健全专门委员会、工作委员会立法专家顾问制度。逐步增加提请人民代表大会审议通过法规数量。加强和改进政府立法制度建设,重要规章由政府法制机构组织起草。对于争议较大但实践迫切需要的重要立法事项,引入第三方评估,及时加以研究并做出决策。加强对法规规章的解释和说明,加强法规规章配套规范性文件制定工作,提高法规规章的可操作性。开展立法后评估。完善地方性法规、规章、行政规范性文件备案审查制度。落实除杭州、宁波以外的设区的市地方立法权,加强设区的市地方立法能力建设。

(二)推进科学立法、民主立法

加强人大对地方立法工作的组织协调,健全立法项目立项、起草、论证、协调、审议机制,健全向下级人大征询立法意见制度,推进实施基层立法联系点制度。全面实行法规草案起草小组制度,落实人大专门委员会、常委会工作机构和政府部门、社会力量共同参与立法调研起草工作机制。推进实施人大代表分专业有重点参与常委会立法制度,增加人大代表列席人大常委会会议人数,更多发挥人大代表参与起草和修改法规作用。健全立法机关主导、社会各方有序参与立法机制,探索委托第三方起草法规规章草案。健全立法机关和社会公众沟通机制,开展立法协商,探索建立有关国家机关、社会组织、专家学者等对立法中涉及的重大利益调整论证咨询机制。深化立法项目公开征求意见和逐项论证评估机制,健全法规规章草案公开征求意见和公众意见采纳情况反馈机制。建立重要条款单独表决机制。加强地方立法研究。

(三)加强重点领域地方立法

围绕中心、服务大局,及时出台相关法规规章,提高立法质量,切实发挥立法的引领和推动作用。按照完善社会主义市场经济法律制度的要求,以保护产权、维护契约、统一市场、平等交换、公平竞争、有效监管为基本导向，加强经济领域立法。按照推进社会主义民主政治制度化、规范化、程序化的要求，加强民主政治领域立法。按照坚持社会主义先进文化前进方向，遵循文化发展规律、有利于激发文化创造活力、保障人民基本文化权益的要求，加强文化领域立法。按照加快保障和改善民生、推进社会治理体制创新的要求，加强社会民生领域立法。按照有效约束开发行为和促进绿色发展、循环发展、低碳发展的生态文明的要求，加强生态环境保护立法。

四、加快建设法治政府

(一)推进政府职能转变

推进机构、职能、权限、程序、责任法定化，坚持法定职责必须为、法无授权不可为。以深化“四张清单一张网”建设为抓手，大力推进政府自身改革，加大简政放权力度，建立权力清单、责任清单、财政专项资金管理清单动态调整机制，探索推进企业投资负面清单管理方式，完善浙江政务服务网，促进政府治理现代化。深化行政审批制度改革，全面清理行政审批前置环节，全面取消非行政许可审批事项，加强行政许可事项动态管理，加强事中事后监管。完善集阳光政务、行政审批、便民服务等功能于一体、省市县联动的网上政务服务体系，推动各级政府权力事项集中进驻、网上服务集中提供、数据资源集中共享，加强政府精细化、标准化管理，提高行政效能。推进各级政府事权规范化、法律化，强化省政府统筹推进全省基本公共服务均等化职责，强化市县政府执行职责，推动各级政府依法全面履行职能。

(二)完善行政决策机制

把公众参与、专家论证、风险评估、合法性审查、集体讨论决定确定为重大行政决策法定程序。制定重大行政决策出台前向人大报告制度。建立行政机关内部重大决策合法性审查机制。全面推行政府法律顾问制度,发挥法律顾问在制定重大行政决策、推进依法行政中的积极作用。对涉及民生的重大决策事项,在作出决策前实施社会稳定风险评估。建立决策后评估和纠错制度。健全行政规范性文件合法性审查制度。

(三)改革和完善行政执法体制

合理配置执法力量,相对集中执法权,推进综合执法。理顺城市管理、市场监管、安全生产、海洋和资源环境等执法监管体制,整合执法主体,大幅减少市县两级政府执法队伍种类,加强综合执法队伍建设。完善执法协作配合机制,推动跨部门、跨领域基层综合行政执法,探索多种形式的部门联合执法。完善市县两级行政执法管理。理顺行政强制执行体制。实行行政执法案件主办人制度和案件审核制度,建立案件质量跟踪评判机制。严格执行罚缴分离和收支两条线管理制度。健全行政执法和刑事司法衔接机制,建立信息共享、案情通报、案件移送制度。

(四)规范行政执法行为

依法惩处各类违法行为,加大关系群众切身利益的重点领域执法力度。严格执行重大执法决定法制审核制度。健全行政执法裁量权基准制度,建立执法依据定期梳理和公布制度。全面落实行政执法责任制,加强执法监督,防止和克服地方和部门保护主义,惩治执法腐败现象。建立执法全过程记录制度,加强日常执法监督检查,规范辅助执法人员管理。加强行政执法信息化建设。探索开展行政复议体制改革试点,加强行政复议能力建设。切实保护行政相对人的知情权、参与权、监督权和寻求救济的权利。支持法院受理行政案件,落实行政机关出庭应诉制度,健全尊重并执行法院生效裁判的制度。健全行政机关对司法建议的反馈制度。

(五)创新和完善政府管理服务方式

推动公共资源市场化配置,建立统一规范、上下衔接的公共资源交易平台。创新公共服务模式，探索公共服务供给主体多元化，积极推进政府向社会力量购买服务，建立健全政府购买服务标准、招标投标和监督评估等制度。进一步规范行政给付、行政奖励等授益性政府行为。全面规范各级政府和部门行政机关合同管理工作。

五、全面提升司法公信力

（一）确保依法独立公正行使审判权和检察权

各级党政机关和领导干部要支持法院、检察院依法独立公正行使职权。建立健全领导干部干预司法活动、插手具体案件处理的记录、通报和责任追究制度。优化司法资源配置，实行地方法院、检察院人财物省级统一管理，探索实行法院、检察院司法行政事务管理权和审判权、检察权相分离。建立健全司法人员履行法定职责保护机制。非因法定事由，非经法定程序，不得将法官、检察官调离、辞退或者做出免职、降级等处分。探索建立与行政区划适当分离的司法管辖制度。

（二）优化司法职权配置

健全公安机关、检察机关、审判机关、司法行政机关各司其职，侦查权、检察权、审判权、执行权互相配合、互相制约的体制机制。推动实行审判权和执行权相分离的体制改革试点。统一刑罚执行体制。完善审判委员会、检察委员会制度，完善检察长列席审委会制度。改革法院案件受理制度，变立案审查制为立案登记制。加大对虚假诉讼、恶意诉讼、无理缠诉的惩治力度。完善刑事诉讼中认罪认罚从宽制度。完善审级制度。完善对涉及公民人身、财产权益的行政强制措施实行司法监督制度。推行检察机关提起公益诉讼制度，建立检察机关与行政执法部门的监督与协同合作机制。明确司法机关内部各层级权限，建立司法机关内部人员过问案件的记录制度和责任追究制度。完善主审法官、合议庭、主任检察官、主办侦查员办案责任制。加强职务犯罪线索管理，健全受理、分流、查办、信息反馈机制，明确纪检监察和刑事司法办案标准和程序衔接，正确履行分工职责。

(三)规范司法行为

推进以审判为中心的诉讼制度改革，全面贯彻证据裁判规则，严格依法收集、固定、保存、审查、运用证据，完善落实证人、鉴定人出庭制度。规范司法机关自由裁量权行使，全面推行量刑规范化改革、案例指导制度。围绕提高办案质量，完善司法机关内部管理机制，明确各类司法人员工作职责、工作流程、工作标准，建立健全办案质量终身负责制和错案责任倒查问责制度。严格规范减刑、假释、保外就医、暂予监外执行程序和要求。严格案件办理期限，推行繁简分流和速裁机制，完善案件流程监控、质量评查、考核评价体系。加快政法系统信息化共享平台建设，推动实现跨部门网上执法办案业务协同。

(四)保障人民群众参与司法

完善人民陪审员制度，提高人民陪审员履职意识和能力，逐步实行人民陪审员不再审理法律适用问题、只参与审理事实认定问题。探索建立专家陪审机制。推进法院"一站式"诉讼服务、检察院综合性受理接待中心等窗口建设。完善当事人权利义务告知、群众旁听庭审、司法听证、网络司法拍卖等制度。落实实名举报答复和举报人保护机制。

(五)加强人权司法保障

坚决防止和纠正冤假错案，健全冤假错案及时纠正机制。保障诉讼过程中当事人和其他诉讼参与人的知情权、陈述权、辩护辩论权、申请权、申诉权。健全落实罪刑法定、疑罪从无、非法证据排除等法律原则的工作制度。严格落实我省防止冤假错案各项制度，严禁违反司法程序办案，严禁刑讯逼供、体罚虐待和非法取证。深入推进刑事案件侦查讯问同步录音录像制度，完善对限制人身自由司法措施和侦查手段的司法监督。完善国家赔偿制度。完善社区矫正工作机制。

严格查封、扣押、冻结、处理涉案财物的司法程序，探索建立司法涉案财物集中管理平台，完善涉案财物处理信息公开机制。加快建立失信被执行人信用监督、威慑和惩戒机制，依法保障胜诉当事人及时实现权益。落实终审和诉讼终结制度，实行诉访分离。严格落实涉法涉诉信访执法错误纠正和瑕疵补正机制。对不服司法机关生效裁判、决定的申诉，逐步实行由律师代理申诉制度。对聘不起律师的申诉人，纳入法律援助范围。

六、健全权力运行制约和监督体系

（一）加强对权力行使的监督

加强党内监督。严格执行民主集中制，完善集体领导与个人分工负责相结合制度，规范各级党政主要领导干部职责权限。完善党内监督十项制度，严格执行领导干部廉洁自律规定，加强巡视监督，健全领导干部报告个人有关事项、任职回避、述职述廉等制度规定，推行新提任领导干部个人有关事项公开制度试点。

加强人大及其常委会监督。加强对法律法规实施情况的监督，建立健全法规规章实施情况报告制度，确保法律法规得到有效实施。加强对“一府两院”的监督，保障行政和司法权力规范行使。加强对政府全口径预决算审查监督和国有资产监督，探索开展对各类开发园区预算监督。改进监督方式，健全专题询问、质询、特定问题调查等制度。

加强行政监督。加强对政府内部权力的制约，对财政资金分配使用、国有资产监督、政府投资、政府采购、公共资源转让、公共工程建设等权力集中的部门和岗位实行分事行权、分岗设权、分级授权，定期轮岗，强化流程防控，防止权力滥用。加强政府内部层级监督和专门监督，发挥行政监察作用，强化执法监察、廉政监察、效能监察。完善审计制度，抓好省以下审计机关人财物统一管理试点，推进审计职业化建设。探索建立审计监督与法律监督相衔接工作机制。

加强对司法活动的监督。完善党委政法委执法监督机制。强化检察机关法律监督职能，健全检察建议、专项监督等制度。完善人民监督员制度，重点监督检察机关查办职务犯罪的立案、羁押、扣押冻结财物、起诉等环节的执法活动。依法规范司法人员与当事人、律师、特殊关系人、中介组织的接触、交往行为，坚决惩治司法掮客，防止利益输送。对因违法违纪被开除公职的司法人员、吊销执业证书的律师和公证员，终身禁止从事法律职业，构成犯罪的要依法追究刑事责任。坚决破除各种潜规则，坚决反对和惩治粗暴执法、野蛮执法行为，坚决清除贪赃枉法、假公济私、侵犯人权、挟嫌报复等各类害群之马。

加强民主监督和社会舆论监督。加强人民政协民主监督，完善民主监督的组织领导、权益保障、知情反馈、沟通协调机制，充分发挥好民主党派、无党派人士民主监督职能。健全工会、共青团、妇联等人民团体的监督机制。建立完善舆论监督制度，支持媒体依法履行舆论监督职能，规范媒体对案件的报道，防止舆论影响司法公正。健全公众参与监督的激励机制，整合优化各级职能部门投诉举报平台，建立健全对群众和媒体反映问题的处理和通报机制。

加大问责力度。认真执行党政领导干部问责规定，全面推行工作责任制和责任追究制。建立重大行政决策终身责任追究及责任倒查机制。坚决纠正和惩处违法行政、滥用职权、久拖不决、失职渎职等“乱作为”、“慢作为”和“不作为”，对造成重大损失、恶劣影响的，严格追究有关领导和工作人员的法律责任。健全责令公开道歉、停职检查、引咎辞职、责令辞职、罢免等问责方式和程序。建立问责跟踪监督制度，规范问责后免职人员重新任职的条件和程序。

(二)健全作风建设常态化制度

依纪依法反对和克服形式主义、官僚主义、享乐主义和奢靡之风，持之以恒抓好中央八项规定精神落实，严格执行我省“28条办法”。健全作风建设长效机制，巩固和拓展党的群众路线教育实践活动成果，加大正风肃纪力度，形成作风建设新常态。健全厉行节约反对浪费制度体系，完善配套措施。健全财务预算、核准和审计制度，严格控制“三公”经费支出。进一步精简文件简报和会议活动。积极稳妥推进公务用车制度改革，完善领导干部工作生活待遇规定，着力整治特权行为。

（三）推进反腐败体制机制创新和制度保障

严格执行党风廉政建设责任制，落实党委主体责任和纪委监督责任，强化党委（党组）主要负责人的“第一责任人”责任和党委（党组）成员的“一岗双责”。健全党风廉政建设责任制监督检查机制和责任追究制度，健全防控廉政风险、防止利益冲突等制度规定，深化具有浙江特点的惩治和预防腐败体系建设。深化党的纪律检查体制改革。改进巡视工作制度。加强对执纪办案工作的监督，确保依法依纪安全文明办案。

（四）推进党务、政务、司法公开

不断探索完善党务公开的途径和形式，建立健全党内情况通报、党内事务听证咨询等制度。深化政务公开，重点推进财政预算、公共资源配置、重大建设项目批准和实施、社会公益事业建设、行政执法等领域的信息公开。健全人民群众申请公开政府信息限期答复制度。健全政府信息公示公告及保密审查机制。

构建开放、动态、透明、便民的阳光司法机制，推进审判、检务、警务、狱务公开，录制并保留全程庭审资料，依法及时公开执法司法依据、程序、流程、结果和生效法律文书，完善办案信息查询系统。加强法律文书释法说理，建立重大案件信息发布、生效法律文书统一上网和公开查询制度。

七、推进法治社会建设

(一)围绕中心工作拓展法治实践平台

始终围绕中心工作全面深化法治浙江建设,做到中心工作推进到哪里,法治建设的实践平台就建在哪里。坚持把"三改一拆""五水共治"等转型升级"组合拳",作为全面深化法治浙江建设的大平台、试验田、试金石和活教材。坚持立法先行,加强相关领域法规规章的制定、修改、解释,使立法更具有针对性,更好地服务中心、解决问题。强化执法司法保障,严格依法办事,保护合法、打击非法,推动法律有效实施。利用正反典型,善于以案释法,推动形成全民守法良好氛围,发挥法治对中心工作的保障和推动作用。

(二)促进全社会学法遵法守法用法

广泛宣传以宪法为核心的中国特色社会主义法律体系,弘扬社会主义法治精神,建设社会主义法治文化,增强全民法治观念,使全体人民都成为社会主义法治的忠实崇尚者、自觉遵守者、坚定捍卫者。健全普法宣传教育机制,充分发挥宣传、文化、教育部门和人民团体在普法教育中的职能作用,推动落实"谁执法谁普法"的普法责任制,加强普法讲师团、普法志愿者队伍建设,建立社会"大普法"工作格局。重点加强国家工作人员、企业经营管理人员、青少年和外来务工人员的法治教育。把法治教育纳入国民教育体系,全面落实学校法治教育计划、教材、课时、师资。把法治教育纳入精神文明创建内容,开展群众性法治文化活动,健全媒体公益普法制度,加强新媒体新技术在普法中的运用,提高法治宣传教育的针对性和实效性。

法治浙江建设大事记

2006年

4月25日至26日，中共浙江省委十一届十次全体（扩大）会议在杭州举行。会议听取了省委书记习近平代表省委常委会向全会所做的报告，审议并通过《中共浙江省委关于建设“法治浙江”的决定》。会议指出，省委提出并推进“法治浙江”建设，是根据中央的决策部署，对浙江现代化建设总体布局的进一步完善。深入实施“八八战略”是落实科学发展观的总抓手，全面建设“平安浙江”是构建社会主义和谐社会的主要载体，加快建设文化大省是发展社会主义先进文化的重要举措，努力建设“法治浙江”是发展社会主义民主政治的有效途径，加强党的执政能力建设和先进性建设为此提供根本保证，这就有机构成了我省经济、政治、文化和社会建设“四位一体”的总体布局。会议强调，建设“法治浙江”，必须牢固树立和始终坚持社会主义法治理念。会议提出，建设“法治浙江”的总体要求是：高举邓小平理论和“三个代表”重要思想伟大旗帜，全面落实科学发展观，致力于构建社会主义和谐社会，牢固树立社会主义法治理念，坚持社会主义法治的正确方向，以依法治国为核心内容，以执法为民为本质要求，以公平正义为价值追求，以服务大局为重要使命，以党的领导为根本保证，在浙江全面建设小康社会和社会主义现代化建设进程中，通过扎实有效的工作，不断提高经济、政治、文化和社会各个领域的法治化水平，加快建设社会主义民主更加完善，社会主义法制更加完备，依法治国基本方略得到全面落实，人民的政治、经济和文化权益得到切实尊重和保障的法治社会，使我省法治建设工作整体上走在全国前列。会议强调，当前和今后一个时期，建设“法治浙江”要重点抓好十个方面的工作：提高依法执政水平，巩固党的执政地位；推进社会主义民主的制度化、规范化、程序化，保障人民当家作主；加强地方立法，完善地方性法律法规体系；全面实行依法行政，推进法治政府建设；坚持司法公正，维护社会公平正义；深入开展普法教育，着力提高全民法律意识和法律素质；建立健全监督体系，规范公共权力运作；加强推进科学发展的法制建设，促进经济社会全面协调可持续发展；加强社会建设和管理的法制建设，促进社会和谐稳定；坚持法治与德治并举，在全社会树立社会主义荣辱观。推进“法治浙江”建设，必须加强领导、各尽其责，统筹兼顾、科学安排，循序渐进、求真务实，确保取得实效。

5月12日，浙江省人民检察院出台《浙江省人民检察院关于学习贯彻省委十一届十次全会精神，扎实开展“法治浙江”建设的实施意见》（浙检〔2006〕121号）对“法治浙江”建设决定的任务做了具体化分解。

5月25日，省第十届人民代表大会常务委员会第二十五次会议做出了《浙江省人大常委会关于建设法治浙江的决议》。

6月9日，浙江省人民政府做出了《关于推进法治政府建设的意见》（浙政发〔2006〕34号文件），明确提出“十一五”期间，基本实现职权法定、依法行政、有效监督、运转高效的法治政府目标。

7月20日，浙江省高院出台了《关于落实“三项承诺”的实施意见》，要求加大司法救助力度，方便群众诉讼，防止出现“打官司就是打关系”的现象，还要求加大执行力度，维护当事人的合法权益。当年1月18日，省高级人民法院负责人在向浙江省第十届人民代表大会第四次会议所做的报告中做出“三项承诺”，即“努力做到不使有诉求的群众因经济困难打不起官司，不使有理有据的当事人因没有关系打不赢官司，不使胜诉当事人的合法权益因执行不力、不公得不到保护”。

7月24日，我省召开了“四五普法”总结表彰暨“五五普法”动员电视电话会议，这标志着“四五普法”结束，“五五”普法正式启动。会议之前，省委常委会专门听取了省普法办的工作汇报，省委书记习近平对“五五”

普法工作做出了重要指示。

4月至10月，省人大法制委员会、省人大常委会法制工作委员会牵头组织了《浙江省殡葬管理条例》立法质量评估工作。这是我省人大常委会自1979年行使地方立法权以来，第一次开展地方性法规的立法质量评估工作。

11月13日至15日，中共浙江省委十一届十一次全体(扩大)会议在杭州举行。全会深入学习贯彻党的十六届六中全会精神，听取和讨论了习近平受省委常委会委托所做的工作报告；审议通过了《中共浙江省委关于认真贯彻党的十六届六中全会精神，构建社会主义和谐社会的意见》；审议通过了《关于召开中国共产党浙江省第十二次代表大会的决议》，决定省第十二次党代会于2007年上半年在杭州召开。

11月，省委办公厅、省政府办公厅下发《关于开展扩大义乌市经济社会管理权限改革试点工作的若干意见》(浙委办〔2006〕114号)，规定除规划管理、重要资源配置、重大社会事务管理等经济社会管理事项外，赋予义乌市与设区市同等的经济社会管理权限，这是我省继1992、1997、2002年后实施的第四轮扩权强县改革。

12月18日，省委书记习近平在省委建设"法治浙江"工作领导小组第一次会议上提出，要自觉而有效地把建设"法治浙江"结合到构建社会主义和谐社会的实践中去，确保我省法治建设工作整体上走在全国前列。

2007年

1月20日，省委书记习近平在全省公安工作会议上强调，全省各级公安机关要紧紧围绕构建社会主义和谐社会这个大目标和总要求，全面落实科学发展观，牢固树立正确稳定观，充分发挥和谐社会建设力量和保障力量的重要作用，为实现我省经济社会又好又快发展做出新的贡献，以优异成绩迎接党的十七大和省第十二次党代会的胜利召开。

6月11日，省政府办下发《关于在全省开展省级示范行政服务中心办事大厅创建活动的通知》(浙政办发〔2007〕48号),要求推动"行政审批、资源配置、公共服务、效能监督"综合性政府服务平台的构建。

6月12日至16日,中共浙江省委第十二次代表大会在杭州召开。省委书记赵洪祝代表中共浙江省委作《坚持科学发展促进社会和谐全面建设惠及全省人民的小康社会》的工作报告。大会指出,今后5年全省工作的总体要求是:高举邓小平理论和"三个代表"重要思想伟大旗帜,全面贯彻落实科学发展观,深入实施"八八战略",加快建设"平安浙江"、文化大省、"法治浙江",坚持以又好又快发展、全面改善民生为主线,以改革开放、自主创新为动力,以加强党的执政能力建设和先进性建设为保证,坚定不移地走创业富民、创新强省之路,扎实推进我省社会主义经济、政治、文化和社会建设,不断开创党的建设新局面,全面建设惠及全省人民的小康社会,为加快构建和谐浙江、率先基本实现社会主义现代化打下坚实基础。6月16日下午,中共浙江省第十二届委员会第一次全会选举产生新一届省委常委会,赵洪祝当选为省委书记,吕祖善、夏宝龙当选为省委副书记,当选为省委常委的还有王国平、陈敏尔、王辉忠、巴音朝鲁(蒙古族)、李强、王贺文、黄坤明、葛慧君(女)等。

11月5日至6日,中共浙江省委十二届二次全体(扩大)会议在杭州举行。全会深入学习贯彻党的十七大精神,听取和讨论了赵洪祝代表省委常委会所做的工作报告,审议通过了《中共浙江省委关于认真贯彻党的十七大精神,扎实推进创业富民创新强省的决定》。

12月25日下午,省委建设"法治浙江"工作领导小组举行会议,总结2007年建设"法治浙江"的工作情况,研究部署下一步推进"法治浙江"建设工作。省委书记赵洪祝在会上强调,发展社会主义民主政治、建设社会主义法治国家,是建设中国特色社会主义伟大事业的重要内容。我们必须全面学习贯彻党的十七大、省第十二次党代会和省委十二届二次全会精神,进一步提高推进建设"法治浙江"重要性和紧迫性的认识,继续把建设"法治浙江"作为我省发展社会主义民主政治的重要载体,放到更加突出的位置,进一步丰富内涵、明确任务,加大推进力度,抓好工作落实,为我省深化改革开放、推动科学发展、促进社会和谐，深入实施创业富民、创新强省总战略提供政治和法治保障。省领导吕祖善、周国富、夏宝龙、俞国行等出席会议。会议听取了领导小组办公室关于今年建设“法治浙江”工作情况的汇报和下一步工作建议，以及《2008 年建设“法治浙江”工作要点》和《浙江省开展创建法治市、县(市、区)工作先进单位考评细则(试行)》等两个文件稿的起草说明并对两个文件稿进行了审议讨论。会议还听取了省人大常委会、省政府、省政协、省“两院”关于明年推进“法治浙江”建设工作思路的汇报。

2008 年

2008 年 1 月 16 日，在浙江省十一届人大一次会议上，省长吕祖善郑重承诺，今后五年，浙江要充分运用和优化配置公共资源，研究采取有力举措，部署实施“全面小康六大行动计划”。六大行动计划分别为自主创新能力提升行动计划、重大项目建设行动计划、资源节约与环境保护行动计划、基本公共服务均等化行动计划、低收入群众增收行动计划和公民权益依法保障行动计划六大行动计划构成了“十一五”时期我省全面建设小康社会的主要抓手。

4 月 14 日至 15 日，中共浙江省委十二届三次全体(扩大)会议在杭州举行。全会深入贯彻党的十七大精神和省第十二次党代会精神，全面落实科学发展观，着眼于扎实推进“创业富民、创新强省”总战略，研究部署全面改善民生工作。全会听取和讨论了赵洪祝代表省委常委会所做的工作报告，审议通过了《中共浙江省委关于全面改善民生促进社会和谐的决定》。

7 月，省政府印发《公民权益依法保障行动计划》，提出“到 2012 年，建设法治政府的工作任务和要求得到全面落实，土地征收、房屋拆迁、社会保障、食品药品、安全生产、环境保护、劳动就业、教育事业等领域的突出问题得到有效解决，公民权益保护和实现程度得到明显提高”。

8月18日上午，省委建设“法治浙江”工作交流电视电话会议在杭举行。省委书记赵洪祝在会上强调，我们要以党的十七大精神为指导，充分认识深入推进“法治浙江”建设的紧迫性，把握新要求，明确新任务，取得新成效，为全面建设惠及全省人民的小康社会提供法治保障。省委副书记、省长吕祖善宣读表彰决定。省领导周国富、王辉忠、李强、王永明、黄旭明，省检察院检察长陈云龙等在主会场出席会议。省委副书记夏宝龙主持会议。会上表彰了2007年度创建法治县(市、区)工作先进单位和省领导小组成员年度工作优秀单位。

9月6日，中共浙江省委颁布了《中国共产党浙江省地方各级代表大会代表任期制实施办法(试行)》，全面实行党代表大会代表任期制，明确了在推行党代表常任制的大框架下，党代表开展活动的“十项制度”，即：党代表提案、提议、调研视察、联系党员群众、列席党内重要会议、参加干部民主推荐评议和民意调查以及重要情况通报、重要事项征求意见、委员联系代表和学习培训。

9月19日，浙江省第十一届人民代表大会常务委员会第六次会议通过《浙江省城市管理相对集中行政处罚权条例》，自2009年1月1日起实施。

9月26日，中共浙江省委十二届四次全体(扩大)会议在杭州举行。全会认真学习贯彻中央举办的全党深入学习实践科学发展观活动动员大会暨省部级主要领导干部专题研讨班精神，听取和讨论了赵洪祝代表省委常委会所作的报告，研究部署了加快转变经济发展方式、推进经济转型升级的工作，审议通过了《中共浙江省委关于深入学习实践科学发展观，加快转变经济发展方式、推进经济转型升级的决定》。

10月29日下午，浙江省新一届地方立法专家库成立大会在浙江省人民大会堂召开。浙江省人大常委会副主任王永明、秘书长姚民声出席会议，浙江省委办公厅、浙江省人大法制委员会、浙江省人大常委会法工委、浙江省政府法制办负责人及20多位专家代表等参加会议。来自全省法学、经济、政治、社会、文化等领域的80多名专家成为专家库成员，专家库制度的建立将为浙江立法工作征集专家意见和专家参与立法搭建了平台。2005 年 2 月 23 日,我省首次地方立法专家库正式成立。

10 月,省人大法工委和省政府法制办联合制定《关于进一步加强立法沟通协调,改进立法工作的若干意见》,就定期通报、磋商、研究立法工作中的重大问题,法规起草工作进度管理,立法计划实施情况通报,法规草案起草工作提前介入,法规重大问题修改协商,年度立法计划项目预安排,立法项目起草工作责任考核等制度提出了具体明确的要求。

12 月,浙江省委办公厅、省政府办公厅联合下发《关于扩大县(市)部分经济社会管理权限的通知》(浙委办〔2008〕116 号文件),全面启动了浙江第五轮扩权强县改革。

2009 年

1 月 8 日,全省政法工作会议在杭州召开。省委书记、省人大常委会主任赵洪祝就认真贯彻落实全国政法工作会议精神,做好我省政法工作做出批示。省委副书记、省长吕祖善,省委副书记夏宝龙出席会议并讲话。会议要求,2009 年全省政法系统要全面开展"学枫桥、保平安、促发展"主题活动,着力促进经济平稳较快发展,着力确保社会和谐稳定,着力保障社会公平正义,着力强化基层基础建设,着力加强政法队伍建设、着力加强和改善党对政法工作的领导。

2 月 20 日上午,省委召开建设"法治浙江"工作领导小组会议,总结上年建设"法治浙江"工作,研究部署当年工作任务。省委书记赵洪祝主持会议并强调,当前深刻变化的国内外宏观经济形势给我省经济发展、社会稳定带来了深刻影响,对"法治浙江"工作提出了更高的要求。建设"法治浙江"工作要紧紧围绕省委"保增长、抓转型,重民生、促稳定,强党建、求实效"的总体要求来谋划、来推进,切实提高服务大局的能力,为经济平稳较快发展、促进社会和谐稳定提供法治保障。省领导周国富、夏宝龙、王辉忠、葛慧君、王永明,省高级人民法院院长齐奇、省人民检察院检察长陈云龙等出席会议。会议听取了省委建设“法治浙江”工作领导小组办公室关于去年建设“法治浙江”工作情况的汇报；省人大常委会、省政府、省政协、省高级人民法院和省人民检察院关于今年建设“法治浙江”工作打算的汇报；审议了《2009年建设“法治浙江”工作要点》。

3月16日，省政府发布《关于加强市县政府依法行政的实施意见》（浙政发〔2009〕18号），提出提高行政机关依法行政的能力、推进市县政府科学民主依法决策、加强规范性文件监督管理、严格依法行政、强化对行政行为的监督、增强社会自治功能等六个方面要求。

3月，浙江省人大常委会又通过了《关于进一步加强省人大专门委员会和工作委员会立法沟通协调配合的若干意见》。

5月6日至8日，中共浙江省委十二届五次全体（扩大）会议在杭州举行。全会围绕深入贯彻党的十七大和十七届历次全会精神，胡锦涛总书记在纪念党的十一届三中全会召开30周年大会上的重要讲话精神，深入研究和全面部署了推进我省深化改革开放、推动科学发展的各项工作，审议通过了《中共浙江省委关于深化改革开放推动科学发展的决定》，认真讨论了深化改革开放的若干具体政策文件稿，并就省级综合配套改革试点有关情况进行了交流。

6月3日，省十一届人大常务委员会第十一次会议通过了《浙江省司法鉴定管理条例》（自2009年10月1日起实施）。

6月16日《浙江省加强县级人民政府行政管理职能若干规定》公布，自8月1日起施行。这是我国首部推进扩权强县的省级政府规章，443项审批权限一次性下放，进一步增强了县级政府对区域经济社会发展的统筹协调、自主决策和公共服务权力。

8月12日，省委建设“法治浙江”领导小组召开会议。省委书记赵洪祝主持会议并强调，面对新的形势和任务，我们一定要充分认识做好“法治浙江”基层基础工作的重要性和紧迫性，切实增强忧患意识、责任意识、发展意识，真正把基层基础工作放在法治建设的基础性、战略性地位来思考和谋划，坚持重基层、打基础、强基本，在新的起点上推进“法治浙江”建设。省领导周国富、夏宝龙、王辉忠、黄旭明等出席会议。会议听取了省领导小组办公室关于2008年创建法治县(市、区)工作先进单位和省委建设“法治浙江”工作领导小组成员单位年度工作考评情况的汇报;讨论审议了创建法治县(市、区)工作先进单位和省领导小组成员年度工作优秀单位名单。赵洪祝指出,当前推进法治建设,应当把基层基础工作作为一个重要环节和突破口来抓。要重基层,坚持重心下移,确保法治工作在基层有人抓、有人管、管得好;要打基础,突出抓好法治各条线上工作的基础和关键环节,为全面提升法治建设水平提供组织保障、业务保障和制度保障;要强基本,确保法治建设的基本内涵得到体现、基本要求得到落实、基本条件得到保障和法治的基本功能得到发挥,推进“法治浙江”建设目标的逐步实现。

2009年,省法制办通过制定《浙江省行政处罚参考文书格式》和《一般程序行政处罚案卷评审标准》等文件,统一了全省开展行政处罚案卷评查工作的具体依据和标准,并于2009年7月至9月在全省范围内开展了集中评查工作。

9月24日,浙江省人民政府立法专家库成立。40位来自法学、经济学、金融学、教育、文化、劳动和社会保障、农业等方面的专家、学者,将为我省立法提供智力支持。省委常委、副省长葛慧君出席会议并讲话。

10月21日至23日,浙江省委召开十二届六次全体(扩大)会议,结合浙江实际,认真研究和全面部署学习贯彻党的十七届四中全会精神,推进我省党的建设各项工作。这次全会的一个重要议程是审议通过了《中共浙江省委关于认真贯彻〈中共中央关于加强和改进新形势下党的建设若干重大问题的决定〉的实施意见》。

2009年,我省通过《浙江省流动人口居住登记条例》,成为国内针对流动人口服务管理出台的第一部地方性法规。

3月—12月,省人大常委会组织对1979—2007年制定的155件现行有效法规进行了集中清理。经过审查分析,纳入清理范围的155件法规中,有106件法规需要予以修改或废止,其余49件法规基本不存在清理标准所列情形，近期可暂不予修改或废止。

2010年

2月10日下午，省委建设“法治浙江”工作领导小组举行会议，总结上年建设“法治浙江”工作，研究部署当年工作任务。省委书记赵洪祝主持会议并强调，我们要紧紧围绕中央的决策和省委的部署，进一步明确方向，突出重点，把握关键，做到用法治的思路来考虑问题，用法治的途径来解决难题，用法治的手段来服务发展，扎实推进“法治浙江”建设各项工作不断取得新成效。省领导周国富、夏宝龙、王辉忠、葛慧君、王永明、黄旭明和省检察院检察长陈云龙等出席会议。会议审议了《2010年建设“法治浙江”工作要点》《关于开展创建法治县(市、区)工作示范单位活动的实施办法(试行)》，听取了省人大常委会、省政府、省政协和省高级人民法院、省人民检察院有关工作的汇报。

6月29至30日，中共浙江省委召开了十二届七次全体(扩大)会议，回顾总结了生态省建设的实践，专题研究部署了生态文明建设工作，审议通过了《中共浙江省委关于推进生态文明建设的决定》。

7月20日，省政府发布《浙江省行政规范性文件管理办法》(浙政令〔2010〕275号)，自2010年9月1日起施行，同时废止2000年5月26日省人民政府发布的《浙江省行政规范性文件备案审查规定》。

7月20日，中共浙江省委办公厅、浙江省人民政府办公厅印发《浙江省村务监督委员会工作规程(试行)》(浙委办〔2010〕80号)，标志着浙江全省村务监督委员会建设迈入了制度化建设阶段。早在2004年，浙江省武义县后陈村村民代表就选举产生了全国第一个村务监督委员会，浙江省委和省纪委从加强基层民主建设、深入推进农村党风廉政建设和农村改革发展稳定的高度，采取有力措施，大力推进村务监督委员会建设，于2009年底在全省3万余个行政村实现了“全覆盖”。

7月30日浙江省第十一届人民代表大会常务委员会第十九次会议通

过《浙江省人民代表大会常务委员会关于加强检察机关法律监督工作的决定》。

11月16日至18日，中共浙江省委十二届八次全体(扩大)会议在杭举行。会议深入学习贯彻党的十七大和十七届五中全会精神，由浙江省委常委会向全会报告浙江省委十二届六次全会以来的工作，审议通过《中共浙江省委关于制定浙江省国民经济和社会发展第十二个五年规划的建议》。

2011年

1月6日，全省政法工作会议在杭州召开。省委书记赵洪祝在会上强调，在经济社会发展全局中谋划和抓好社会矛盾化解、社会管理创新、公正廉洁执法三项重点工作，更加注重标本兼治、源头治理和统筹兼顾。

2月16日下午，省委建设“法治浙江”工作领导小组召开第八次会议，总结上年建设“法治浙江”工作，研究部署当年工作任务。浙江省委书记、省人大常委会主任赵洪祝强调，2011年，建设“法治浙江”要紧扣“十二五”规划的目标任务来谋划和推进，更好地围绕中心、服务大局，为推进科学发展、促进社会和谐提供支持，为加强社会管理、做好群众工作提供服务，为“十二五”规划开好局起好步提供强有力的法治保障。浙江省领导乔传秀、夏宝龙、葛慧君、王永明、黄旭明，省人民法院院长齐奇，省人民检察院检察长陈云龙等出席会议并讲话。会议听取省人大常委会、省政府、省政协、省法院、省检察院和领导小组办公室有关工作的汇报，并对2011年工作要点进行了审议。

3月28日，经省委常委会审定，浙江省在全国首次出台了党代表活动“五项制度”，借以促进各级党代表的有序政治参与常态化，党代表作用发挥更加充分。包括《浙江省地方各级党代表大会代表提案制度(试行)》《浙江省地方各级党代表大会代表提议制度(试行)》《浙江省地方各级党代表大会代表调研视察制度(试行)》《浙江省地方各级党代表大会代表列席党内重要会议制度(试行)》《浙江省地方各级党代表大会代表学习培训制度(试行)》。

6月14日至15日,省委举行十二届九次全会,审议并通过了《中共浙江省委关于加强和创新社会管理的决定》。省委书记赵洪祝在大会报告中提出,新形势下推进社会管理创新提出了实现"五个转变"的工作目标,即:在社会管理主体上,从重政府作用、轻多方参与向强化以人为本的政府主导型社会共同治理转变;在社会管理方式上,从偏重管制、控制向更加重视服务、重视协商协调转变;在社会管理环节上,从偏重事后处置向更加重视源头治理转变;在社会管理手段上,从偏重行政手段向多种手段综合运用转变;在社会管理制度上,从传统的比较粗放单一的制度体系向符合科学发展要求、促进社会和谐稳定的制度体系转变。

8月24日上午,省委召开建设"法治浙江"工作交流电视电话会议。省委书记、省人大常委会主任赵洪祝在会上强调,我们要深入学习贯彻胡锦涛总书记"七一"重要讲话精神,结合贯彻落实省委十二届九次全会精神,以建设"法治浙江"为重要载体,加强和创新社会管理。省委副书记、省长吕祖善宣读表彰决定。省领导乔传秀、王辉忠、李强、黄坤明、葛慧君、王永明、黄旭明和省高级人民法院院长齐奇等出席会议。省委副书记夏宝龙主持会议。会议表彰了创建法治县(市、区)工作示范单位、2010年度创建法治县(市、区)工作先进单位,以及省委建设"法治浙江"工作领导小组成员2010年度工作优秀单位。

10月,中共浙江省委印发《关于加强"法治浙江"基层基础建设的意见》,《意见》总结提炼了近年来我省法治浙江建设取得的六个方面的经验,提出了推进法治浙江基础基层工作的总体要求和到2015年要力争实现的7个方面的目标:基层党务政务公开工作不断深化;法律法规规章在基层的实施机制不断健全;行政执法便民服务逐步健全完善;基层司法保障能力显著提升;群众法律素质和企业经营管理人员守法意识普遍提高;城乡居民自治机制不断健全;群众利益诉求得到妥善解决。这是我国关于加强基层法治建设的首个系统性、规范性文件,对于推进基层依法治理，提高基层社会管理法治化管理水平具有重要意义。

10月8日，浙江省人民政府出台《浙江省人民政府关于加强法治政府建设的实施意见》（浙政发〔2011〕71号），提出“以建设法治政府为目标，着力推动事关依法行政全局的体制机制创新，提高制度建设质量，着力规范行政行为，保证法律法规严格执行，着力增强行政机关工作人员特别是领导干部的依法行政意识，提高依法解决矛盾的能力和水平，全面推进依法行政，不断增强政府公信力和执行力，为推进我省经济转型升级，促进社会和谐稳定，全面建设惠及全省人民的小康社会提供有力的法治保障”。

10月20日，省法制办、省编办联合下发《关于建立完善小城市培育试点镇和中心镇行政执法体制的指导意见》（浙府法发〔2011〕100号），提出要结合开展城市管理相对集中行政处罚权工作和综合行政执法试点实际，推动行政执法重心下移，支持在中心镇开展城市管理相对集中行政处罚权改革试点，试行综合执法。

11月16日至18日，中共浙江省委十二届十次全体（扩大）会议在杭州举行。全会深入学习贯彻党的十七届六中全会精神，听取和讨论了省委常委会工作报告，审议通过了《中共浙江省委关于认真贯彻党的十七届六中全会精神，大力推进文化强省建设的决定》和《中国共产党浙江省第十二届委员会第十次全体会议关于召开中国共产党浙江省第十三次代表大会的决议》，全面部署了推动浙江从文化大省向文化强省迈进的各项工作。会议还总结回顾了省委十二届八次全会以来的工作，对岁末年初的重点工作进行了部署。

2012年

3月19日上午，省委建设“法治浙江”工作领导小组召开会议。省委书记赵洪祝主持会议并强调，做好当年的“法治浙江”建设工作，要以保障经济平稳较快发展和社会和谐稳定为目标，以法治创建为重要载体，不断提高我省经济、政治、文化和社会生活法治化水平，以“法治浙江”建设的新成效迎接党的十八大和省第十三次党代会胜利召开。省领导夏宝龙、乔传秀、李强、葛慧君、刘力伟、王永明、黄旭明，省人民检察院检察长陈云龙等出席。会议听取了领导小组办公室关于2011年建设“法治浙江”情况汇报，审议了《2012年建设“法治浙江”工作要点》和修订后的《浙江省创建法治市、县（市、区）工作先进单位考评细则（试行）》。省人大常委会、省政府、省政协、省高级人民法院、省人民检察院有关负责人先后发言。

5月29日，省委办公厅、省政府办公厅发布《关于深入推进“民主法治村（社区）”创建进一步加强和创新基层民主法治建设的意见》（浙委办〔2012〕59号），提出要通过深入推进“民主法治村（社区）”创建工作，全面提高基层干部群众法律素质，提高农村、社区的政治、经济、文化和社会生活管理法治化水平，不断完善民主选举法制化、民主决策程序化、民主管理规范化、民主监督制度化的基层自治机制。同时下发的《关于进一步加强和改进律师工作的实施意见》（浙委办〔2012〕10号），提出要“坚持加强政治建设与加强业务建设相结合，坚持严格监督管理与保障执业权益相结合，坚持发挥职能作用与扶持行业发展相结合，坚持改进行政管理与强化行业自律相结合”，大力加强律师队伍建设和律师行业党的建设，健全完善律师工作体制机制，加大对律师行业发展的扶持力度，促进浙江省律师业又好又快发展，为建设“法治浙江”和推进浙江省经济社会发展提供优质高效的法律服务。

5月31日，中共浙江省委十二届十一次全体会议在杭州举行。全会决定省第十三次党代会于2012年6月6日在杭州召开。全会审议通过了中共浙江省第十二届委员会向省第十三次党代会的报告，决定提请省第十三次党代会审查。全会还审议通过了中共浙江省纪律检查委员会向省第十三次党代会的工作报告，圈选确定了浙江省出席党的十八大代表候选人预备人选。

6月6日至10日，中共浙江省第十三次代表大会在杭州召开。省委书记赵洪祝代表中国共产党浙江省第十二届委员会向大会作《坚持科学发展深化创业创新，为建设物质富裕精神富有的现代化浙江而奋斗》的报告。大会提出：高举中国特色社会主义伟大旗帜，以邓小平理论和"三个代表"重要思想为指导，深入贯彻落实科学发展观，扎实推进"八八战略"和"创业富民、创新强省"总战略，动员全省共产党员和各族人民，为建设物质富裕精神富有的社会主义现代化浙江而奋斗。

6月10日上午，中共浙江省委第十三届一次会议在杭州举行。会议选举产生了中国共产党浙江省第十三届委员会常务委员会；选举产生了书记、副书记。赵洪祝同志当选书记，夏宝龙、李强同志当选副书记。会议通过了中国共产党浙江省第十三届纪律检查委员会第一次全体会议选举结果。会议审议通过了《中共浙江省委关于按照保持党的先进性和纯洁性要求，切实加强自身建设的决定》。

8月5日上午，省委建设"法治浙江"工作领导小组召开会议。省委书记、省人大常委会主任赵洪祝主持会议并强调，我们要认真学习胡锦涛总书记在省部级主要领导干部专题研讨班上的重要讲话精神，以省第十三次党代会精神为指导，把建设"法治浙江"作为全面落实依法治国基本方略、推进我省社会主义民主法治建设的总载体，紧紧围绕坚持依法执政、建设法治政府、推进公正司法、深化法制教育、发展基层民主等五方面的内容，细化举措，落实责任，确保省党代会精神落实到法治创建的各项工作中，为建设"两富"现代化浙江提供法治保障和制度支撑。省领导夏宝龙、乔传秀、李强、龚正、赵一德、黄旭明，省法院院长齐奇、省检察院检察长陈云龙等出席会议。会议听取了领导小组办公室关于2011年度建设"法治浙江"工作考评情况的汇报和省统计局关于2011年度创建法治县(市、区)工作示范单位活动民意调查情况的汇报，并审议决定了有关表彰事项。

8月24日上午，浙江省委召开建设法治浙江工作交流电视电话会议。浙江省委书记赵洪祝在会上强调，要准确把握新形势新要求，更加注重发挥法治在国家和社会治理中的重要作用，进一步深化法治浙江建设，不断提高全社会法治化水平，为建设物质富裕精神富有的现代化浙江提供强有力的法治保障。会议表彰了创建法治县(市、区)工作示范单位、2011年度创建法治县(市、区)工作先进单位以及浙江省委建设法治浙江工作领导小组成员2011年度工作优秀单位。浙江省委副书记、省长夏宝龙在会上宣读表彰决定。浙江省委副书记李强主持会议。

12月5日至6日,中共浙江省委十三届二次全体(扩大)会议在杭州举行。全会认真学习贯彻党的十八大精神,由省委常委会向全会报告工作,审议通过《中共浙江省委关于认真学习贯彻党的十八大精神,扎实推进物质富裕精神富有现代化浙江建设的决定》。会议提出,根据十八大提出的"两个翻一番"的新目标,推进"两富"现代化浙江建设,分两个阶段实施:第一阶段是到2020年,按照十七大提出的实现人均国内生产总值到2020年比2000年翻两番和十八大提出的实现国内生产总值和城乡居民人均收入比2010年翻一番的要求,从浙江实际出发,实现全省生产总值、人均生产总值、城镇居民人均可支配收入、农村居民人均纯收入分别比2010年翻一番,分别达到55500亿元、104000元、55000元、24000元以上。全省各地要围绕这一目标加倍努力,力争提前实现。第二阶段是在实现2020年"四个翻一番"目标基础上,再经过一个时期的努力,力争率先基本实现社会主义现代化,为到新中国成立一百年时建成富强民主文明和谐的社会主义现代化国家做出积极贡献。

12月10日,省政府制定出台《关于推进行政规范性文件"三统一"制度的意见》(浙政发〔2012〕10号),规定到2013年底,全省县级以上人民政府全面实行行政规范性文件统一登记、统一编号、统一发布制度。

2013年

1月10日上午,浙江省高级人民法院召开新闻发布会,介绍阳光司法指数评估体系的主要内容和工作安排,公告自1月1日起在浙江全省三级法院全面推行阳光司法指数评估工作。省高院在全国首创"阳关司法指数",并委托专业机构对全省103家法院实施权威性评估,以量化的方式评价法院的司法公开程度。通过评估,倒逼立案、庭审、执行、听证、文书、审务公开工作,促进开放、透明、便民、现代化的阳光司法新机制。

1 月 22 日,全省政法工作会议在省人民大会堂召开。省委书记夏宝龙在会上强调,要切实把思想和行动统一到习近平总书记的重要指示精神上来,把政法工作放在全局中来审视和谋划,统筹推进平安浙江、法治浙江和过硬队伍建设,努力实现新的突破,确保继续走在前列,为干好“一三五”、实现“四翻番”创造和谐稳定的社会环境和公正高效的法治环境。会议提出,要在更高起点、更高层次上全面深化平安建设,努力建设更高水平的平安浙江。重点抓好“五项深化”,即深化乡镇(街道)社会服务管理中心规范化建设、深化“网格化管理、组团式服务”、深化基层系列平安创建、深化流动人口和特殊人群服务管理、深化社会治安防控工作。会议指出,各级政法机关要切实把加强法治建设贯穿于政法工作的全过程,依法履行职责,发挥表率作用,真正肩负起社会主义法治国家建设者、实践者的重任。在法治浙江建设上,重点推进“五项举措”:完善司法权力运行机制、落实量刑规范化措施、加强执法办案信息化建设、贯彻落实宽严相济刑事政策和涉法涉诉信访工作改革措施。会议提出,要全面加强思想、组织、作风、反腐倡廉和制度建设,打造一支忠诚可靠、执法为民、务实进取、公正廉洁的高素质政法队伍。其中,重点提升“五个能力”,即新形势下群众工作能力、维护社会公平正义能力、社会沟通能力、科技信息化应用能力、拒腐防变能力。

2 月 20 日上午,省委建设法治浙江工作领导小组召开第 12 次会议。省委书记夏宝龙主持会议并强调,我们要深刻领会建设法治中国的新要求,切实增强法治建设的责任感,在几届省委打下的坚实基础上,把法治浙江建设工作抓得更好,使我省的法治建设继续走在前列,为深入实施“八八战略”,干好“一三五”、实现“四翻番”,加快建设物质富裕精神富有的现代化浙江,提供强有力的法治保障。会议听取了省人大常委会、省政府、省政协、省法院、省检察院和领导小组办公室有关工作汇报,审议了 2013 年工作要点。

4月26日,省政府办公厅出台《关于规范行政机关合同管理工作的意见》,明确了行政机关合同事先合法性审查,档案管理、备案、报告和清理等各项要求。同年6月28日,省政府法制办制定出台《浙江省行政机关重大合同备案试行办法》和《浙江省行政机关重大合同备案参考文书格式》等配套制度,进而把全省的政府合同管理工作纳入了制度化、规范化轨道。

5月30日至31日,中共浙江省委十三届三次全体(扩大)会议在杭州举行。省委书记夏宝龙代表省委常委会向全会作报告,并在全会结束时作总结讲话。会议审议通过了《中共浙江省委关于全面实施创新驱动发展战略加快建设创新型省份的决定》,提出创新驱动发展的主要目标:到2020年,建立比较完善的区域创新体系,创新资源有效集聚,创新能力显著增强,创新效益大幅提升,跨入创新型省份行列,基本形成创新驱动发展格局。

6月25日,省司法厅制定出台了《关于推进城乡基本公共法律服务体系建设的指导意见》,要求全省司法行政系统按照公共服务均等化的要求,积极构建驻点服务、专线服务和网络服务对接互通的公共法律服务体系,推动城区的优势法律服务覆盖到城乡、延伸到基层农村,努力为人民群众提供公益性、均等性、普惠性、便利性的法律服务。

10月11日,省政府正式印发了《浙江省法治政府建设实施标准》和《浙江省法治政府建设考核评价体系(试行)》,建立了政府内部评价、专业机构评估和社会满意度测评三者相结合的机制,对设区的市政府和省政府直属各有关单位的法治政府建设情况进行考核评价。

11月28日至29日,中共浙江省委十三届四次全体(扩大)会议在杭州举行。全会认真学习领会党的十八届三中全会精神,听取和讨论了夏宝龙受省委常委会委托所作的工作报告,审议通过《中共浙江省委关于认真学习贯彻党的十八届三中全会精神全面深化改革再创体制机制新优势的决定》。《决定》明确我省全面深化改革的目标:深入推进中国特色社会主义在浙江的实践,努力在推进治理体系和治理能力现代化上走在前列,再创浙江体制机制新优势。按照“一三五”时间表分步推进，到 2015 年，《决定》提出的一批改革具体项目取得突破性进展；到 2017 年，在重要领域和关键环节改革上取得决定性成果，基本完成《决定》提出的改革任务，为到 2020 年形成系统完备、科学规范、运行有效的制度体系打下坚实基础。

12 月 5 日，浙江省人大常委会、省政府在杭州联合召开浙江省立法工作会议。浙江省委书记、省人大常委会主任夏宝龙出席会议并讲话，强调要认真贯彻落实习近平总书记系列讲话和党的十八届三中全会精神，切实把思想认识统一到中央加强和改进立法的要求上来，推动浙江省立法工作走在全国前列。

2013 年，针对我省两起错案（“两张”叔侄奸杀冤案和萧山出租车司机劫杀案）暴露出来的问题，省委政法委牵头协调政法部门研究制定防范冤假错案 33 项制度，健全完善执法办案工作机制，促进公正廉洁司法执法。

2013 年，根据刑诉法非法证据排除有关规定，浙江省检察院出台《进一步规范职务犯罪侦查工作若干规定》明确传唤、拘传犯罪嫌疑人持续时间不得超过法律规定的 24 小时的时限，24 小时内应当保证其不少于 6 个小时的休息时间；严禁采用刑讯逼供等非法手段获取犯罪嫌疑人的供述；拘留后 24 小时内应当将犯罪嫌疑人送看守所羁押，严禁将犯罪嫌疑人关押在检察机关办案工作区及其他场所；不得以讯问为目的将犯罪嫌疑人提押出看守所，因辨认、提取证据和赃物等确需提押至看守所以外的须经检察长批准等。

2014 年

1 月 21 日，全省政法工作会议在杭举行。省委书记夏宝龙在会上强调，我们要深刻领会习近平总书记在中央政法工作会议上的重要讲话精神，把思想和行动高度统一到中央关于做好政法工作的部署要求上来，紧密结合浙江实际，推动我省政法工作不断取得新成绩、实现新发展，全面提升平安浙江、法治浙江建设水平。

2月10日上午，省委建设法治浙江工作领导小组召开第13次会议。省委书记、省委建设法治浙江工作领导小组组长夏宝龙在会上强调，我们要认真学习领会习近平总书记关于法治建设的重要思想，从推进国家治理体系和治理能力现代化的高度出发，不断深化法治浙江建设，努力营造最优法治环境，为全面深化改革、推进现代化建设提供更加有力的法治保障。李强、乔传秀、王辉忠、蔡奇、刘力伟、赵一德、茅临生、齐奇、陈云龙等出席。会议听取了省人大常委会、省政府、省政协、省法院、省检察院和领导小组办公室有关工作汇报，审议了2014年工作要点。

2014年3月，省人大常委会主任会议研究通过《关于省人大代表分专业有重点参与立法工作的若干规定》，建立了省人大代表分专业有重点参与立法的新机制，在全国开创先河。

首次举行司法专题询问会，省人大常委会组成人员围绕规范执法公正司法制度建设、队伍建设、法律监督、刑罚执行等热点问题进行了面对面的询问，省法院、省检察院、省公安厅和省司法厅主要负责同志就破解执行难、防止“关系案”和冤假错案、加强队伍建设等进行了务实回答，取得了良好的效果。

5月22日至23日，中共浙江省委十三届五次（扩大）会议在杭州举行。全会深入学习贯彻党的十八大、十八届三中全会和习近平总书记关于建设“美丽中国”和“人民对美好生活的向往，就是我们的奋斗目标”等系列重要讲话精神，围绕干好“一三五”、实现“四翻番”目标，认真总结我省生态文明建设的实践，研究部署建设美丽浙江、创造美好生活工作，审议通过《中共浙江省委关于建设美丽浙江创造美好生活的决定》。全会明确建设美丽浙江、创造美好生活的主要目标：到2015年，美丽浙江建设各项基础性工作扎实开展；到2017年，美丽浙江建设取得明显进展；到2020年，初步形成比较完善的生态文明制度体系，争取建成全国生态文明示范区和美丽中国先行区。在此基础上，再经过较长时间努力，实现“天蓝、水清、山绿、地净”，建成“富饶秀美、和谐安康、人文昌盛、宜业宜居”的美丽浙江。

6 月 23 日，全省“五五”普法总结表彰暨“六五”普法动员电视电话会议在省人民大会堂举行。会议强调，要认真贯彻落实全国第七次法制宣传教育工作会议精神和省委十二届九次全会精神，以社会主义法治理念为指导，认真组织实施“六五”普法规划，不断提升社会管理法治化水平，为全面建成惠及全省人民的小康社会创造良好法治环境。省委副书记、省普法教育领导小组组长夏宝龙，省委常委、省委秘书长、政法委书记、省普法教育领导小组副组长李强，省委常委、副省长、省普法教育领导小组副组长葛慧君，省政协副主席、省普法教育领导小组副组长王永昌等出席会议。

6 月 24 日，浙江省人民政府新闻办举办“推行行政权力清单制度工作”新闻发布会，公布全国首个省级政府权力清单。从 2013 年底开始，浙江就开始对 50 多个省级部门的 1.23 万项行政权力进行全面梳理，历经清权、减权、制权三个环节，最终保留了 4236 项列入清单，精简幅度超过 6 成。保留下来的行政权力主要分三个部分，即省级部门直接行使的权力 1973 项，全部委托下放和实行市县属地管理的权力 2255 项，省级有关部门共性权力 8 项。

6 月 25 日下午，全国首个省、市、县一体化的网上政务服务平台——浙江政务服务网(www.zjzwfw.gov.cn)开通运行，同时公布“三张清单”。浙江政务服务网是我省深化政府自身改革的标志性、导向性工作，是集行政审批、便民服务、政务公开、效能监察、互动交流等功能于一体的公共服务平台。通过推进权力事项集中进驻、网上服务集中提供、数据资源集中共享，打造扁平化、一体化的网上政府，实现网上晒权、网上行权，深化网上办事。

7 月 7 日，浙江省高院正式开通全国首个省、市、县三级法院一体化公开、一站式服务、智能化应用的司法公开网站——“浙法公开网”，让人们更方便地获取司法公开信息、享受各类司法服务。

8月18日浙江省第十二届人民代表大会常务委员会第三十四次主任会议通过《关于加强全省人大代表联络站建设工作的指导意见》，提出：按照“全覆盖、制度化、常活动”的总要求，大力推进代表联络站建设，为人民代表大会制度在浙江实践的与时俱进、全面深化改革中心任务的扎实落实做出积极贡献。2007年，宁波市海曙区、杭州市上城区等地方人大常委会探索建立代表联络站，开辟了一条人大代表联系选民的新渠道。

10月31日，浙江省级部门的责任清单正式向社会公布。这也是全国第一张省级部门责任清单，包括：43个部门主要职责543项，细化具体工作事项3941项，涉及部门边界划分事项165项，编写案例165个，建立健全事中事后监管制度555项，公共服务事项405项。

12月3日至4日，中共浙江省委十三届六次全体（扩大）会议在杭州举行。全会深入学习贯彻党的十八届四中全会精神，听取和讨论了夏宝龙受省委常委会委托作的工作报告，审议通过了《中共浙江省委关于全面深化法治浙江建设的决定》。全会明确提出全面深化法治浙江建设的总目标：在全面推进依法治国，建设中国特色社会主义法治体系、建设社会主义法治国家进程中继续走在前列。要认真落实形成完备的法律规范体系、高效的法治实施体系、严密的法治监督体系、有力的法治保障体系和形成完善的党内法规体系的要求，全面提升全省经济建设、政治建设、文化建设、社会建设、生态文明建设以及党的建设的法治化水平，到2020年，力争在六个方面走在前列：紧紧围绕依宪执政、依法执政，在社会主义民主政治建设上走在前列；紧紧围绕科学立法，在健全地方法规规章上走在前列；紧紧围绕严格执法，在建设法治政府上走在前列；紧紧围绕公正司法，在推进司法体制机制改革上走在前列；紧紧围绕全民守法，在提升全民法治意识和法律素养上走在前列；紧紧围绕法治人才保障，在打造一支政治强、业务精、作风正、敢担当的社会主义法治工作队伍上走在前列。

12月4日至5日，浙江省委在杭召开人大工作会议。省委书记夏宝龙在会上强调，我们要深入贯彻落实党的十八届四中全会精神和习近平总书记系列重要讲话精神，不断增强中国特色社会主义道路自信、理论自信、制度自信，毫不动摇地坚持和完善人民代表大会制度，不断加强和改善党对人大工作的领导，更好地发挥人大的“一线”作用，扎实推进我省人大工作与时俱进和创新发展。

2015年

1月22日，全省政法工作视频会议在杭州举行。省委书记夏宝龙在会上强调，要切实把思想和行动统一到习近平总书记的重要指示精神上来，把政法工作放在全局中来审视和谋划，统筹推进平安浙江、法治浙江和过硬队伍建设，努力实现新的突破，确保继续走在前列，为干好“一三五”、实现“四翻番”创造和谐稳定的社会环境和公正高效的法治环境。

3月18日下午，省委建设法治浙江工作领导小组召开第14次会议。省委书记、省委建设法治浙江工作领导小组组长夏宝龙在会上强调，我们要深入贯彻党的十八大和十八届三中、四中全会以及习近平总书记系列重要讲话精神，从协调推进“四大全面”战略布局的高度，统筹全局，精准发力，善作善成，切实抓好全面深化法治浙江建设各项任务的落实。

2月17日，省政府发布《关于深化行政执法体制改革全面推进综合行政执法的意见》，提出“以推动行政执法重心下移、相对集中行政执法权、整合规范执法主体、优化执法力量配置为主要内容，以县（市、区）和乡镇（街道）为重点，全面推进城乡统筹的跨部门、跨领域综合行政执法，加快建立权责统一、权威高效的行政执法体制，切实增强基层政府治理能力和社会管理水平”。

2月27日，省政府发布《关于深入推进依法行政加快建设法治政府的实施意见》（浙政法(2015)5号），提出“到2020年，全省各级政府在依法全面履行职能、严格规范公正文明执法、强化行政监督等方面力争走在前列，切实将政府各项工作纳入法制轨道，率先基本建成法治政府，努力构建现代政府治理体系”。

3月23日至25日，省委学习贯彻“四个全面”战略布局专题研讨班在省委党校举行。省委书记夏宝龙作开班动员和总结讲话。李强主持25日上午的会议。乔传秀、王辉忠等省委理论学习中心组成员及其他省级领导干部，省直有关部门和各市县党政主要负责人参加研讨班。夏宝龙强调，要围绕全面依法治国，增强运用法治思维和法治方式的能力水平，紧紧抓住领导干部这个“关键少数”，加快建设法治政府，加强和改进政法工作，发挥好人大、政协在法治建设中的“一线”作为，围绕“三改一拆”“五水共治”等重点工作拓展法治实践平台，努力在法治建设上继续走在前列。

4月10日，省政府发布《浙江省行政处罚裁量基准办法》(省政府令第335号)，办法明确规定“行政处罚裁量基准是指行政处罚实施机关在法律、法规和规章规定的裁量范围内，对公民、法人和其他组织违反行政管理秩序的行为，据以确定是否处罚、做出何种类别和幅度的处罚及其具体适用情形的细化、量化标准”。

5月25日至27日，中共中央总书记、国家主席、中央军委主席习近平在浙江考察调研。

6月10日至12日，中共浙江省委十三届七次全体(扩大)会议在杭州举行。全会深入学习习近平在浙江考察时的重要讲话精神，对贯彻落实习近平重要讲话精神进行研究部署。全会听取和讨论了夏宝龙受省委常委会委托作的工作报告，审议通过《中共浙江省委关于全面加强基层党组织和基层政权建设的决定》。

7月27日下午，省委召开全面深化法治浙江建设工作交流会。省委书记夏宝龙在会上强调，全省上下要深入贯彻落实习近平总书记系列重要讲话精神，按照省委十三届六次全会的部署，切实抓好全面深化法治浙江建设各项任务的落实，百尺竿头更进一步，把法治浙江建设实践的经验坚持好、问题解决好、工作开拓好，努力在法治建设上继续走在前列。李强宣读表彰通报，乔传秀、刘力伟、赵一德、茅临生、齐奇等在省主会场出席，王辉忠主持。会议以视频会议的形式召开，各市、县(市、区)设分会场。会上表彰了2014年度创建法治县(市、区)工作示范单位和先进单位、2014 年度建设法治浙江工作领导小组优秀成员单位，杭州市、温州市、宁波海曙区、湖州吴兴区、省检察院负责人作了交流发言。

2016 年

2 月 17 日下午，省委建设法治浙江工作领导小组召开会议，省委书记、省委建设法治浙江工作领导小组组长夏宝龙主持会议并讲话。他强调，今年是省委决策部署建设法治浙江 10 周年，我们必须深入挖掘法治浙江建设 10 周年的宝贵经验，正视当前法治浙江建设中的突出短板，乘 10 周年之势把短板找准补好，下大力气抓好工作落实，努力以出色成绩为法治浙江建设十周年献礼。

后 记

党的十八大以来，中共浙江省委深入学习贯彻习近平总书记系列重要讲话和党的十八大、十八届三中、四中和五中全会精神，通过了《中共浙江省委关于全面深化法治浙江建设的决定》，法治浙江建设进入了“全面深化”的新时期。为方便我省干部群众准确理解省委决定的重要内容和意义，全面了解党的十八大以来我省法治建设的主要进展，同时也是为了表达我们对于法治浙江建设十周年的敬意，由省委党校法学教研部发起，组织省级单位中从事法治工作的部门负责人，联合成立编写组，集体研究确定写作大纲和体例，编写了《全面深化法治浙江建设读本》一书。

本书的特色是“点面结合”、系统全面。正文章节主要围绕省委决定内容，结合各部门工作，系统地梳理了党的十八大以来我省法治建设各个领域的决策部署和实践进展。具体分工如下：导言（省委党校法学教研部褚国建）、第一章（省委党校法学教研部徐邦友、李亮、褚国建）、第二章（省委办公厅法治处田斌君、省委党校法学教研部褚国建）、第三章（省人大法工委社会行政法规处何晓明）、第四章（省政府法制办政研室钟瑞友）、第五章（省高级人民法院研究室程建乐、陈肖）、第六章（省人民检察院研究室乐绍光、李忠强）、第七章（省司法厅办公室徐晓波、陈志远）、第八章（省委政法委政研室许洁）、大事记（省委党校法学教研部褚国建）。专题部分主要结合我省法治建设的实践进行学理深化，具体分工如下：专题1（褚国建）、专题2（省委办公厅信息化管理中心范良银）、专题3（李亮）、专题4（浙江省社科院法学所唐明良）、专题5（省委党校法学教研部吴国干）、专题6（浙江工业大学法学院邓楚开、省人民检察院黄有富）、专题7（省司法厅赵光君)、专题8(绍兴市委党校枫桥经验研究所卢芳霞),以上八个章节、八个专题也喻示着我们对于“八八战略”和省委系列决策部署的高度敬意。

本书的出版凝结了编写组的集体智慧和辛勤汗水,同时也得到了我省法治部门相关领导的热心关注和大力支持,我们特别要感谢省司法厅原厅长、现金华市委书记赵光君同志,省委政法委办公会议成员、省综治办专职副主任谢小云同志在本书编写过程中的无私帮助。

全书由褚国建策划、统稿,省委党校法学部主任林学飞定稿。由于编写者的水平有限,纰漏不当之处难免,敬请各位读者谅解指正。

本书编写组

2016 年 4 月